Aktuelle und zukünftige programmbegleitende Werbeformen im Rundfunk

Europäische Hochschulschriften

Publications Universitaires Européennes
European University Studies

Reihe II
Rechtswissenschaft

Série II Series II
Droit
Law

Bd./Vol. 4131

PETER LANG
Frankfurt am Main · Berlin · Bern · Bruxelles · New York · Oxford · Wien

Harald Flemming

Aktuelle und zukünftige programmbegleitende Werbeformen im Rundfunk

PETER LANG
Europäischer Verlag der Wissenschaften

Bibliografische Information Der Deutschen Bibliothek
Die Deutsche Bibliothek verzeichnet diese Publikation in der Deutschen Nationalbibliografie; detaillierte bibliografische Daten sind im Internet über <http://dnb.ddb.de> abrufbar.

Zugl.: Köln, Univ., Diss., 2004

D 38
ISSN 0531-7312
ISBN 3-631-53301-2

www.peterlang.de

Meinen Eltern

Vorwort

Die folgende Arbeit hat der Rechtswissenschaftlichen Fakultät der Universität zu Köln im Wintersemester 2003/2004 als Dissertation vorgelegen. Rechtsprechung und Literatur wurden bis einschließlich Januar 2004 berücksichtigt.

Herzlich danken möchte ich Herrn Prof. Dr. Hanns Prütting für die Annahme des Themas, die stetige Bereitschaft zur Betreuung der Arbeit sowie für seine Geduld und schnelle Begutachtung. Frau Prof. Dr. Anja Steinbrück danke ich für die kurzfristige Erstellung des Koreferats.

Hervorheben will ich an dieser Stelle meine lieben Eltern Martin und Helga Flemming, die mir mein Studium erst ermöglicht und mich darüber hinaus auch zur Durchführung der Promotion ermutigt haben. Ihnen und meinem Onkel Gerhard Kurscheid gebührt ferner mein Dank für die großzügige Unterstützung der Publikation dieser Arbeit.

Ich danke Dr. Klaus Holtmann für die thematische Initialzündung sowie Dr. Daniel Fischer und Dr. Marco Wirtz für unsere denkwürdige, schöne Zeit als Doktoranden.

Mein besonderer Dank gilt meiner geliebten zukünftigen Frau, Doktorandin Katharina Regge. Ohne ihren Zuspruch und ihre Unterstützung in Selbstverständnis trotz Kritikfähigkeit wäre dieses Werk sicher ein unvollendetes geblieben.

München, im August 2004 Harald Flemming

Inhaltsverzeichnis

A. Einleitung

Die Rundfunkwerbung ist für die privaten Rundfunkveranstalter das nahezu alleinige, für die öffentlich-rechtlichen Rundfunkveranstalter jedenfalls ein anteiliges Finanzierungsmittel. Die Erscheinungsformen der Rundfunkwerbung sind insbesondere im Fernsehen polymorph. Enthalten sind sie einerseits immer noch in der klassischen Spotwerbung im Rahmen von Werbeinseln, sie werden aber zunehmend auch im Programm, parallel zu ihm oder in Verbindung mit ihm platziert. Eine Entwicklung, die nicht zuletzt auf das Verhalten des Konsumenten in einem medialen Umfeld zurückzuführen ist, welches es ihm durch entsprechende Vielfalt erlaubt, sich unerwünschten Inhalten zu entziehen. Hinzu tritt, dass sich die Aufmerksamkeit des Konsumenten mit zunehmender Länge reiner Werbeunterbrechungen ständig verringert. Umgekehrt sind Werbetreibende insbesondere an solchen Werbeformen interessiert, denen sich der Konsument nicht ohne weiteres entziehen kann oder will. Ungeachtet des Unterhaltungswertes des werbenden Inhalts lässt sich dies am sichersten durch seine nahe Verknüpfung mit dem vom Konsumenten gewählten Programm erreichen, die aber gleichwohl den werberechtlichen Anforderungen genügen muss. Die im Rahmen der vorliegenden Arbeit fokussierten Werbeformen sind nicht alle „neu", vielmehr mittlerweile gar etabliert, so etwa das Product Placement. Auch sind sie nicht alle „hybrid"[1], wie perspektivisch die Verknüpfung von Rundfunk und Medien- oder Telediensten im digitalen Fernsehen. Sie besitzen aber eine Gemeinsamkeit: die Verbindung mit dem bzw. die Nähe zum Programm. Daher werden sie im folgenden als programmbegleitende Werbeformen bezeichnet.

Im ersten Teil der Arbeit werden die verschieden Erscheinungsformen der programmbegleitenden Werbeformen dargestellt. Es schließt sich die rechtliche Einzelanalyse ihrer Zulässigkeit nach geltendem Medienrecht an. Orientiert an der Schutzrichtung des zentralen Trennungsgebots und der hierzu ergangenen Rechtsprechung werden dabei die aktuellen Formen der programmbegleitenden Rundfunkwerbung betrachtet, welche mit der Novelle des RStV im Jahr 2000 teilweise – wie etwa das Screen-Splitting und die virtuelle Werbung – eine gesonderte Kodifikation erfahren haben. Diese Vorschriften werden in ihrer Reichweite dargestellt und auf Grenzfälle der programmbegleitenden Werbung angewandt. Dies wird zeigen, ob die jeweilige Kodifikation sowohl dem Bedürfnis der Rundfunkveranstalter und Werbe-

---

[1] vgl. *Ladeur*, in: Hahn/Vesting, RStV, § 7, Rn. 17.

treibenden nach erweiterten Werbemöglichkeiten gerecht wird, als auch dem durch das Trennungsgebot geforderten Schutz des Konsumenten.
Abschließend wird überprüft, ob bereits das derzeitige Regelungswerk den Anforderungen begegnen kann, die aufgrund der Digitalisierung der Übertragungstechnik durch zukünftige Formen der programmbegleitenden Werbung zu erwarten sind.

B. Erscheinungsformen der Rundfunkwerbung

I. Programmunterbrechungen durch Werbeinseln

Binnen kurzer Zeit nach der Geburtsstunde des Massenmediums Fernsehen entdeckten die ehedem ausschließlich öffentlich-rechtlichen Rundfunkveranstalter die Möglichkeit und sahen die Notwendigkeit, den Betrieb des jeweiligen Kanals neben den Rundfunkgebühren durch das Einfügen von Werbung im Programm zu finanzieren. Das Werbewesen hielt so bereits ein Jahr nach der Gründung des Rundfunks im Jahre 1923 mit der ersten Sendung des Werberundfunks am 15.09.1924 Einzug in die deutsche Medienlandschaft.[2] Im November 1956 begann der Bayerische Rundfunk mit der Ausstrahlung von Werbesendungen im Fernsehen, die anderen ARD-Anstalten zogen bis 1959 nach und am 02.04.1963, am zweiten Sendetag des ZDF, wurden dort die ersten Werbefilme ausgestrahlt.[3]
Dies geschah zunächst ausschließlich mittels Zwischenschalten von Werbeblöcken, welche einzelne oder mehrere aufeinanderfolgende Werbefilme oder „Spots" enthielten. Im Verlauf der Jahre änderte sich aus technischen wie auch aus werbewirtschaftlichen Gründen allerdings nicht nur deren Erscheinungsbild und Inhalt, sondern insbesondere deren jeweilige Länge. Entwickelte sich das Fernsehen mit seiner flächendeckenden Verbreitung rasch zur primären Werbeplattform und zum effektivsten Werbeträger der Industrie, so verlief auch die Preisentwicklung für die Übertragung der Spots entsprechend exponentiell. Umfasste ehedem ein Werbefilm noch mehrere Minuten, in denen etwa bei Waschmittelwerbung gleich einem Kurzfilm das Alltagsleben eines Ehepaares zur Zeit des Wirtschaftswunders umrissen wurde, um erst gegen Ende das eigentliche Produkt als unverzichtbaren Helfer im Alltag zu präsentieren, wäre ein solches Werk heute nicht mehr finanzierbar.
In heutigen Werbeblöcken herrschen Spots von 15-sekündiger Länge vor, seltener finden sich 20- oder gar 30-sekündige. Die Preise für solche Spots, die mit Auftreten der privaten Rundfunkveranstalter eine Inflation erfuhren, variieren dabei von Sender zu Sender und sind in ihrer Höhe nicht zuletzt abhängig von ihrer Platzierung in Bezug auf die Jahres- und Tageszeit und das Programm, in welches sie eingebettet sind. So kostet etwa ein Werbespot von 20 Sekunden Länge im Programm der ARD vor der Tagesschau durchschnittlich 29.000 €, ein

---

2 *Lerche*, Rechtsprobleme des Werbefernsehens, S. 17.
3 *Winter*, in: Fuhr/Rudolf/Wasserburg, S. 353, 359.

Spot von 30 Sekunden Länge im Rahmen der Sportschau um 18:50 Uhr dagegen durchschnittlich 44.700 €. Bei RTL liegen die Spotpreise für 30 Sekunden zwischen durchschnittlich 8.700 € und 129.000 €.[4] Grundsätzlich stellen sich Werbeblöcke entsprechend ihrer Platzierung als Übergangs-/ Scharnierwerbung oder als Unterbrecherwerbung dar, für deren Ausstrahlung den Fernsehtreibenden in §§ 14, 44 RStV unterschiedliche Rahmenbedingungen vorgegeben werden.

1. Übergangs- oder Scharnierwerbung

Die in den §§ 14 Abs. 2 S. 1, 44 Abs. 2 S. 1 RStV regulierte Übergangs- oder Scharnierwerbung stellt die klassische Form der Platzierung eines Werbeblocks zwischen einzelnen Sendungen dar. Im Rahmen des Fernsehprogramms der Allgemeinen Rundfunkanstalten Deutschlands (ARD) geschah dies lange Zeit sogar unter ausdrücklicher Ankündigung des sogenannten „Werbefernsehens“ im Vorabendprogramm. Auch heute finden sich dort die von der ARD geschalteten Werbeblöcke, allerdings nicht mehr ausschließlich als Scharnierwerbung, sondern vermehrt als Unterbrecherwerbung im Verlauf einer Sendung.

Damit entwickelt sich die gegenwärtige Werbepraxis entgegen der ratio des Scharnierwerbegebotes nach §§ 14 Abs. 2, 44 Abs. 2 S. 1 RStV. Die Fernsehtreibenden sollen von dem Verbot der Unterbrecherwerbung nach und gerade nur in den Sonderfällen der §§ 14 Abs. 3 und 4, 44 Abs. 3 bis 5 RStV abweichen dürfen und – gleichsam als Grundvoraussetzung – nur sofern der gesamte Zusammenhang und der Charakter der von Werbung unterbrochenen Sendung nicht beeinträchtigt werden.

Die aktuelle Werbelandschaft bietet jedoch nahezu das Bild einer Umkehrung dieses Regel-Ausnahmeverhältnisses hin zur Unterbrecherwerbung.

2. Unterbrecherwerbung

So ist die Unterbrecherwerbung, also das Einfügen von Werbeblöcken zwischen eigenständigen Teilen einer zusammenhängenden Sendung, die sowohl bei öffentlich-rechtlichen als auch bei privaten Fernsehveranstaltern etablierteste Form der Werbeblockplatzierung.

---

[4] Quelle: Kontakter, Spots Fernsehen, Planungsdaten für Deutschland, Österreich, Schweiz, Ausgabe 1/2004.

Allein aus marketingstrategischen Gesichtspunkten kann dies kaum verwundern. Durch Einbettung der kommerziellen Botschaften in den Verlauf eines Programms, für welches sich ein potentieller Konsument bereits entschieden, möglichst daran Gefallen gefunden hat und welches er folglich gerne weiterverfolgen möchte, wird der Fernsehveranstalter mit einer höheren Wahrscheinlichkeit ein Verweilen des Zuschauers bei seinem Programm erreichen als bei der klassischen Scharnierwerbung. Im Online-Bereich spricht man von „Stickyness", also der Klebrigkeit, dort einer Homepage, hier des jeweiligen Programms. Diese gewährleistet eine hohe Wahrnehmungsquote der Werbung und lässt den in dieser Form Werbung platzierenden Sender für werbende Investoren entsprechend attraktiv erscheinen.
Um eine Inflation bis zur Streuwerbung zu verhindern, ist die Unterbrecherwerbung abhängig von dem sie umgebenden Programm hinsichtlich der zeitlichen Distanz zwischen den Werbeblöcken und deren Quantität innerhalb einer Sendung begrenzt.
Als Grundregel gibt § 44 Abs. 3 S. 2 RStV privaten Rundfunkveranstaltern vor, dass zwischen zwei aufeinanderfolgenden Unterbrechungen innerhalb einer Sendung ein Abstand von 20 Minuten liegen muss. Für spezielle Sendungen, wie Sportveranstaltungen, Kino-, Fernseh- und Dokumentarfilme gelten jeweils strengere Regelungen, deren Aufschlüsselung zur Darlegung der Erscheinungsformen der Werbeinseln nicht angezeigt ist.[5]

II. Programmbegleitende Werbung

Orientiert an der Kontaktrate, deren Steigerung Ziel jedes Werbetreibenden ist, stellt sich zwar die Unterbrecherwerbung bereits graduell reizvoller dar als die Scharnierwerbung. Ein Verweilen des Rezipienten und eine damit verbundene Wahrnehmung der Werbebotschaft erscheint bei der nun darzulegenden programmbegleitenden Werbung aber noch wahrscheinlicher. Der Begriff „programmbegleitende Werbung" umfasst dabei die Gesamtheit der Werbeformen, die auf einer Gleichzeitigkeit von Werbeelement und redaktionellem Programm beruhen. Ausgeblendet bleiben daher solche Werbe- und Sponsoringformen, die sich durch das Aufeinanderfolgen von Werbung bzw. Sponsoring und Programm auszeichnen. Diese einzubeziehen, brächte den Umfang der Betrachtung zum Nachteil des Details in die Nähe einer Kommentierung und würde – etwa im Bereich des Sponsoring –

---

[5] Verwiesen sei auf die enumerative Darstellung bei *Hartstein/Ring/Kreile/Dörr/Stettner*, § 44 RStV, Rn. 14.

lediglich eine Ergänzung der bereits bestehenden Besprechungen bewirken.

1. Etablierte Formen der programmbegleitenden Werbung

a) Product Placement

Unter Product Placement lässt sich die sichtbare Integration von Produkten in redaktionelle Inhalte verstehen, enger die werbewirksame Platzierung von Markenprodukten als reale Requisiten in der Handlung eines Films, im Hintergrund einer Szene oder in einer Fernsehshow etc.[6] Geläufig wird das Product Placement selbst dem flüchtigen Fernsehkonsumenten sein, sicher aber dem Kinogänger. Als Ursprung wird teilweise auf den 1967 gedrehten Film „Die Reifeprüfung" verwiesen, in dem Hauptdarsteller Dustin Hofmann einen roten Alfa Romeo Spider nur gegen ein entsprechendes Entgelt in Szene setzte.[7] Die Präsentation von Waren des gehobenen Konsums lässt sich andererseits mit steigender Tendenz entlang der James-Bond-Filmreihe beobachten.[8] Hier stand schon 1962 in „Goldfinger" der von 007 gefahrene Aston Martin DB5 oft im Vordergrund der Darstellung, indes ist heute die Quantität der Markenpräsentation ungleich größer und erstreckt sich neben den Fahrzeugen auf Uhren, hochpreisige Anzüge, Champagner etc. Auch außerhalb von Spielfilmen finden sich Beispiele für augenfällige Markenplatzierungen, so etwa „Nesquik", „Becel", „Dash" und „Miele"-Waschautomaten in der ARD-Serie „Lindenstraße".[9]

Abzugrenzen von der Präsentation einzelner Markenartikel ist das Generic Placement – d.h. die Platzierung einer gesamten Warengruppe, wie Milchprodukte und Automobile – das Image Placement – d.h. die Ausrichtung einer ganzen Sendung auf eine Firma oder deren Produkt [10]– und innerhalb dessen das Polit Placement – d.h. der Auftritt von

---

6 *Hartstein/Ring/Kreile/Dörr/Stettner*, § 7 RStV, Rn. 47; *Ladeur*, in: Hahn/Vesting, RStV, § 7, Rn. 59.

7 *Hartstein/Ring/Kreile/Dörr/Stettner*, § 7 RStV, Rn. 47, m.w.N.; *Völkel*, ZUM 1992, 55 mit weiteren Beispielen.

8 vgl. *Ladeur*, in: Hahn/Vesting, RStV, § 7, Rn. 59; im Film „Im Angesicht des Todes" wurden nicht weniger als zwei Dutzend Markenartikel zur Schau gestellt; *Völkel*, ZUM 1992, 55, 56.

9 *Hartstein/Ring/Kreile/Dörr/Stettner*, RStV, § 7, Rn. 47, Fn. 71.

10 *Völkel*, ZUM 1992, 55; der als Beispiel für das Image-Placement die

Politikern in Unterhaltungssendungen zur Imageverbesserung.[11] Weiter existiert noch die Variante des Verbal Placement, bei welchem der Produkt- oder Herstellername durch Schauspieler oder Moderatoren „lediglich" genannt wird.[12] Beispielsweise wiederholte der Moderator O. Geissen den Namen des Herstellers eines in einer RTL-Sendung gezeigten Campingwagens erneut, da sich der Hersteller über die ungenaue Bezeichnung beschwert hatte.[13] Hiervon abzugrenzen ist jedoch die Bezeichnung und Darstellung von Preisen im Rahmen von Gewinnspielen in Unterhaltungssendungen, wenngleich dieser Darstellung auch ein aufmerksamkeitssteigernder Effekt beikommt.

b) Verlags-TV

Als Verlags-TV sind heute etwa „Spiegel-TV" und „Stern-TV" als in der Regel zugelieferte TV-Magazine bekannt, die sowohl angesichts ihres Namens als auch durch ihre journalistische Ausrichtung Bezug zu einem publizistischen Werk aus dem Printbereich haben.[14] In den

---

Jubiläumsendung zum 100jährigen Bestehen des Automobils nennt, die sich ganz Daimler Benz widmete und von diesem Automobilhersteller mit 6 Mio. DM bezuschusst wurde.

[11] jüngster Fall des Polit Placement war der „Besuch" des FDP-Fraktionsvorsitzenden Guido Westerwelle während der zweiten Staffel des RTL II-Reality-TV-Formats „Big Brother"; *Hartstein/Ring/Kreile/Dörr/Stettner*, RStV, § 7, Rn. 47; nennen die Auftritte Gerhard Schröders im mit Landesmitteln unterstützten Film „Der Große Bellheim" oder Björn Engholms Mitwirkung in einer Folge der Serie „Der Landarzt".

[12] derart wurde im James-Bond-Film „Im Angesicht des Todes" die Marke „Whiskas" und in der ARD-Serie „Schöne Ferien" der „Robinson Club" hervorgehoben; vgl. *Hartstein/Ring/Kreile/Dörr/Stettner*, § 7 RStV, Rn. 58, FN 90; *Völkel*, ZUM 1992, 55, 57; Der Tierfutterkonzern *Effem* soll für die benannte Erwähnung 10.000 DM gezahlt haben, vgl. Pressequellen bei *Sack*, ZUM 1987, 103, 106; zum Verbal Placement auch *Harbrücker/Wiedmann*, Product Placement, S. 14.

[13] *Ladeur*, in: Hahn/Vesting, RStV, § 7, Rn. 62, dort unter Product Placement: die zuständige Landesmedienanstalt setzte daraufhin ein Bußgeld in Höhe von 100.000,-- DM fest, allerdings gegen den Produzenten der Sendung.

[14] vgl. Ziff. 20 der Gemeinsamen Richtlinien der Landesmedienanstalten für die Werbung, zur Durchführung der Trennung von Werbung und Programm und für das Sponsoring im Fernsehen in der Neufassung vom 10.2.2000 – DLM-Fernsehwerberichtlinien, abgedruckt bei *Hart-*

Sendungen ist einerseits deren Titel in einer Ecke des Bildes eingeblendet, andererseits finden sich auch Elemente des Print-Layouts im Hintergrund der Sendung, etwa der den Namen des Printwerks optisch umsetzende rote Stern in der Kulisse von „Stern-TV".

2. Neue Formen der programmbegleitenden Werbung

a) Screen-Splitting

Diese neue Form der Rundfunkwerbung erfordert eine terminologische Eingrenzung. Wohl ob der Tatsache, dass es sich beim Screen-Splitting um die älteste der hier exemplarisch hervorgehobenen noch jungen Werbeformen handelt, finden sich zumindest einige Betrachtungen in der Literatur, die nicht nur in der rechtlichen Würdigung des „Screen-Splittings", sondern auch in dessen Terminologisierung differieren.
So sprechen Teile der Literatur vom „Splitscreen"[15], „split screen"[16], „Split-Screen"[17], „Screen-Splitting"[18], „Split Screening"[19] oder aber einfach, die Anglizismen umgehend, von der Bildschirmteilung, ohne sich jedoch jemals der differierenden Benennung bewusst zu werden. Zu diesem Zweck muss die Erscheinungsform und der technische Hintergrund des „Screen-Splitting" bekannt sein und herangezogen werden.
Bei dieser Werbetechnik zeichnet die Vorgehensweise des Fernsehtreibenden im Gegensatz zum Product Placement eine zumindest optische Trennung von redaktionellem Teil und Werbung aus, die es aber dennoch ermöglicht, beide Elemente zeitgleich auszustrahlen. Der Bildschirm wird dabei beispielsweise durch eine vertikale Linie im Verhältnis 1:3 aufgeteilt, und der somit geteilte Sendeplatz unterschiedlichen Inhalten zugänglich gemacht. Dieser Vorgehensweise

---

stein/Ring/Kreile/Dörr/Stettner, § 7 RStV, Rn. 102; auch abrufbar unter http://www.alm.de/bibliothek/riliwerb2-tv.htm.

15 so *Hartstein/Ring/Kreile/Dörr/Stettner*, § 7 RStV, Rn. 32 ff., *Kreile*, ZUM 2000, 194, 195 ff.

16 so *Ladeur* in: Hahn/Vesting, RStV, § 7, Rn. 39 ff.; ders., ZUM 1999, 672 ff., hier mit Großbuchstaben.

17 so *Freys*, Anm. zum „Split-Screen"-Beschluss des VG Berlin vom 17.12.1998, ZUM 1999, 168.

18 *Weisser*, NJW 2000, 3526, 3529.

19 *Hackbarth*, ZUM 1998, 974 ff.

entspricht die Bezeichnung Bildschirmteilung und der korrespondierende Anglizismus „Screen-Splitting“.
Erste Gehversuche der Fernsehtreibenden im Feld dieser neuen Form der Rundfunkwerbung fanden Anfang der 1990er Jahre insbesondere beim luxemburgischen Sender Radio Television Luxemburg (RTL) statt. So begann dieser damit, zunächst den Abspann von Eigenplattformen im dargestellten Verhältnis auf dem Bildschirm aufzuteilen. Während auf dem größeren Abschnitt sich beispielsweise der Gastgeber einer beliebigen Talkshow mit dem Dank an die Gäste und der Vorschau auf die nächste Sendung verabschiedete, wurde bereits der Abspann mit Erwähnung der Mitarbeiter, Redaktion, Regie etc. im kleineren Abschnitt des Bildschirms und meist in unauffälliger Schrift dargestellt. Weniger neutral, sondern großformatig und farbig am Ende des Abspanns, fanden sich aber sowohl Hinweise auf die solche Eigenplattformen produzierenden Medienagenturen, als auch auf Ausstatter der konsumierten Sendung, zumeist hinsichtlich Kleidung und Accessoires der Moderatoren.[20]
Handelte und handelt es sich bei ersterem nur um die Erwähnung einer dem Sender eigenen Produktionsgesellschaft, kommt letzterem jedoch ein werbender Effekt bei, der aufgrund der optischen Überhöhung auch einer wenngleich beiläufigen Wahrnehmung seitens des sonst auf den abmoderierenden Gastgeber konzentrierten Zuschauer zugänglich ist. Dieser Form der Bildschirmteilung kommen die noch zu beschreibende Laufbandwerbung und das Grafiksponsoring nahe.
Bei der Übertragung eines Box-Kampfes ging RTL im Frühjahr 1999 erstmals weiter. Der Sender sah davon ab, die Übertragung der Ringpausen kurzen Unterbrecherspots gänzlich zu opfern, sondern ließ den Zuschauer diesmal an den Motivationsversuchen der beiden Trainer, sowie der Regenerierung der beiden Kämpfer zumindest optisch teilhaben. Im Wege einer „picture in picture“ – Technik geschah dies jedoch ohne Verluste bei den Werbeeinnahmen, da nicht gänzlich auf die Ausstrahlung von Werbespots verzichtet, sondern ihnen vielmehr 4/5 des Bildschirms nebst Ton zur Verfügung gestellt wurde. Das restliche Fünftel bildete ein Live-Bild der Ringpause, welches über die gesamte Länge der Werbeunterbrechung sichtbar blieb und das Zappen manchem Box-Fan schwer gemacht haben dürfte. Nämlicher Sender wendet diese Form der Bildschirmteilung nun auch über mehrere Spotlängen hinweg bei der Unterbrechung der durch ihn übertragenen Formel-1 Rennen an.

---

[20] dieser Form der Bildschirmteilung kommt die unter b) beschriebene Tickerwerbung nahe.

Zur allabendlich breitenwirksamen Sendezeit kurz vor 20:00 Uhr findet sich diese Werbeform nun auch im Programm der ARD. Vor der Tagesschau senden die ARD im ersten Programm mehrere bildschirmfüllende Werbespots, die mit einer digitalen Uhr überblendet sind. Neben der Uhr als redaktionellem Inhalt findet sich die Einblendung „Werbung“ zur Kennzeichnung des weit überwiegenden Bildschirminhalts. Im Programminformationsblock vor dieser Spotwerbung findet sich ferner am oberen Rand des Bildschirms ein Laufband mit einer Vorschau auf die in der Sportschau am Wochenende zusammengefassten Begegnungen, während auf dem größeren Teil des Bildschirms ein einzelner Werbespot, ein sogenannter Singlespot ausgestrahlt wird.

b) Tickerwerbung

Mit dem Screen-Splitting verwandt sind bewegliche Einblendungen an einem Rand oder am Fuße des Bildschirms, die neben Informationen auch Werbung beinhalten. Prominentestes Beispiel ist das Laufband des Nachrichtensenders n-tv, welches neben Schlagzeilen und Börsenkursen auch Werbeeinblendungen enthielt[21]. Diese Form der programmbegleitenden Werbemitteilung, die als Laufband-, wie auch als Tickerwerbung oder als Werbe-Crawl[22] bezeichnet wird, unterscheidet sich aber wesentlich von der vorerwähnten Screen-Splitting-Technik: hier bleibt das Programm in Bild und Ton prominent erhalten und wird nicht zurückgedrängt. Im Rahmen der rechtlichen Analyse wird zu erörtern sein, ob es ungeachtet dieses Unterschiedes angezeigt ist, diese Werbeform den Regelungen zum Screen-Splitting zu unterwerfen[23] oder ob sie sich allein an den allgemeinen Kennzeichnungsregeln messen lassen muss.

c) Grafikwerbung

Auch bei der Grafikwerbung werden Programminhalte mit werbenden Einblendungen überlagert, ohne dass das Programm vollständig verdrängt würde. Vielmehr enthalten Ergebnistafeln, die während einer

---

21 diese Form der Werbung hat der Sender n-tv zwischenzeitlich eingestellt. Auch der Nachrichtensender N 24, welcher ebenfalls Laufbandinformationen sendet, verzichtet auf dort eingefügte Werbung.

22 *Ladeur* in: Hahn/Vesting, RStV, § 7, Rn. 39 ff.

23 so *Hartstein/Ring/Kreile/Dörr/Stettner*, RStV, § 7, Rn. 32 d; *Ladeur,* in: Hahn/Vesting, RStV, § 7, Rn. 39 ff.

Sportübertragung oder -sendung eingeblendet werden, um etwa über den Spielstand eines Fußballspiels, im Anschluss daran über die aktuelle Tabelle oder über die Zwischen- oder Endzeiten eines Laufwettbewerbs zu informieren, oft einen Hinweis auf ein Unternehmen mittels Firmenlogo oder -schriftzug. Die Einordnung dieses Ergebnisdienstes unter die Werberegelungen hängt unter anderem davon ab, ob das erwähnte Unternehmen etwa an der Zeitmessung selbst oder deren Umsetzung vor Ort aktiv beteiligt ist oder nicht.

d) Virtuelle Werbung

Der Begriff „virtuelle Werbung" repräsentiert die bisher rechtlich kaum analysierte, da nicht zuletzt auch von den Fernsehtreibenden tatsächlich am wenigsten angewandte Variante der programmbegleitenden Formen der Rundfunkwerbung.
Gleichwohl eröffnet sie im Unterschied zur Tickerwerbung oder dem Screen-Splitting die subtilste, da unauffälligste Möglichkeit, den Zuschauer mit Werbung in erhöhtem Maße zu versorgen. Während sowohl bei Screen-Splitting als auch bei der Tickerwerbung der Zuschauer durch eine optisch Aufgliederung des Bildschirms die Trennung von redaktionellem Teil und Werbung selbst leicht auf zweidimensionaler Ebene wahrnehmen kann, liegt dieser Fall bei den bisherigen Formen der virtuellen Werbung grundlegend anders und ist eher mit der Bandenwerbung bei Großveranstaltungen verwandt, wenngleich weitaus flexibler. Digitale Technik ermöglicht es, Fernsehbilder – auch in Echtzeit bei Live-Übertragungen – mit modifizierten Inhalten zu versehen, ohne dass der Konsument dies bemerkt. So lässt sich die Bandenwerbung eines etwa in Korea stattfindenden Fußballspiels digital durch Bandenwerbung für Unternehmen und Produkte im jeweiligen Übertragungsland ersetzen.[24] Dies ermöglicht eine zielgruppengenaue Ansprache des Konsumenten, ohne auf die Vergabe der Werbeflächen vor Ort angewiesen zu sein. Technisch ist es derzeit aber auch möglich, Werbung an Stellen zu generieren, die am Ort der Veranstaltung werbefrei sind. Bei Sportveranstaltungen ist so die Überblendung von Flächen möglich, die bei der Austragung des Wettkampfes werbefrei bleiben müssen, um die Sportler nicht abzulenken, so etwa die Eisrinne bei Bobrennen, die Ski-Piste bei Alpin-Rennen, die Rennstrecke beim Motorsport oder der Mittelkreis bei Fußballspielen. Beispielsweise wurde bereits am 04.08.1996 auf dem US-amerikanischen Sport-Senders ESPN International während einer

---

[24] vgl. *Hartstein/Ring/Kreile/Dörr/Stettner*, RStV, § 7, Rn. 60.

Fußballübertragung der Mittelkreis mit einem Coca-Cola-Logo überblendet.[25] Im Vorgriff auf die rechtliche Einordnung kann vorweggenommen werden, dass eine solche Kreation neuer Werbeflächen nach deutschem Rundfunkrecht derzeit unzulässig ist. Die technischen Möglichkeiten zur Implementierung sind gleichwohl bereits weitreichend.[26] Bei fortschreitender Erhöhung der Rechnerkapazitäten wird auch die individuelle Werbebelegung sich bewegender Objekte, wie etwa Rennwagen möglich sein.[27] Abgrenzend gilt es festzuhalten, dass der Einsatz sogenannter „cam carpets" keine virtuelle Werbung darstellt.[28] Dabei handelt es sich um Werbeflächen, die bei Fußballspielen neben dem Tor oder bei Formel 1-Übertragungen neben der Rennstrecke flach und schräg auf dem Boden appliziert sind, durch den Kamerawinkel aber den Eindruck einer senkrecht stehenden und teilweise dreidimensionalen Werbebande erwecken.[29]

---

25 Diesbezügliche Screenshots und weitere Anwendungsbeispiele der durch den Hauptanbieter, die US-amerikanische Firma Princeton Video Image (PVI) vertriebenen Implementierungstechnik mit dem klingenden Namen „L-VIS"™ finden sich unter www.pvimage.com.

26 neben der Vergrößerung bestehender Werbung, deren Ausblendung, der Schaffung neuer Werbeflächen ist es auch möglich, dreidimensionale oder animierte Werbung zu implementieren, wie etwa wehende Fahnen, fliegende Objekte, etc., vgl. *Deutsch*, GRUR Int. 2001, 400, 401 zur Technik der virtuellen Werbung in den USA. Das Fernsehsignal, der sogenannte clean feed wird durch einen sogenannten adaptiven Okklusionsprozess, eine ausgereifte Form der Überblendtechnik, wie sie bereits für Wetterkarten eingesetzt wurde, verändert. Ursprünglich wurde sie zur Markierung von Zielobjekten im Militär eingesetzt. Ein Computer erkennt bei der virtuellen Werbung vorher festgelegte Markierungen in der Kameraeinstellung und ersetzt an diesen Stellen das reale Bild durch einprogrammierte Werbung. Jeder neuen Kameraeinstellung passt sich das virtuelle Bild an. Unmarkierte Objekte, etwa die Sportler, erscheinen vor dem virtuellen Bild, d.h. sie „okkludieren".

27 dagegen erscheint es jedoch unwahrscheinlich, dass sich die bei *Ladeur*, ZUM 1999, 672, 674 geschilderte Vision realisiert, dass der durch einen deutschen Fernsehkommissar bewegte BMW in einer für das Ausland bestimmten Fassung durch ein anderes Modell ausgetauscht werde, ohne dass diese „Retusche" bemerkt würde.

28 vgl. *Ladeur*, SP*u*RT 2000, 45, 47, Fn. 13.

29 *Deutsch*, GRUR Int. 2001, 400 ist offensichtlich der Auffassung, diese seien virtuell eingefügt und bezeichnet sie aus seiner Sicht konsequent als virtuelle Werbung. Tatsächlich findet hier aber keine digitale Implementierung statt, die Werbeflächen sind tatsächlich vorhanden.

e) Programming

Eine gleichermaßen beliebte wie bedenkliche Form der werbenden Wirkung eines Programms verbirgt sich hinter dem Begriff des „Programming“, auch Medienkooperation genannt. In die Alltagsberichterstattung sogenannter Infotainment-Formate sind dabei Firmen in unterschiedlichem Ausmaß beteiligt. So steuern sie eigenproduzierte Beiträge bei, finanzieren Teile der Berichterstattung oder unterstützen etwa den Fernsehveranstalter bei der Organisation des Drehs in Ihren Produktionsstätten, damit der Rezipient letztlich den Produktionsprozess eines ihm wohlbekannten Produktes verfolgen kann.[30] So erfährt er auch nicht durch einen Hersteller, sondern durch das Infotainment-Magazin, dass etwa Zwieback „gut für Magenkranke oder nach einer durchzechten Nacht“ und zudem „leicht verdaulich“ sei, während ihm gleichzeitig allerdings die Entstehung des *Brandt*-Markenzwiebacks näher gebracht wird.[31] Ähnlich verfährt das Magazin „Die Automacher“ des „Deutschen Sport Fernsehens (DSF), welches das Automachen zumeist am Beispiel Opel erläutert.[32]

f) Bindungswirkung der neuen Werbeformen

In ihrer Wirkungsweise sind die dargestellten „neueren Formen“ der Rundfunkwerbung indes in Bezug auf das Verhältnis Fernsehtreibender zu Konsument relativ ähnlich, wenngleich sich die Variante der virtuellen Werbung, entsprechend ihrer Komplexität auch als graduell effektiver darstellt. Sie minimieren namentlich Streuverluste in der Adressierung potentieller Kunden, die in jüngster Vergangenheit den zappinggewöhnten Konsumenten zuzuschreiben sind und die Werbetreibenden dazu veranlassen, die klassische Spotwerbung in Unterbrecherwerbesendungen nicht mehr nur möglichst senderübergreifend zu synchronisieren, sondern diesen Bereich weniger zu budgetieren. Will der Fernsehtreibende nun den zahlungskräftigen Werber an sich bin-

---

30 etwa den der TEMPO-Taschentücher oder des „4711 Echt Kölnisch Wasser“ in der Magazin-Sendung „Galileo“ auf Pro7, vgl. mit weiteren Beispielen F.A.Z. v. 27.09.2003, S. 40: „Es geht hervorragend, wirklich hervorragend“. Der Titel zitiert den Moderator der nämlichen Sendung beim Einsatz des erwähnten „Parfüms“ als Reinigungsmittel für Computerbildschirme.

31 vgl. F.A.Z. v. 27.09.2003, S. 40: „Es geht hervorragend, wirklich hervorragend“.

32 vgl. F.A.Z. v. 27.09.2003, S. 40: „Es geht hervorragend, wirklich hervorragend“.

den, wird er dies mit einer neuen Werbeform versuchen, die Streuverluste durch Wegzappen nahezu verhindert. Entscheidend für den Erfolg dieser neuen Formen ist jedoch deren optimierte Platzierung.

C. Zulässigkeit nach geltendem Medienrecht

I. Der Trennungsgrundsatz

Eines der wesentlichen normativen Kriterien, an dem sich sowohl hergebrachte als auch neue programmbegleitende Werbeformen bezüglich ihrer rundfunkrechtlichen Zulässigkeit zunächst messen lassen müssen, stellt der Trennungsgrundsatz dar, welcher in § 7 Abs. 3 S. 1, 2 RStV in dem Erfordernis der Kenntlichmachung und Erkennbarkeit der Werbung seine zentrale Ausprägung gefunden hat.
Die sichtbare Trennung werblicher Medieninhalte von den Inhalten, die primär Gegenstand der spezifischen Vermittlung des Mediums sind, ist nicht nur eines der Fundamentalprinzipien des deutschen Rundfunkrechts,[33] sondern hat als allgemeiner Grundsatz Geltung im gesamten Medienbereich.[34] Die Trennung der bezahlten Wirtschaftswerbung von den der Meinungsbildung und der Unterhaltung dienenden Veröffentlichungen ist vor allem für die publizistische Aufgabe der Medien unerlässlich.[35] So beansprucht sie mit der Gewährleitung eines unverfälschten Kommunikationsprozesses mit dem Ziel der freien, umfassenden und wahrheitsgemäßen Meinungsbildung über den Bereich des Rundfunks hinaus auch für die Presse Geltung, was in entsprechenden Regelungen der Landespressegesetze und zugehörigen Selbstbeschränkungsvereinbarungen[36] seinen Niederschlag gefunden hat.

---

[33] *Engels*, RuF1997, S. 214.

[34] LG München I, Urteil v. 12.03.1985 – 21 O 12 219/84, ZUM 1985, 517 = ZUM 1986, 483, 484; *Platho*, ZUM 2000, 46, 47; vgl. auch § 13 Abs. 1 MDStV und zugehörige Protokollerklärung der Länder und Begründung zu § 9 MDStV a.F.: „ Das Trennungs- und Kennzeichnungsgebot des Absatzes 2 entspricht einem im Medienbereich anerkannten Grundsatz.“; abgedruckt bei *Ring/Kreile*, Medienrecht, G. II 1. 300 im Anschluss an den Staatsvertragstext.

[35] LG München I, Urteil v. 12.03.1985 – 21 O 12 219/84, ZUM 1985, 517 = ZUM 1986, 483, 484; *Hartstein/Ring/Kreile/Dörr/Stettner*, § 7 RStV Rn. 27; *Platho*, ZUM 2000, 46, 47.

[36] *Platho*, ZUM 2000, 46, 47; vgl. § 9 bayer. Pressegesetz, wonach „alle Teile (...), deren Abdruck gegen Entgelt erfolgt, kenntlich gemacht werden“ müssen; die Pressegesetze der übrigen Bundesländer enthalten ähnliche Regelungen; weiter bestehen Selbstbeschränkungsabkommen wie die ZAW-Richtlinien für redaktionell gestaltete Anzeigen, *Henning-Bodewig*, GRUR 1996, 321 Fn. 3.

Die besondere Bedeutung des Trennungsgrundsatzes, greifbar durch seine weitreichende Beachtung im gesamten Medienbereich, lässt sich nur nach einer Analyse seiner verfassungsrechtlichen Verankerung darlegen, welche auch für die sich anschließende Betrachtung seiner einfachgesetzlichen Ausgestaltung Interpretationshilfen bieten kann. Auch die Betrachtung der historischen Entwicklung des Trennungsgrundsatzes zu einem der wesentlichen Prinzipien des deutschen Rundfunkrechts muss bei seiner Verankerung im Verfassungsrecht beginnen, da er als wichtiger Teil der Ausgestaltung der Rundfunkordnung die dort angelegten Zielsetzungen zu gewährleisten hat.[37] Eine verfassungsrechtliche Beurteilung des Trennungsgrundsatzes lässt sich wiederum nur betreiben, wenn Werbung als solche ebenfalls Grundrechtsschutz genießt, als dessen Beeinträchtigung sich die Durchsetzung der Trennungs- und Kennzeichnungsregelungen dann auswirken könnte.

1. Rundfunkwerbung und Grundrechtsschutz

Eine Ausdehnung des Schutzbereichs der materiellen Rundfunkfreiheit aus Art. 5 Abs. 2 S. 1 GG auf die Rundfunkwerbung war lange Zeit nicht selbstverständlich. Noch 1951 lehnte der bayerische Verfassungsgerichtshof[38] einen Grundrechtsschutz für Wirtschaftswerbung auch außerhalb des Rundfunks aus Art. 5 GG insgesamt ab.
Im Rahmen der Beurteilung, ob ein Schild mit der Aufschrift: „Altdeutsche Weinstube, das Haus der Qualität" eine verfassungsrechtlich geschützte Meinungsäußerung darstellen könne, führte das Gericht im Hinblick auf den mit Art. 5 GG inhaltsgleichen Art. 110 der Bayerischen Verfassung (BV) aus: „Eine Meinung i.S. dieser Bestimmung enthält nicht jede beliebige Äußerung. Mitteilungen, die in keiner Weise überzeugende, belehrende oder sonstige richtunggebende geistige Wirkungen auf die Umwelt haben sollen oder können, sind keine Meinungsäußerungen i.S. des Art. 110, denn diese Bestimmung will – ebenso wie früher Art. 118 der Weimarer Verfassung, das Geistleben und die dazu erforderliche Verbreitung von Gedankengut schützen."[39] Einschränkend könne „aber nicht allgemein gesagt werden, dass alle Reklamevorrichtungen einer geistigen Wirkung im obigen Sinne entbehren. Es lassen sich immerhin Ausnahmefälle denken, etwa im

---

[37] *Engels*, RuF 1997, 214, 216.
[38] BayVGHE 1951 II, 63 ff.; vgl. dazu *Braun*, WRP 1982, 510 ff.
[39] BayVGHE 1951 II, 63, 76, nach *Braun*, WRP 1982, 510.

Rahmen einer zugleich belehrenden Werbung für eine neue Kunstrichtung."[40]
Dieses für die folgenden Jahrzehnte prägende Leitbild der irrelevanten geistigen Wirkung der Werbung auf die Umwelt ließ den bayerische Verfassungsgerichtshof später noch über den strenggenommen erforderlichen Begründungsumfang eines damaligen Eilverfahrens hinaus zur Tragweite der Rundfunkfreiheit im Hinblick auf Werbung statuieren: „Diese (d.h. die Spot-) Werbung wird grundsätzlich nicht von der durch die Antragsgegnerin (d.h. die Landeszentrale) verwalteten allgemeinen rundfunkrechtlichen Programmfreiheit (materielle Rundfunkfreiheit, Art. 5 Abs. 2 S. 1 GG, Art. 111a Abs. 2 BV) gedeckt."[41]
Die Frage einer Erstreckung des Schutzes der Meinungsäußerung aus Art. 5 Abs. 1 S. 1 GG auf kommerzielle Werbung ließ der Gerichtshof damit allerdings unbeantwortet.

a) Rundfunkwerbung und Meinungsfreiheit

In der früheren Rechtsprechung des Bundesverwaltungsgerichtes wurde die Erstreckung des Schutzes der Meinungsäußerung mit der Begründung abgelehnt, der Sinn der Werbung sei nicht die Äußerung einer bestimmten Ansicht, sondern die Beeinflussung des Käufers, mit dem Ziel, ihn kaufbereit zu machen.[42]
Dem wird entgegengehalten, dass die Motive, die ein Teilnehmer am Kommunikationsprozess konkret verfolge, nicht zu einer Restriktion des Schutzbereiches führen könne; der auf umfassend freie Kommunikation zielende Art. 5 Abs. 1 S. 1 GG könne nicht davon abhängig gemacht werden, ob der einzelne mehr oder minder eigennützige Ziele verfolge.[43] Andere halten die qualitative Unterscheidung von „wertvollen" und „minderwertigen" Äußerungen zum Zwecke der Einbeziehung in den Schutzbereich des Art. 5 Abs. 1 S. 1 GG aber für ungeeignet.[44]
Ebenfalls geht das Bundesverfassungsgericht von einem weit verstandenen Begriff der „Meinung" in Art. 5 Abs. 1 S. 1 GG aus, dessen

---

40 BayVGHE 1951 II, 63, 76, nach *Braun*, WRP 1982, 510.

41 vgl. *Hesse*, ZUM 1987, 548, VGH München, Urt.v. 16.02.1987 – CE 87.00037, ZUM 1987, 588, 589.

42 BVerwG, Urt. v. 28.06.1955 – I C 146.53, BVerwGE 2, 172, 178f.

43 *v.Münch/Kunig*-Wendt, GG-Kommentar, Art. 5, Rn. 11.

44 *Braun*, WRP 1982, 510, 515; *Jarass/Pieroth*, GG, Art. 5, Rn. 4; von *Degenhart*, in: Dolzer/Vogel/Graßhof (Hg.), BK, Art. 5, Rn. 94 treffend als qualitative Indifferenz des Meinungsbegriffs bezeichnet.

entscheidendes Element das der Stellungnahme, des Dafürhaltens, des Meinens sei, ohne dass es auf den Wert, die Richtigkeit, die Vernünftigkeit der Äußerung ankomme.[45] Die Kundgabe einer Meinung unterfalle auch dann diesem allgemeinen Schutz, wenn sie wirtschaftliche Vorteile bringen soll.[46] Laut Beschluss des Bundesverfassungsgerichts vom 4. Oktober 1988 können eben auch Meinungsäußerungen in Wettbewerbsabsicht erfolgen, welche „wirtschaftliche, politische, soziale und kulturelle Probleme zum Gegenstand haben, denen innerhalb der öffentlichen Auseinandersetzung ein u.U. erheblicher Stellenwert zugemessen wird. Soweit dies der Fall ist, leisten auch solche Meinungsäußerungen einen Beitrag im Prozess gesellschaftlicher Kommunikation und dienen damit der von Art. 5 I GG geschützten Freiheit öffentlicher und privater Meinungsbildung."[47]
Anderenfalls würde eine den Normbereich des Grundrechts von vorneherein eingrenzende Funktion des Tatbestandselements der Wettbewerbsabsicht dazu führen, dass vielfältige Meinungsäußerungen innerhalb eines ausgedehnten Teilbereichs des Wirtschaftslebens nicht mehr dem sachspezifischen Schutz des Kommunikationsverfassungsrechts unterlägen, was wiederum mit dem Gewicht und der besonderen Bedeutung des Grundrechts der Meinungsäußerungsfreiheit – als eines der vornehmsten Menschenrechte überhaupt[48] – unvereinbar wäre.[49]
Eine moderne Industriegesellschaft ist in weiten Bereichen eben nur in wirtschaftlichen Zusammenhängen vorstellbar und so würde Art. 5 GG große Teile der Wirklichkeit, die er ordnen soll, nicht mehr erfassen und sich nur noch auf Randbereiche des Idealistischen und Privaten beziehen, falls man Äußerungen mit wirtschaftlicher Zielsetzung oder mit entsprechendem Zusammenhang seinem Schutzbereich entzöge.[50]

---

45 BVerfG, Beschl. v. 19.11.1985 – 1 BvR 934/82, BVerfGE 71, 162, 180 – Werbeverbot für Ärzte, m.w.N.

46 BVerfG, Beschl. v. 04.10.1988 – 1 BvR 1611/87, NJW 1992, 1153; Beschl. v. 23 03.1971 – 1 BvL 25/61 und 3/62 - BVerfGE 30, 336, 352.

47 BVerfG, Beschl. v. 04.10.1988 – 1 BvR 1611/87,NJW 1992, 1153 f.; ungenau insoweit *Engels*, RuF 1997, 214, 216, der in diesem Zusammenhang ohne weiteres „Werbung" mit „Meinungsäußerungen in Wettbewerbsabsicht" gleichsetzt.

48 BVerfG, Urteil v. 15.01.1958 – 1 BvR 400/51, BVerfGE 7, 198, 208.

49 BVerfG, Beschl. v. 04.10.1988 – 1 BvR 1611/87, NJW 1992, 1153.

50 vgl. *Hesse*, ZUM 1987, 548, 550.

Niemand würde etwa der Presse oder dem privaten Rundfunk den Schutz des Art. 5 GG verwehren, nur weil diese gewinnorientiert und privatwirtschaftlich organisiert sind.[51]
Um dem Gewicht der Meinungsäußerungsfreiheit gerecht zu werden, lässt sich demnach auch die mit wirtschaftlichem Schwerpunkt und in Wettbewerbsabsicht getätigte Äußerung in Form der Wirtschaftswerbung nicht von vorneherein aus dem Schutzbereich des Art. 5 Abs. 1 S. 1 GG ausklammern, sofern sie Elemente des Dafürhaltens und der Stellungnahme aufweist und damit eine Meinung des Werbetreibenden enthält.

b) Rundfunkwerbung und Rundfunkfreiheit

Sofern es sich bei Werbung um eine Meinung im soeben dargelegten Sinne handelt, stellt sich die Frage, ob man dann ihre Verbreitung in den Medien nicht als durch die Rundfunkfreiheit aus Art. 5 Abs. 1 S. 2 GG geschützt sehen kann. Würde man so die Rundfunkwerbung dem Schutz der gegenüber der Meinungsäußerungsfreiheit spezielleren Rundfunkfreiheit anheimstellen, böte dies einerseits weitreichenderen Schutz, andererseits aber dem Gesetzgeber einen breiteren (Aus-) Gestaltungsspielraum.
Eine Beantwortung dieser Frage bleibt uns jedenfalls das Bundesverfassungsgericht bisher schuldig.

aa) Ausdehnung des Schutzbereiches

Allerdings spricht laut Schrifttum die soeben vollzogene Subsumtion der Werbung unter den Begriff „Meinung“ für eine Ausdehnung des Schutzes der Rundfunkfreiheit. Denn auch wenn der Wortlaut des Art. 5 Abs. 1 S. 2 von „Berichterstattung durch Rundfunk“ spricht, die früher nur auf Tatsachen bezogen wurde,[52] gehört es nun nach einhelliger Auffassung zu den Aufgaben des Rundfunks als Medium und Faktor der öffentlichen Meinungsbildung,[53] (fremde) Meinungen zu verbrei-

---

[51] vgl. *Hesse*, ZUM 1987, 548, 550.

[52] *Maunz/Dürig-Herzog*, GG-Kommentar, Art. 5 I Rn. 200.

[53] BVerfG, Urt. v. 28.02.1961 – 2 BvG 1,2/60, BVerfGE 12, 205, 260 – „Rundfunkurteil“; vgl. auch Urt. v. 16.06.1981 – 1 BvL 89/78, BVerfGE 57, 295, 320 - „Saarländisches Rundfunkgesetz“; Urt. v. 04.11.1986 – 1 BvF 1/84, BVerfGE 73, 118, 152 - „Niedersächsisches Landes-Rundfunkgesetz“; Beschl. v. 24.03.1987 – 1 BvR 147, 478/86, BVerfGE 74, 297, 323 - „Landesmediengesetz Baden-Württemberg“; Urt. v. 05.02.1991 – 1 BvF 1/85,

ten.[54] Unter dem Gesichtspunkt der Staatsferne des Rundfunks, unterliegt es dann der Programm- und Verbreitungsfreiheit des einzelnen Rundfunkveranstalters, durch Art. 5 Abs. 1 S. 1 GG geschützte Meinungen nach seiner Entscheidung zu verbreiten, da anderenfalls von der Rundfunkfreiheit nicht geschützte Meinungen dem Zugriff des Staates offen stünden.[55]
Teile der Literatur gehen dementsprechend vermehrt davon aus, dass die Rundfunkfreiheit aus Art. 5 Abs. 1 S. 2 GG als „Freiheit der Vermittlung publizistischer Inhalte“ bzw. als „Freiheit massenkommunikativer Vermittlung“[56] auch die Vermittlung von Werbung mittels Rundfunk schützt.[57] Entsprechend den Erörterungen zum Schutz der Werbung durch die Meinungsäußerungsfreiheit, kann es dann auch bei ihrer massenkommunikativen Vermittlung für den Umfang des Schutzbereiches der Rundfunkfreiheit kaum auf den Wert der verbreiteten Meinung ankommen.[58] Deren Inhalt ist für ihre Qualifikation als Rundfunk ebensosehr unbeachtlich,[59] wie sich im regulären Programm

---

1/88, BVerfGE 83, 238, 296 - „Nordrhein-westfälische Rundfunkgesetzgebung“.

54 vgl. *Hesse*, ZUM 1987, 548, 550; *Maunz/Dürig-Herzog*, GG-Kommentar, Art. 5 I, Rn. 200 f.

55 vgl. *Hesse*, ZUM 1987, 548, 549; Allerdings genießt der Urheber der Meinung nur den Schutz des Art. 5 Abs. 1 S. 1 GG, der kein subjektives Recht auf Verbreitung der eigenen Meinung durch Rundfunk begründet.

56 *Jarass*, Die Freiheit der Massenmedien, S. 188.

57 vgl. *Hesse*, ZUM 1987, 548, 554 f.; *Hoffmann-Riem*, Rundfunkrecht neben Wirtschaftsrecht, S. 159; *Jarass*, Gutachten zum 56. DJT 1986, Rn. 14; *Engels*, Ruf 1997, 214, 217; *Degenhart*, in: Dolzer/Vogel/Graßhof (Hg.), BK, Art. 5 Abs. 1 und 2, Rn. 738, nach welchem für den privaten Rundfunk Werbung die verfassungsadäquate, durch das Gebot faktischer Zulässigkeit privaten Rundfunks geschützte Form der Finanzierung und daher jede Beschränkung der Werbung auch eine Beschränkung seiner Rundfunkfreiheit ist; *Jarass*, Gutachten zum 56. DJT 1986, Rn. 15.

58 vgl. *Hesse*, ZUM 1987, 548, 551.

59 BVerfG, Urt. v. 05.06.1973 – 1 BvR 536/72, BVerfGE 35, 202, 223: „Demgemäß kann eine Rundfunk- oder Fernsehanstalt sich grundsätzlich für jede Sendung zunächst auf den Schutz des Art. 5 Abs. 1 S. 2 GG berufen (...). Das Eingreifen der Verfassungsgarantie ist also nicht abhängig von dem jeweiligen Nachweis eines „berechtigten“ oder „legitimen“ Interesses an der betreffenden Sendung.“; vgl. *Fuhr*, ZDF-Staatsvertrag, § 23 III 4 b.

ebenfalls Belangloses oder qualitativ Minderwertiges finden lässt, das gleichwohl den Schutz der Rundfunkfreiheit genießt.[60] Rundfunkwerbung umfasst überdies durchaus kommunikative Inhalte und ist nicht zuletzt für den privaten Rundfunk alleiniges, für den öffentlich-rechtlichen hoch anteiliges Finanzierungsmittel. Verfassungsrechtlich bedeutsam ist dies insofern, als zwar nicht die einzelne Finanzierungsart,[61] so aber doch die finanzielle Grundlage des Programms – also die Finanzierung des Rundfunks insgesamt – Bestandteil des Schutzes durch die Rundfunkfreiheit ist.[62] Entfiele diese Grundlage, wäre eine Veranstaltung von Rundfunk in derzeitiger Vielseitigkeit nicht aufrechtzuerhalten, da nicht finanzierbar. Nach dieser Argumentation berühren Regelungen bezüglich der Rundfunkwerbung den Schutzbereich der Rundfunkfreiheit und bedürfen daher einer verfassungsrechtlichen Legitimierung. Interpretationen und Auslegungen sind gegebenenfalls danach auszurichten.

bb) Gegenargumentation

Dagegen unterscheidet im Anschluss an *Lerche*[63] eine verbreitete Meinung zwei Bedeutungsschichten der Rundfunkfreiheit und lehnt im Ergebnis eine Ausdehnung des Schutzes der Rundfunkfreiheit aus Art. 5 Abs. 1 S. 2 GG auf die Rundfunkwerbung ab.
Die beiden erwähnten Schichten bilden dabei einerseits die sogenannte materielle Rundfunkfreiheit, die die Programmgestaltung betrifft und andererseits die institutionelle oder formelle, welche die Normen umfasst, die das Bild des Rundfunks als Institution ausmachen. Die vom Schutzbereich umfasste materielle Rundfunkfreiheit wird unter

---

60 vgl. *Hesse*, ZUM 1987, 548, 551; *Ipsen*, NJW 1963, 2049, 2053, der den Vergleich zu einem Fußballspiel zieht.

61 so explizit BVerfG, Urt. v. 05.02.1991 – 1 BvF 1/85, 1/88, BVerfGE 83, 238, 310 - „Nordrhein-westfälische Rundfunkgesetzgebung": „Dagegen erstreckt sich der grundrechtliche Schutz nicht auf einzelne Finanzierungsarten".

62 vgl. BVerfG, Urt. v. 04.11.1986 – 1 BvF 1/84, BVerfGE 73, 118, 178 ff. – „Niedersächsisches Landes-Rundfunkgesetz"; Beschl. v. 24.03.1987 – 1 BvR 147, 478/86, BVerfGE 74, 297, 342 - „Landesmediengesetz Baden-Württemberg"; BayVGH, Beschl. v. 19.12.1995 – 25 CE 95.3963, ZUM 1996, 173, 175.

63 *Lerche*, Rechtsprobleme des Werbefernsehens, S. 6, 12, 14; *Badura*, Rundfunkfreiheit und Finanzautonomie, S. 20 m.w.N.; *Bethge*, MP 1983, S. 690 f.; *Schmidt*, Die Rundfunkgewährleistung, S. 83 f.

Ablehnung eines formal-publizistischen Programmbegriffs auf einen juristischen Programmbegriff gestützt, da die Rundfunkfreiheit in Art. 5 GG eben normativ-funktionell konzipiert sei. In Anlehnung an das erste Fernsehurteil des Bundesverfassungsgerichts begreift zwar auch *Lerche* dabei das „Schwergewicht der rundfunkrechtlichen Programmfreiheit“ hinsichtlich der öffentlichen Meinungsbildung als deren Faktor und Medium.[64] Allerdings sieht er für das rechtliche Erkennen der öffentlichen Aufgabe des Rundfunks nicht das Faktum des „tatsächlichen Eindringens in die breiteste Öffentlichkeit“ als maßgeblich, sondern das spezifisch rechtliche Verständnis, d.h. die Verdichtung dieser faktisch „öffentlichen“ Wirkung zur *rechtlich-öffentlichen* Aufgabe. Diese Juridifizierung des Aufgaben- und Pflichtencharakters konkretisiere und begrenze den Inhalt der materiellen Rundfunkfreiheit aus Art. 5 Abs.1 S. 2 GG auf die Freiheit der Berichterstattung und die freie Information.[65]
Die primäre Bedeutung des Rundfunks liege dabei im Bereich einer qualitativ-konstitutionellen Meinungszone, worin der Rundfunk „seine primäre ‚integrale' und kritische Aufgabe im heutigen Staat“ erfülle.[66] Einen solchen integralen Meinungs- und Informationswert besitze Werbung aber ebensowenig wie eine Zeitungsannonce.[67] Ein solcher Fall läge nur dann vor, wenn der im Rundfunkwesen wie überhaupt im Bereich der öffentlichen Meinungsbildung zu vollziehende gesellschaftlich-politische Integrationsprozess auch die Integrierung individuell-privater Wirtschaftsinteressen einbeschlösse.[68]

---

64 *Lerche*, Rechtsprobleme des Werbefernsehens, S. 8 f.

65 *Lerche*, Rechtsprobleme des Werbefernsehens, S. 8 f., in Analogie zu *Ridder*, Die Aufgabe der Presse, S. 8 f.

66 *Lerche*, Rechtsprobleme des Werbefernsehens, S. 8 f.; Lerche unterscheidet dabei drei Erscheinungsformen der öffentlichen Meinung im Sinne einer „quantitativ-konstatierbaren“, d.h. demoskopisch greif- und erfassbaren Meinung, einer „qualitativ-konstituierten“, d.h. repräsentativ herrschenden Meinung und einer qualitativ-konstitutionellen Meinung im Sinne eines für den Staat normativ-strukturellen „Offenseins“.

67 vgl. BGH, Beschl. v. 25.06.1953 – 3 StR 80/53, NJW 1953, 1803, 1804; OLG München, Urt. v. 24.10.1957 – 6 U 1010/57, NJW 1958, 1298, 1302; *Lerche*, Rechtsprobleme des Werbefernsehens, S. 14, m.w.N.; a.A: *Betz*, in: *Geiger*, Die Funktion der Presse, S. 111, 119; wohl auch *Hamann*, GG, Art. 5 C 6.

68 *Lerche*, Rechtsprobleme des Werbefernsehens, S. 14; in diesem Sinne aber *Ipsen*, NJW 1963, 2049, 2056; ähnliche Überlegungen bei *Schmidhüs*, in: *Becker/Siegel*, Wem gehört der Rundfunk ?, 1959, S. 54, 72 f.

Dieser These stünde jedoch der spezifische Öffentlichkeitsbezug der rundfunkrechtlichen Integrationsordnung entgegen, der eine programmrechtliche Indienststellung für rein-private Interessen gerade verbiete, auch wenn diese – wie gerade die private Wirtschaftswerbung – unter anderweitigem verfassungsrechtlichen Schutz (vgl. Art. 12 Abs. 1 S. 2 GG) stünden.[69] Deshalb kenne der Rundfunk prinzipiell auch kein Recht des einzelnen auf individuelle Meinungsäußerung im Rundfunk.

cc) Stellungnahme

In der Auffassung *Lerches* kommt die mediale Realität der Zeit zum Ausdruck, in der sie niedergeschrieben wurde. Mitte der sechziger Jahre war an die Einführung des privaten Rundfunks, geschweige an eine Vielfalt heutigen Ausmaßes nicht zu denken. Im Lichte der heutigen dualen Rundfunkordnung erscheint die von *Lerche* skizzierte rechtlich-öffentliche Aufgabe des Rundfunks, die ihre Integrationsfunktion im Bereich einer qualitativ-konstitutionellen Meinungszone erfülle, ebenso wünschenswert wie überholt. Sein rundfunkrechtlicher Programmbegriff hatte in den öffentlich-rechtlichen Rundfunkanstalten mit ihrer integral-„pluralistischen" organisationsrechtlichen Gestaltung und einem ebenfalls binnenpluralen Programm-Konzept einen beispielhaften Adressaten, welcher in einem Gesamtprogramm unterschiedliche Meinungen zu integrieren vermochte. Mit dem Hinzutreten außenpluralistisch orientierter privater Rundfunkveranstalter wurde diese Integrationsaufgabe jedoch relativiert, wenn man eine auch nur eingeschränkte Tendenzfreiheit des einzelnen Veranstalters anerkennt.[70]

Unterzöge man die Erscheinungsformen des privaten Rundfunks abseits der Wirtschaftswerbung einer Analyse hinsichtlich ihres integralen Meinungs- und Informationswertes, müsste man weite Bereiche der Tätigkeit privater Veranstalter aus dem Schutzbereich der Rundfunkfreiheit ausklammern. Dies wäre jedoch wiederum unbillig, wenn und weil privater außenpluraler Rundfunk verfassungsrechtlich zulässig ist.[71]

---

[69] *Lerche*, Rechtsprobleme des Werbefernsehens, S. 14.

[70] vgl. *Hesse*, ZUM 1987, S. 548, 552; zu den Anforderungen an die Programmkonzeption privater Veranstalter vgl. BVerfG, Urt. v. 04.11.1986 – 1 BvF 1/84, BVerfGE 73, 118, 160 ff. - „Niedersächsisches Landes-Rundfunkgesetz".

[71] vgl. *Hesse*, ZUM 1987, S. 548, 552.

Wird einer Übertragung der Rechtsprechung aus dem Bereich der Presse mit dem Argument begegnet, Werbe- und Anzeigeeinnahmen bildeten anders als beim Rundfunk das wirtschaftliche Rückgrat dieses Mediums, während sich Rundfunk hauptsächlich aus Gebühren finanziere,[72] so scheitert diese Kritik für den privaten Rundfunk schon an dessen nahezu ausschließlicher Werbefinanzierung. Für den Bereich des öffentlich-rechtlichen Rundfunks wiederum kann nicht außer acht gelassen werden, dass einerseits auch hier Werbeeinnahmen eine Dimension[73] erreicht haben, die sie als mehr als nur eine Teilfinanzierungsart erscheinen lassen. Andererseits ist aber auch nicht die Bedeutung der Finanzierungsquelle für die Einbeziehung in den Schutzbereich das leitende Motiv, sondern die Erkenntnis, dass es sich bei Werbesendungen um die Verbreitung von Meinungen ungeachtet ihres Inhalts handelt, da anderenfalls diesbezügliche Differenzierungen ungewollte Auswirkungen auf unstreitig geschützte Meinungen hätten.[74]
Die Ansicht *Lerches*, aufgrund des spezifischen Öffentlichkeitsbezuges der rundfunkrechtlichen Integrationsordnung kenne der Rundfunk prinzipiell auch kein Recht des einzelnen auf individuelle Meinungsäußerung im Rundfunk, teilt zwar auch die diesbezügliche Rechtsprechung, welche wegen der Spezialität des Satzes 2 des Art. 5 Abs. 1 GG festgestellt hat, dass ebensowenig wie Satz 1 einen Anspruch auf ein entsprechendes Verbreitungsmittel der eigenen Meinung begründet, auch Satz 2 kein subjektives Recht auf Veranstaltung von Rundfunksendungen beinhaltet.[75]
Der Anspruch des Rundfunkveranstalters jedoch, im Rahmen seiner Verbreitungsfreiheit aus Art. 5 Abs. 1 S. 2 GG eben auch fremde Meinungen nach seiner Entscheidung zu verbreiten, bleibt damit aber unangefochten. Angesichts seiner Programmfreiheit bleibt es ihm demnach unbenommen, durch Art. 5 Abs. 1 S. 1 GG geschützte Meinungen im Rahmen der gesetzlichen Beschränkungen zu verbreiten, auch wenn es sich dabei um Wirtschaftswerbung handelt. Die auch im Hinblick auf die geänderte, nun duale Rundfunkordnung zeitgemäßen und rechtlich überzeugenden Argumente, sprechen nach alledem für eine Ausdehnung des Schutzbereiches der Rundfunkfreiheit aus Art. 5

---

72 so *Bethge*, MP 1983, 690, 698.
73 die Werbeeinnahmen des ZDF lagen 2003 bei Netto 111 Millionen €, vgl. F.A.Z, Nr. 24, v. 29.01.2004, S. 40.
74 vgl. *Hesse*, ZUM 1987, S. 548, 552.
75 vgl. BVerwG, Urt. v. 10.12.1971 – VII C 45.69, BVerwGE 39, 159, 163 f.

Abs. 1 S. 2 GG auch auf die Verbreitung von privater Wirtschaftswerbung mittels Rundfunk.

2. Schutzrichtung des Trennungsgrundsatzes

Die soeben aufgezeigte Ausweitung des Schutzbereiches der Rundfunkfreiheit auf die im Rahmen der Programmfreiheit des einzelnen Fernsehveranstalters verbreitete kommerzielle Wirtschaftswerbung zeitigt aber nicht eine verfassungsrechtliche Gleichstellung von Werbung und Programm. Beachtet werden muss in diesem Zusammenhang vielmehr die vom Bundesverfassungsgericht hervorgehobene Funktion der Rundfunkfreiheit, die dem Rundfunk das Ziel gibt, als Medium und Faktor der freien, umfassenden und wahrheitsgemäßen Meinungsbildung aller und jedes einzelnen Zuschauers zu dienen.[76] Eine Herleitung des Trennungsgrundsatzes und seiner verfassungsorientierten Schutzrichtung muss also die Sicht des Zuschauers und seine Erwartungen sowie Interessen berücksichtigen.

a) Das kommunikative Interesse des Zuschauers

Die Trennung der Werbung vom Programm schützt in erster Hinsicht den Fernsehzuschauer davor, im Zuge des individuellen Meinungsbildungsprozesses einer Täuschung über den werbenden Charakter eines Programmteils zu erliegen,[77] indem sie ihm die Möglichkeit einräumt, den Ursprung einer übermittelten Botschaft zu erkennen. Dies dient nicht nur dem Verständnis, sondern vor allem der kategorisierenden Einordnung des medialen Inhalts. In einer Medienlandschaft, in der kaum noch jemand in der Lage ist, massenkommunikativ vermittelte Inhalte auf ihre Vertretbarkeit und ihren Wahrheitsgehalt zu überprüfen, bringt der Zuschauer unabhängigen und an journalistischen Quali-

---

[76] BVerfG, Urt. v. 28.02.1961 – 2 BvG 1,2/60, BVerfGE 12, 205, 260 – „Rundfunkurteil“; vgl. auch Urt. v. 16.06.1981 – 1 BvL 89/78, BVerfGE 57, 295, 320 - „Saarländisches Rundfunkgesetz“; Urt. v. 04.11.1986 – 1 BvF 1/84, BVerfGE 73, 118, 152 - „Niedersächsisches Landes-Rundfunkgesetz“; Beschl. v. 24.03.1987 – 1 BvR 147, 478/86, BVerfGE 74, 297, 323 - „Landesmediengesetz Baden-Württemberg“; Urt. v. 05.02.1991 – 1 BvF 1/85, 1/88, BVerfGE 83, 238, 296 - „Nordrhein-westfälische Rundfunkgesetzgebung“.

[77] BGH, Urt. v. 22.02.1990 – I ZR 78/88, NJW 1990, 3199, 3202 „Werbung im Programm“; *Platho*, ZUM 2000, 46, 47; *Bosman*, ZUM 1990, 545, 548; *Ladeur*, ZUM 1987, 491, 499 spricht von „Manipulation“.

tätsmaßstäben orientierten Informationen eines Mediums mehr Vertrauen entgegen als denen der Werbenden.[78] Zur Erfüllung dieses „kommunikativen Vertrauens“ ist für den Rundfunk damit durch seine die besondere Regulierung rechtfertigende herausgehobene Meinungsbildungsrelevanz, die ihn nach Breitenwirkung, Aktualität und Suggestivkraft unter allen Medien auszeichnet,[79] die „Reinheit“ der jeweiligen medialen Botschaft von besonderer Bedeutung.[80] Das Trennungsgebot soll so gewährleisten, dass Werbung nicht eine vergleichbare Bedeutung beigemessen wird, was bei einer Vermischung von Werbung und übrigem Programm zu befürchten wäre.[81]

b) Der publizistische Prozess

Diese für den individuellen Meinungsbildungsprozess wesentliche „Reinheit“ der medialen Botschaft kann dabei nur durch eine vor fremder Einflussnahme geschützte publizistische und redaktionelle Tätigkeit der Fernsehveranstalter gewährleistet werden. Dieser freie Prozess der öffentlichen Meinungsbildung findet seinen Ausdruck im Schutz der Unabhängigkeit des Rundfunks[82] und sein Vehikel im Gebot der Trennung von Werbung und Programm. Zusammen mit dem Interesse individueller Meinungsbildung bildet der freie publizistische Prozess den verfassungsrechtlichen Zielwert einer Massenkommunikationsordnung, die dem Rundfunk, über eine Informationsaufgabe zur öffentlichen Meinungsaufgabe hinaus, auch eine Beobachtungs-, Reflexions- und Vergewisserungsaufgabe für die Gesellschaft insgesamt zuweist.[83] Der so im Allgemeininteresse liegenden Schutz des

---

78 *Engels*, RuF 1997, 214, 217 f.; vgl. *Bornemann/Kraus/Lörz/Riedel/Hepach/Gummer*, BayMedienG, Art. 8, Rn. 9; *Ullmann*, FS-Traub, 411, 416.

79 BVerfG, Urteil v. 22.02.1994 – 1 BvL 30/88, BVerfGE 90, 60, 87 – „Gebührenurteil“.

80 *Platho*, ZUM 2000, 46, 47.

81 vgl. *Bornemann/Kraus/Lörz/Riedel/Hepach/Gummer*, BayMedienG, Art. 8, Rn. 9; *Ullmann*, FS-Traub, 411, 416.

82 vgl. zu diesem Aspekt der Rundfunkfreiheit: BVerfG, Beschl. v. 06.10.1992 – 1 BvR 1586/89 und 487/92, BVerfGE 87, 181, 201 – „HR 3-Beschluss“ sowie BVerfG, Urteil v. 22.02.1994 – 1 BvL 30/88, BVerfGE 90, 60, 87 – „Gebührenurteil“.

83 *Engels*, RuF 1997, 214, 218; *Hoffmann-Riem*, in: *Benda/Maihofer/Vogel*,

Rundfunks wird durch das in der Rundfunkfreiheit enthaltene Verbot „jeder fremden Einflussnahme auf Auswahl, Inhalt und Ausgestaltung der Programme“[84] gewährleistet.

c) Zwischenergebnis

Die Trennung von Werbung und Programm, eines der Fundamentalprinzipien des deutschen Rundfunkrechts, schützt danach sowohl die Unabhängigkeit der Rundfunkkommunikation vor wirtschaftlicher Einflussnahme als auch das Interesse des Zuschauers daran, die Intention des Kommunikators erkennen zu können, indem diese transparent gemacht wird.[85] Dies verleiht ihr ein verfassungsrechtliches Gewicht, welches sie nicht nur als Gebot der Rundfunkfreiheit erscheinen lässt, sondern auch den einfach-gesetzlichen Normen zur Erfüllung dieses Gebotes eine bedeutsame Aufgabe beimisst. Trotz der durch sie hervorgerufenen Beeinträchtigungen der Kombination von Werbung und Programm sind sie, im Einklang mit und unter Beachtung der Programmfreiheit angewandt, jedenfalls verfassungsrechtlich legitimiert.[86]

II. Einfachgesetzliche Regelungen zur Gewährleistung des Trennungsgrundsatzes

Auf einfachgesetzlicher Ebene ist der Gesetzgeber der Erfüllung des Trennungsgrundsatzes auf verschiedene Weise nachgekommen, wobei die Trennungs- und Kennzeichnungsregelungen den Schwerpunkt ausmachen. Diese sind in sämtlichen Mediengesetzen eng miteinander verbunden, da sie sowohl begrifflich als auch in ihrer praktischen Um-

---

§ 7, Rn. 8 m.w.N. Aus sozialwissenschaftlicher Sicht *Hunziger*, Medien, Kommunikation und Gesellschaft, S. 72 ff.; *Noelle-Neumann*, Publizistik Massenkommunikation, S. 518 ff.

84 BVerfG, Beschl. v. 13 .01.1982 – 1 BvR 848, 1047/77, 916, 1307/78, 350/79 und 475, 902, 965, 1177, 1238, 1461/80, BVerfGE 59, 231, 258; vgl. auch Urteil v. 22.02.1994 – 1 BvL 30/88, BVerfGE 90, 60, 87 – „Gebührenurteil“ vgl. auch BGH, Urt. v. 22.02.1990 – I ZR 78/88, NJW 1990, 3199, 3201 – „Werbung im Programm“; *Ladeur*, ZUM 1987, 491, 499, der auf die „Überwirkung der Werbung auf das redaktionelle Programm“ abstellt und *Bosman*, ZUM 1990, 545, 548.

85 *Engels*, RuF 1997, 214; vgl. auch *Degenhart*, in: Dolzer/Vogel/Graßhof (Hg.), BK, Art. 5 Abs. 1 und 2, Rn. 739.

86 *Engels*, RuF 1997, 214, 218.

setzung in einer Beziehung der wechselseitigen Voraussetzung stehen. Nicht nur ist eine Werbung erst dann vom Programm „getrennt", wenn sie als solche gekennzeichnet ist,[87] vielmehr setzt ihre Kennzeichnung auch eine Trennung gleich welcher Art voraus, woraufhin die Kennzeichnung als solche dann erst durchgeführt werden kann. Während noch im RStV 1987 die Bestimmungen über die Kennzeichnung von Werbung und deren Inhalte in Art. 3 für den öffentlich-rechtlichen und Art. 7 für den privaten Rundfunk unter dem Aspekt der Werbebeschränkung getrennt behandelt wurden, ging der Gesetzgeber bereits im Jahre 1991 grundsätzlich anders vor. Die Bestimmungen über Werbeinhalte und Kennzeichnung zog er vor die Klammer der Einzelregelungen für die unterschiedlichen Rundfunkarten und verdeutlichte damit, dass die Vorschriften zu Inhalt und Kenzeichnung der Werbung sowohl für den öffentlich-rechtlichen als auch für den privaten Rundfunk Geltung beanspruchen. Bis heute und auch in der Anfang April 2004 anstehenden Novelle des Rundfunkstaatsvertrages wurde diese Anordnung beibehalten, so dass sich hinsichtlich der Trennung und Kennzeichnung folgende Regelungen für den öffentlich-rechtlichen wie auch den privaten Rundfunk gemeinsam ergeben.

1. Gemeinsame Vorschriften für den öffentlich-rechtlichen und privaten Rundfunk

Das für beide Seiten des dualen Systems geltende allgemeine rundfunkrechtliche Trennungs- und Kennzeichnungsgebot findet sich einschließlich einer medienabhängigen Vorgabe für die Art der Kennzeichnung in § 7 Abs. 3 RStV. Nach dem 4. Rundfunkänderungsstaatsvertrag ist dort nun für Werbung und Teleshopping gemeinsam normiert, das diese „als solche klar erkennbar sein (müssen). Sie müssen im Fernsehen durch optische Mittel, im Hörfunk durch akustische Mittel eindeutig von anderen Programmbestandteilen getrennt sein". Das an gleicher Stelle in Satz 4 zu findende Verbot der unterschwelligen Werbetechniken[88] ist im weiteren Sinne ebenso zu den Tren-

---

[87] so einschränkend Engels, RuF 1997, 214, 219 in FN 24.

[88] bei diesen, auch „subliminal" genannten Werbetechniken, erfolgt die Vermittlung werbender Inhalte unterhalb der menschlichen Bewusstseinsschwelle, etwa durch Einblendungen von Kaufaufforderungen in einer Länge von wenigen Millisekunden, so dass diese zwar perzipiert, jedoch nicht aperzipiert, d.h. nicht bewusst wahrgenommen werden. Die Beschreibung eines entsprechenden, wenngleich wissenschaftlich zweifelhaften Experi-

nungs- und Kennzeichnungsregelungen zu zählen, wie im engeren Sinne die Vorschriften zur Kennzeichnung des Screen-Splitting, § 7 Abs. 4 RStV, und zur Kenntlichmachung von Dauerwerbesendungen, § 7 Abs. 5 S. 2 RStV, sowie das Verbot der Schleichwerbung in Verbindung mit den Vorgaben zur zulässigen Einfügung virtueller Werbung in § 7 Abs. 6 RStV.
Allen Vorschriften gemein ist ihre Bindung an den Terminus „Werbung". Allein dann, wenn ein vermittelter Programmbestandteil als Werbung eingeordnet werden kann, ist dessen medienabhängige Trennung vom übrigen Programm und eine werbeformabhängige Kennzeichnung überhaupt erforderlich.

a) Der rundfunkrechtliche Begriff der „Werbung"

Begrifflich unterschied noch *Lerche*[89] nach den Erscheinungsformen des Werbefunks bzw. Werbefernsehens unter Berücksichtigung allgemein-programmrechtlicher Differenzierungen zwischen Werbesendungen *instrumentaler* und *medialer* Art. Unter instrumentalen Werbesendungen fasste er solche Sendungen, die in *inhaltlich* vom allgemeinen Programm *geschiedener* und vom Rundfunkempfänger (meist bereits *äußerlich*) als Werbesendung *erkennbarer* Form ausgestrahlt werden. Dagegen sind unter medialer Werbung solche Sendungen zu verstehen, die in inzidenter, d.h. *inhaltlich* vom sonstigen Programm *nicht geschiedener* und vom Empfänger *nicht* als Werbesendung *erkennbarer* Form ausgestrahlt werden.[90] Instrumentale Werbung wurde

---

ments seitens *James M. Vicary* mit ahnungslosen Kinobesuchern findet sich bei *Bosman*, ZUM 1990, 545, 556; *Beucher/Leyendecker/v. Rosenberg*, § 7 RStV a.F., Rn. 33; *Hartstein/Ring/Kreile/Dörr/Stettner*, § 7 RStV, Rn. 31. Während eines Kinofilms kurz eingeblendete Produktbilder sollen hier zu einem korrespondierend erhöhten Absatz von Eiskreme, Coca-Cola und Popcorn geführt haben. *Vance Packard* erwähnte dieses Experiment mit „unterschwelligen Effekten" in einem Kino in New Jersey nicht erst 1987, wie *Hartstein/Ring/Kreile/Dörr/Stettner*, § 7 RStV, Rn. 31 angeben, sondern bereits in der Erstausgabe seines 1957 erschienenen und für das Verständnis der Werbestrategien äußerst aufschlussreichen Werkes *Die geheimen Verführer*, S. 58.

[89] *Lerche*, Rechtsprobleme des Werbefernsehens, S. 2.

[90] *Lerche*, Rechtsprobleme des Werbefernsehens, S. 2, kursive Hervorhebungen dementsprechend. Zu den Begriffen medialer und instrumentaler Werbung vgl. auch *Bosman*, ZUM 1990, 545, 548; *Sack*, ZUM 1987, 103, 116f.; *Winter*, in: Fuhr/Rudolf/Wasserburg, S. 353, 359; *Stern/Bethge*, Öffentlich-

auch dahingehend eingegrenzt, „dass das Medium privaten Interessenten gegen Zahlung eines Nutzungsentgelts Sendezeit in einem besonderen, deutlich gekennzeichneten Werbeprogramm zur Verfügung stellt".[91] Diese Kategorisierung spiegelt die Werberealität zum Zeitpunkt ihrer Formulierung wider, die im öffentlich-rechtlichen Rundfunkprogramm von isolierten Werbesendungen geprägt war. So sehr sich diese Werberealität über die letzten Jahrzehnte zur heutigen Vielfalt diversifiziert hat, so wenig Trennschärfe besitzen diese Begrifflichkeiten nunmehr. Nur die im obigen Sinne instrumentale Werbung etwa dem Kennzeichnungs- und Trennungsvorschriften zu unterwerfen, ließe Product Placement und Schleichwerbung außen vor; diese wären der medialen Werbung zuzurechnen.[92] Mediale Werbung lässt sich nach heutigen Maßstäben daher allenfalls fruchtbar dahingehend begreifen, dass sie solche werbenden Auswirkungen bezeichnet, die die lebensnahe Abbildung der Umwelt im Rahmen des Programms zwangsläufig, d.h. ohne bezweckte werbende Hervorhebung zur Folge hat.[93]

Bis zur Novelle des RStV im Jahr 2000 fehlte im nationalen Rundfunkrecht eine einheitliche Definition des Begriffes der „Werbung".
Aus der in § 7 Abs. 5 S. 2 RStV a.F. niedergelegten Definition der Schleichwerbung, welche nur eine spezielle, im Rundfunk schlechthin unzulässige Werbeform beschrieb, konnte man Tatbestandsmerkmale dieser Definition allenfalls begrenzt zur Bestimmung des allgemeinen rundfunkrechtlichen Werbebegriffs heranziehen.[94]
Nun ist jedoch unter Ziffer 5 der Begriffsbestimmungen des § 2 Abs. 2 RStV festgelegt, dass unter
„Werbung jede Äußerung bei der Ausübung eines Handels, Gewerbes, Handwerkes oder freien Berufs, die im Rundfunk von einem öffentlich-rechtlichen oder privaten Veranstalter entweder gegen Entgeld oder eine ähnliche Gegenleistung oder als Eigenwerbung gesendet wird mit dem Ziel, den Absatz von Waren oder die Erbringung von Dienstleis-

---

rechtlicher und privatrechtlicher Rundfunk, S. 86 f.; *Bachof*, Verbot des Werbefernsehens, S. 166.

91 *Fuhr*, ZDF-Staatsvertrag, § 22 Anm. III. 1. (S. 362 f.).

92 vgl. *Sack*, ZUM 1987, 103, 117.

93 so auch *Sack*, ZUM 1987, 103, 117 ähnlich auch noch *Hartstein/Ring/Kreile/Dörr/Stettner*, 51. EL, Juni 1997, § 7 RStV 1996, Rn. 28.

94 vgl. *Beucher/Leyendecker/v. Rosenberg*, § 7 RStV a.F., Rn. 8.

tungen, einschließlich unbeweglicher Sachen, Rechte und Verpflichtungen, gegen Entgeld zu fördern"
zu verstehen ist.
Der Rundfunkgesetzgeber übernahm damit nahezu wörtlich die in Art. 1 c) der EU-Fernsehrichtlinie[95] enthaltene Begriffsbestimmung. Damit erhielt die bis zur Änderung von der herrschenden Meinung vertretene Ansicht, der staatsvertragliche Begriff der Werbung beschränke sich auf Wirtschaftswerbung,[96] nun gleichsam normative Bestätigung. Sie hatte den rundfunkrechtlichen Werbebegriff an den wettbewerbsrechtlichen angelehnt.[97] Nach diesem ist Werbung „*jede* an eine andere Person gerichtete geschäftliche Anpreisung von Waren oder Leistungen" mit dem Ziel der „*Förderung des Absatzes* und der Leistungsverwertung durch Abschluss von Geschäften."[98]

aa) Der weite rundfunkrechtliche Werbebegriff

Die Gegenansicht scheint jedoch auch unter der Geltung der neuen Begriffsbestimmung noch daran festzuhalten, dass mit Einfügung der Legaldefinition nur „im Wesentlichen" eine Beschränkung auf Wirtschaftswerbung geschehen und daneben der von ihnen vertretene weite Werbebegriff der rundfunkrechtlich einschlägige sei.[99] Danach ist jeder verbreitete Inhalt als Werbung zu qualifizieren, mit dem ein Rundfunkveranstalter oder ein die Rundfunkveranstaltung nutzender Dritter werbend auf den Zuschauer einwirken will.[100] Werbend ist eine

---

[95] Richtlinie 97/36/EG des Europäischen Parlaments und des Rates vom 17. Juni 1997 zur Änderung der Richtlinie 89/5527EWG des Rates vom 03. Oktober 1989 zur Koordinierung bestimmter Rechts- und Verwaltungsvorschriften der Mitgliedstaaten über die Ausübung der Fernsehtätigkeit – EU-Fernsehrichtlinie – Amtsblatt der Europäischen Gemeinschaften Nr. L 202/60 v. 30.07.1997; abrufbar unter www.jura.uni-rostock.de/Gersdorf/medienrecht/EU%20RiLi/Fernseh-RiLi.htm.

[96] vgl. *Beucher/Leyendecker/v. Rosenberg*, § 7 RStV a.F., Rn. 8; *Hartstein/Ring/Kreile/Dörr/Stettner*, § 7 RStV, Rn. 3; *Bosman*, ZUM 1990, 545, 546; *Herkströter*, ZUM 1992, 395, 398.

[97] vgl. *Hartstein/Ring/Kreile/Dörr/Stettner*, § 7 RStV, Rn. 5.

[98] *Baumbach/Hefermehl*, vor § 3 - 8 UWG, Rn. 1.

[99] vgl. *Engels/Giebel*, ZUM 2000, 265, 268 f., mit weitgehender Übernahme der Darstellung und Argumentation von *Engels*, RuF 1997, 214, 220 f.

[100] *Engels/Giebel*, ZUM 2000, 265, 268; *Engels*, RuF 1997, 214, 220; zur alten Rechtslage so noch *Sack*, AfP 1991, 704, 705 und insgesamt *Schwarz*/Eichler, AfP 1996, 228 ff.

Einwirkung dann, wenn ihr Charakter nicht nur informierend, unterhaltend oder bildend im Sinne der Rundfunkaufgabe ist, sondern auch oder überwiegend der Absatzförderung des Werbetreibenden dient.[101] Dagegen liegt Programm dort vor, wo der betreffende kommunikative Inhalt aufgrund eines unabhängigen und eigenverantwortlichen Interesses des Rundfunkveranstalters vermittelt wird, das aus der vorbenannten Rundfunkaufgabe legitimiert werden kann.[102] Die Grenze zwischen Werbung und Programm liegt damit dort, wo die Vermittlungsentscheidung überwiegend von einem Fremdinteresse, etwa dem ökonomischen Eigeninteresse des Werbetreibenden, beeinflusst oder gar gesteuert wird[103]. Zusätzlich werden als Indizien für die Durchbrechung publizistischer Unabhängigkeit und Eigenverantwortlichkeit bei der Vermittlungsentscheidung dann noch die Zahlung eines Entgeltes und die Wahrnehmbarkeit eines Werbezwecks durch den Zuschauer herangezogen.

Den Vertretern der herrschenden Meinung wird einerseits vorgeworfen, sie vermögen weder das in § 7 Abs. 8 S. 1 RStV zusätzlich enthaltene Verbot der Werbung politischer, weltanschaulicher oder religiöser Art befriedigend zu erklären, noch warum das sogenannte „social advertising" trotz der Beschränkung auf Wirtschaftswerbung rundunkrechtlich zulässig ist.[104]

bb) Der enge Werbebegriff

Bereits vor Aufnahme der allein auf den wirtschaftlichen engen Werbebegriff bezugnehmenden Legaldefinition in § 2 Abs. 2 Nr. 5 RStV konnte diesen Vorwürfen mit Blick auf die Gesetzessystematik und mit historischer Auslegung begegnet werden.

So ermöglichten bereits die alten Rundfunkgesetze für den Bereich des öffentlich-rechtlichen Rundfunks den Rundfunkanstalten „Wirtschaftswerbung" oder Sendezeit für wirtschaftliche Werbezwecke, so

---

[101] *Engels/Giebel*, ZUM 2000, 265, 268; *Engels*, RuF 1997, 214, 220.

[102] *Engels/Giebel*, ZUM 2000, 265, 268; *Engels*, RuF 1997, 214, 220.

[103] *Engels/Giebel*, ZUM 2000, 265, 268; *Engels*, RuF 1997, 214, 220.

[104] *Engels/Giebel*, ZUM 2000, 265, 268 in FN 19; *Engels*, RuF 1997, 214, 220 in FN 32, wobei Engels bei der Übernahme seines alten Fußnotentextes als Textbaustein die Verschiebung der Norm übersehen zu haben scheint. Weiter verweisen *Engels/Giebel* (a.a.O.) auf eine Neufassung der EU-Fernsehrichtlinie, die nun auch ideelle Werbung erfasse. Der Werbebegriff der derzeitigen Richtlinienfassung stimmt allerdings mit dem rundfunkrechtlichen Begriff bis auf den durch „Fernsehen" ersetzten Begriff „Rundfunk" überein und umfasst die ideelle Werbung gerade nicht.

z.B. § 4 Abs. 3 S. 1 BayRuFuG. Ohne diese eindeutige Terminologie im Rundfunkstaatsvertrag aufzuweisen, stellte aber die Aufnahme des Verbots der Werbung politischer, weltanschaulicher oder religiöser Art gerade klar, dass von diesem nur Wirtschaftswerbung erfasst werden soll.[105]
Des weiteren ergibt sich die Geltung des engen Werbebegriffs durch einen Umkehrschluss aus § 42 RStV.[106] Nicht-Wirtschaftswerbung wird dort nur verfassungsrechtlich privilegierten Gruppen[107] und nur begrenzt zugestanden, was den Umkehrschluss zulässt, dass Ideenwerbung im Übrigen ausgeschlossen sein soll.[108] Gestattet man aber denselben oder anderen Gruppen den Erwerb von Sendezeit im Werbeprogramm zur Verfolgung nichtwirtschaftlicher Zwecke gegen Entgelt, würde dieses Regel-Ausnahmeverhältnis unzulässig relativiert.[109] Mit dem Verbot des § 7 Abs. 8 RStV entspricht der Rundfunkstaatsvertrag der Rechtsprechung des Bundesverfassungsgerichts, welches von ihm geeignete Vorkehrungsmaßnahmen einfordert, die sicherstellen, dass der Rundfunk nicht einer oder einzelnen gesellschaftlichen Gruppen ausgeliefert und nicht dem freien Spiel der Kräfte überlassen wird.[110] Dies erfordert auch eine dichte Regelung zur Einbringung von Wirtschaftswerbung und Zurverfügungstellung von Sendezeit an Dritte. Würde dabei der Werbebegriff des § 7 RStV über die bloße Wirtschaftswerbung hinaus auch auf sonstige ideelle Zwecke ausgedehnt, bestünde die Gefahr, dass Dritten über den Ankauf von Werbezeiten

---

[105] vgl. *Hartstein/Ring/Kreile/Dörr/Stettner*, § 7 RStV, Rn. 3.

[106] vgl. *Beucher/Leyendecker/v. Rosenberg*, § 7 RStV a.F., Rn. 9, unter Hinweis auf VG Hannover, Urteil v. 8.8.1996, Az.: 6 A 4538/93, 9 AU.

[107] die verfassungsrechtliche Privilegierung ergibt sich für die Kirchen aus Art. 140 GG i.V.m. Art. 137 ff. WRV und für Parteien aus Art. 21 GG. Diese Möglichkeit nutzte etwa die Evangelische Kirche Deutschland (EKD) in Kooperation mit RTL im Jahr 2003 mit einem 20-sekündigen Spot als Hinweis auf die Satelliten-Evangelisation „ProChrist2003", gesendet im laufenden Programm, vgl. epd medien 10/03, S. 22.

[108] vgl. *Beucher/Leyendecker/v. Rosenberg*, § 7 RStV a.F., Rn. 9; unter Hinweis auf VG Hannover, Urteil v. 8.8.1996, Az.: 6 A 4538/93, 9 AU.

[109] *Beucher/Leyendecker/v. Rosenberg*, § 7 RStV a.F., Rn. 9.

[110] BVerfG, Urteil v. 27.07.1971 – 2 BvF 1/68, 2 BvR 702/68 - BVerfGE 31, 314, 325; Urt. v. 16.06.1981 – 1 BvL 89/78, BVerfGE 57, 295, 322 - „Saarländisches Rundfunkgesetz"; Urt. v. 04.11.1986 – 1 BvF 1/84, BVerfGE 73, 118, 153 - „Niedersächsisches Landes-Rundfunkgesetz"; vgl. *Hartstein/Ring/Kreile/Dörr/Stettner*, § 7 RStV, Rn. 5; *Beucher/Leyendecker/v. Rosenberg*, § 7 RStVa.F., Rn. 9.

eine eigene rundfunkmäßige Betätigung außerhalb der strengen Zulassungsregeln für Rundfunkveranstalter ermöglicht würde. Durch solche auf Veränderung der öffentlichen Meinungsbildung gerichtete Veröffentlichungen würden aber insbesondere Entscheidungen der Landesmedienanstalten zur Sicherung der Meinungsvielfalt und Ausgewogenheit unterlaufen.[111]
Damit ist auch das Argument der Gegenmeinung widerlegt, dass auch unter einem weiten Werbebegriff die Meinungsvielfalt und Ausgewogenheit des Rundfunks durch anderweitige Werberegelungen, wie etwa das Trennungsgebot des § 7 Abs. 3 RStV oder die Werbezeitenkontingentierungen in § 45 Abs. 1 RStV ausreichend gesichert würde.[112] Innerhalb dieser Grenzen wäre eine meinungsbildende ideelle Werbung eben dennoch problemlos zu platzieren.
Auch der Verweis in § 7 Abs. 8 S. 4 RStV, dass § 42 RStV unberührt bleibt, steht der Beschränkung auf Wirtschaftswerbung nicht entgegen, da er nicht die Definition von Werbung ergänzen, sondern vielmehr klarstellen soll, was durch die Beschränkung der Werbung auf Wirtschaftswerbung nach dem eben Dargestellten ohnehin gilt.[113]

Entsprechendes muss unter Geltung des aktuellen RStV für den Verweis in § 2 Abs. 2 Nr. 5 S. 2 RStV, § 7 Abs. 8 RStV bleibe unberührt, gelten. Auch hier wird die Definition der Werbung wiederum nicht um die dort aufgeführten Beispiele ideeller Werbung ergänzt. Die Definition der Werbung in § 2 Abs. 2 Nr. 5 S. 1 RStV, auf die sich sämtliche folgenden Vorschriften über Einfügung und Dauer der Werbung etc. beziehen, ist abschließend. Der Verweis in Satz 2 stellt klar, dass die in § 7 Abs. 8 S. 1 RStV beschriebenen vermittelten Inhalte gänzlich unzulässig sind, also auch nicht außerhalb der Werbezeiten gesendet werden dürfen, während die Werbebeschränkungen aber bereits definitionsbedingt keine Anwendung finden. Allerdings ist angesichts dessen der Terminus „Werbung" in § 7 Abs. 8 RStV insgesamt unglücklich gewählt. Dies gilt auch für die Feststellung des § 7 Abs. 8 S. 3 RStV, dass unentgeltliche Beiträge im Dienste der Öffentlichkeit einschließlich von Spendenaufrufen zu Wohlfahrtszwecken „nicht als Werbung im Sinne von Satz 1" der Vorschrift gelten. Dieses sogenannte „social advertising" fällt nämlich ebensowenig unter die Beg-

---

111 vgl. *Hartstein/Ring/Kreile/Dörr/Stettner*, § 7 RStV, Rn. 6.

112 so *Schwarz/Eichler*, AfP 1996, 228, 231.

113 vgl. dazu bereits die amtliche Begründung zu § 6 Abs. 7 RStV 1991 hinsichtlich des Verweises auf den seinerzeit einschlägigen § 24 RStV, sowie *Beucher/Leyendecker/v. Rosenberg*, § 7 RStV a.F., Rn. 9.

riffsbestimmung des § 2 Abs. 2 Nr. 5 S. 1 RStV, ist aber aufgrund seiner Bedeutung gleichwohl als Nicht-Wirtschaftswerbung zulässig. Angesichts der nun normativ festgelegten Zulässigkeit ist es wohl der terminologischen Unsauberkeit des § 7 Abs. 8 RStV zuzuschreiben, dass selbst unter Geltung des aktuellen RStV gegen die herrschende Meinung noch die Frage angeführt wird, wie trotz einer Beschränkung auf Wirtschaftswerbung die Zulässigkeit dieses „social advertising" zu erklären sei.[114]
Auch vor der Ergänzung der Norm durch den 4. Rundfunkänderungsstaatsvertrag ließ sich aber schon der amtlichen Begründung[115] zu § 6 Abs. 7 RStV 1991 (nunmehr § 7 Abs. 8 RStV) entnehmen, dass der Bereich des „social advertising" vom Verbot der Werbung politischer, weltanschaulicher oder religiöser Art unberührt blieb. Ausdrücklich sah der historisch Gesetzgeber bereits darin das Ziel des Staatsvertrages verdeutlicht, lediglich Wirtschaftswerbung zuzulassen.[116]
In Konkretisierung des § 7 Abs. 7 RStV a.F. (1996) sahen ferner bereits die damaligen DLM-Fernsehwerberichtlinien[117] unter Ziff. 8 eine spezielle Regelung vor, nach denen Aufrufe, die die Gesundheit, die Sicherheit der Verbraucher oder den Schutz der Umwelt fördern sowie Aufrufe für wohltätige Zwecke zulässig sind und nicht unter Werbung im Sinne des § 7 Abs. 7 S. 1 RStV fallen.
Die aktuelle Version der DLM-Fernsehwerberichtlinie[118] entbehrt unter Ziff. 11 aufgrund der nun normierten Zulässigkeit des „social ad-

---

[114] so jüngst *Engels/Giebel*, ZUM 2000, 265, 268 in FN 19, denen der Verfasser an dieser Stelle ein Übersehen der Neuregelung nicht unterstellen möchte.

[115] Amtliche Begründung zu § 6 Rundfunkstaatsvertrag 1991, abgedruckt bei *Hartstein/Ring/Kreile/Dörr/Stettner*, § 7 RStV im Anschluss an den Normtext.

[116] Amtliche Begründung zu § 6 Absatz 7 Rundfunkstaatsvertrag 1991, abgedruckt bei *Hartstein/Ring/Kreile/Dörr/Stettner*, § 7 RStV im Anschluss an den Normtext.

[117] Gemeinsame Richtlinien der Landesmedienanstalten für die Werbung, zur Durchführung der Trennung von Werbung und Programm und für das Sponsoring im Fernsehen vom 26. Januar 1993 in der Fassung vom 16. Dezember 1997.

[118] Gemeinsame Richtlinien der Landesmedienanstalten für die Werbung, zur Durchführung der Trennung von Werbung und Programm und für das Sponsoring im Fernsehen in der Neufassung vom 10.2.2000, abgedruckt bei *Hartstein/Ring/Kreile/Dörr/Stettner*, § 7 RStV, Rn. 102; auch abrufbar unter http://www.alm.de/bibliothek/riliwerb2-tv.htm.

vertising" eines solchen Hinweises. Dass solche sozialen Appelle sich aber auch von Wirtschaftswerbung im Sinne der Begriffsbestimmungen unterscheiden, wird anhand ihrer Definition ersichtlich, die an gleicher Stelle verortet ist. Danach handelt es sich bei sozialen Appellen um vom Veranstalter unentgeltlich ausgestrahlte Beiträge, die einen direkten oder indirekten Aufruf zu verantwortlichem, sozial erwünschtem Verhalten enthalten oder über die Folgen individuellen Verhaltens aufklären. Exemplarisch als derartige Beiträge beigeordnet sind eben Aufrufe, die die Gesundheit, die Sicherheit der Verbraucher oder den Schutz der Umwelt fördern sowie Aufrufe für wohltätige Zwecke.

cc) Der harmonisierte Werbebegriff

Durch Übernahme der europarechtlichen Definition wurde mit der Begriffsbestimmung des § 2 Abs. 2 Nr. 5 S. 1 RStV für die werbebezogenen Vorschriften des Rundfunkstaatsvertrages der enge Begriff der Werbung festgeschrieben. Diese Legaldefinition beschränkt Werbung für den gesamten Staatsvertrag und demnach nicht nur „im Wesentlichen"[119] auf Wirtschaftswerbung, was im Hinblick auf die obigen Ausführungen zur Sicherung der Meinungsvielfalt und zum Schutz vor rundfunkartiger meinungsbildender Aktivität Dritter auch notwendig erscheint.

Allerdings besteht ein Anlass, die derzeitige Fassung der §§ 2 Abs. 2 Nr. 5 und 7 Abs. 8 RStV zu überdenken und einen harmonisierten Werbebegriff anzustreben. Insbesondere der mehrmals verwendete Begriff der „Werbung" in § 7 Abs. 8 RStV erscheint an dieser Stelle missglückt. Einerseits wird er unmittelbar in Verbindung zu speziellen Formen der ideellen Werbung verwandt, welche gerade nicht unter die Begriffsbestimmung der „Werbung" in § 2 Abs. 2 S. 5 RStV fallen. Andererseits werden unentgeltliche Beiträge im Dienst der Öffentlichkeit, das sogenannte „social advertising", mit diesem Begriff über die Feststellung verbunden, dass solche „nicht als Werbung im Sinne von Satz 1" gelten.

Da der Verweis des § 2 Abs. 2 Nr. 5 S. 2 RStV klarstellen soll, dass die in § 7 Abs. 8 RStV genannten Formen der Veröffentlichungen Dritter, also nicht die der Rundfunkveranstalter oder Werbetreibenden, von der Begriffsbestimmung gerade ausgenommen und auch außerhalb der Werbezeiten nur im Falle des „social advertising" zulässig

---

[119] so aber *Engels/Giebel*, ZUM 2000, 265, 268.

sind[120], erscheint die erneute Verwendung des Begriffs „Werbung“ in § 7 Abs. 8 RStV redundant. Sofern sich nämlich die Vorschriften zur Einfügung und Dauer der Werbung über die Legaldefinition des § 2 Abs. 2 Nr. 5 S. 1 RStV nur auf Wirtschaftswerbung beziehen, ist ein Verbot der „Werbung“ politischer, weltanschaulicher oder religiöser Art überflüssig, da dies unter einem wirtschaftlichen Werbebegriff eben keine Werbung darstellt. Vielmehr geht es um benannte meinungsbildende Äußerungen Dritter, die gerade bei entsprechender Entgeltzahlung zu verhindern sind. Den Vertretern des weiten rundfunkrechtlichen Werbebegriffes ist demnach zwar nicht hinsichtlich ihrer generellen Ablehnung der Beschränkung auf Wirtschaftswerbung beizupflichten, da letztere nicht nur in der Legaldefinition vorgesehen, sondern auch im Rundfunkstaatsvertrag systematisch entsprechend umgesetzt wurde. Dennoch wäre eine differenziertere Terminologie vor allem im Rahmen des § 7 Abs. 8 RStV wünschenswert, wobei die Wortwahl der DLM-Fernsehwerberichtlinie in Ziff. 11 ein nachahmenswertes Muster bildet. Indem der Text der Richtlinie den Anglizismus „Social Advertising“ nur als Entsprechung dem Begriff „Soziale Appelle“ beiordnet und nicht etwa von „Sozialer Werbung“ spricht, schafft er eine begriffliche Distanz zwischen solchen sozialen Appellen und Werbung im Sinne der Begriffsbestimmung des § 2 Abs. 2 Nr. 5 S. 1 RStV. Dies kann zwar als Vorbild für prägnantere Begriffsbildungen in § 7 Abs. 8 S. 2 RStV dienen, aber nur bedingt solchen Missverständnissen vorbeugen, zu denen bisher der gegenwärtige Wortlaut in Verbindung mit dem Verweis des § 2 Abs. 2 Nr. 5 S. 2 RStV und der zusätzlichen Regelung des § 42 RStV Gelegenheit bietet.

Vorsorglich ließe sich dies aber einerseits durch eine Ergänzung des § 42 RStV verhindern. Im Anschluss an die dort bestehende Regelung der Zurverfügungstellung von Sendezeit an verfassungsrechtlich privilegierte Dritte könnte ein dem § 7 Abs. 8 RStV inhaltsgleicher Absatz die Vermittlung sonstiger meinungsbildender Appelle politischer, weltanschaulicher oder religiöser Art untersagen. Damit wäre dem oben erwähnten Regel-Ausnahme-Verhältnis ebensosehr entsprochen, wie der Vorgabe des Bundesverfassungsgericht, den Rundfunk weder einzelnen gesellschaftlichen Gruppen auszuliefern, noch ihn dem freien Spiel der Kräfte zu überlassen. Andererseits böte es sich an, die Begriffsbestimmung des § 2 Abs. 2 Nr. 5 S. 1 RStV um den Terminus

---

120 unter Geltung des derzeitigen RStV ist eine Platzierung des social advertising aufgrund des engen Werbebegriffs sowohl innerhalb als auch außerhalb der Werbezeiten zulässig.

„Äußerung zur Unterstützung einer Idee" zu erweitern.[121] Die unveränderte Fassung des § 7 Abs. 8 S. 1 RStV könnte so die nicht erwünschten Formen der Drittäußerung weiterhin wirksam, dann aber auch begriffsschlüssig untersagen.
Allerdings wird es dann nicht möglich sein, den Begriff der Werbung im Rundfunkstaatsvertrag pauschal mit dem der Wirtschaftswerbung gleichzusetzen.
Sendezeit für Dritte würde auch nach der erwogenen Neuregelung der §§ 2 Abs. 2 Nr. 5, 7 Abs. 8, 42 RStV zwar wie bisher nur den Kirchen und Parteien zugestanden und ideelle Werbung sich in den zulässigen Formen des social advertising, dann alleinig während der Werbezeiten, erschöpfen. Allerdings würde der Werbebegriff durch Aufnahme der ideellen Werbung über den der Wirtschaftswerbung hinweg ausgedehnt.
Einer fortgeführten Auseinandersetzung zwischen den Vertretern der beiden bisherigen Hauptmeinungen könnte mit der Formulierung eines harmonisierten Werbebegriffes vorgegriffen werden, welcher beide Ansichten vermittelnd zu beachten sucht.
Solches wäre bei einer entsprechenden Neuregelung des § 2 Abs. 2 Nr. 5 S. 1 RStV nicht nur erforderlich, sondern durch Aufnahme der ideellen Werbung auch erst möglich.
Die Vertreter des weiten Werbebegriffs werden die Aufnahme der ideellen Werbung in die Begriffsbestimmungen als endgültige Abkehr vom Begriff der Wirtschaftswerbung begrüßen, andererseits aber keine quantitative Steigerung der ideellen Werbung feststellen können und somit festhalten müssen, dass die Erscheinungsformen der Rundfunkwerbung immer noch (und dann auch tatsächlich „im Wesentlichen") auf Wirtschaftswerbung beschränkt bleiben. Die Vertreter der bisher herrschenden Meinung indes sähen darin zumindest eine willkommene Festschreibung des status quo der Vergabepraxis von Werbe- und Sendezeit an Dritte in der Tradition des bisherigen engen Werbebegriffs, wenngleich sie angesichts der geänderten Definition von der begrifflichen Gleichstellung von Werbung und Wirtschaftswerbung Abstand nehmen müssten.

---

121 dieser Terminus findet sich derzeit in Art. 2 f der European Convention on Transfrontier Television – Strasbourg, 5 V. 1989 – Council of Europe, ETS No.132 – text amended according to the provisions of the protocol – ETS No. 171 – which entered into force, on 1 March 2002, Text in der Fassung vom 09.09.1998 (BGBl. II 1992, S. 1251), abgedruckt bei *Bauer/Ory*, Band 1, 1.4.2.

Die innerhalb der Werbezeiten zu platzierende und alleinig zulässige Form der Werbung ließe sich begrifflich anhand der Merkmale der im wesentlichen unveränderten Definition des § 2 Abs. 2 Nr. 5 S. 1 RStV zu vermittelten Inhalten anderer Art abgrenzen.
Durch den faktischen Ausschluss ideeller Werbung bildeten dabei auch weiterhin die Entgeltzahlung oder ähnliche Gegenleistung zur Verfügung über Sendezeit, ergänzt um das Motiv der Absatzförderung die Kernelemente des damit absatzorientierten Werbebegriffs des Rundfunkstaatsvertrages.
Unter dessen Geltung müsste dennoch zum Beweis des inneren Merkmals eines Absatzförderungszieles[122] ergänzend auf solche Indizien zurückgegriffen werden, die derzeit von Vertretern des weiten Werbebegriffs angeführt werden, um ein in hohem Maße konkretisiertes Risiko einer Durchbrechung der publizistischen Unanhängigkeit und Eigenverantwortlichkeit bei der Vermittlungsentscheidung festzustellen.

b) Das „Indiz“ der Entgeltzahlung

Bisher wurde als erstes Indiz für die Durchbrechung publizistischer Unabhängigkeit die Zahlung eines Entgelts oder jede sonstige finanzielle Leistung eines Dritten als äußeres Merkmal benannt.[123]
Unter Geltung des heutigen wie des absatzorientierten Werbebegriffs ist die Entgeltzahlung oder eine ähnliche Gegenleistung jedoch bereits Begriffsmerkmal, so dass hier nicht mehr von einem Indiz gesprochen werden kann,[124] sondern vielmehr ein Tatbestandsmerkmal vorliegt.
An anderer Stelle, namentlich im Rahmen der Begriffsbestimmung der Schleichwerbung, die eine Entgeltzahlung nicht begrifflich voraussetzt, wird ihr aber tatsächlich indizierende Wirkung zuteil, indem

---

122 angesichts des Wortlauts der neu aufgenommenen Bestimmungen der Begriffe „Werbung“ und „Schleichwerbung“ muss terminologisch zwischen dem „Ziel“ der Absatzförderung, im folgenden „Absatzförderungsziel“, im Bereich der Werbung und der „absichtlichen Einfügung zu Werbezwecken“, im folgenden „Werbeabsicht“, im Bereich der Schleichwerbung differenziert werden.

123 OLG Hamburg, Urt.v. 06.08.1992 – 3 U 9/92, AfP 1993, 578, 579 – „Finanztest“; *Engels/Giebel*, ZUM 2000, 265, 268 f. ; *Engels*, RuF 1997, 214, 220 f.

124 dennoch halten *Engels/Giebel*, ZUM 2000, 265, 268 daran fest, die Entgeltzahlung sei ein äußeres Merkmal und kein Begriffsmerkmal von Werbung im rundfunkrechtlichen Sinne.

§ 2 Abs. 2 Nr. 6 S. 2 RStV fingiert, dass „eine Erwähnung oder Darstellung (...) insbesondere dann als zu Werbezwecken beabsichtigt (gilt), wenn sie gegen Entgelt oder eine entsprechende Gegenleistung erfolgt".
Unabhängig von der Einordnung als Begriffsmerkmal oder Indiz bleiben entsprechende Gegenleistungen außerhalb der klassischen Spotwerbung, deren Ausstrahlung nur gegen Bezahlung gleich welcher Art erfolgt, allerdings nur mit Schwierigkeiten nachweisbar.

c) Das Indiz der Wahrnehmbarkeit eines Werbezweckes

Als gewichtiger ist daher das Indiz der Wahrnehmbarkeit eines Werbezweckes auf Seiten des Zuschauers zur Bestimmung eines Absatzförderungszieles des Fernsehtreibenden einzuschätzen.
Eine entsprechend indizierende Wirkung liegt in der Regel dann vor, wenn Waren, Dienstleistungen, Firmenembleme bzw. Firmenkennzeichnungen, Marken, Unternehmensstrategien bis hin zu Corporate Identities von Unternehmen bzw. Unternehmensgruppen visuell oder sprachlich im Programm für den Zuschauer wahrnehmbar präsentiert werden.[125] Der sich in solchen Fällen offenbarende Werbezweck (und entfaltende Werbeffekt) weist darauf hin, dass die Vermittlungsentscheidung nicht mehr allein in der Erfüllung der Rundfunkaufgabe gründet.[126]
Dieses Indiz steht zunächst in enger Verbindung mit der Schutzrichtung des Trennungsgrundsatzes, dem Zuschauer die Identität des Urhebers zur kategorisierenden Einordnung des vermittelten Inhaltes zu offenbaren.
Allerdings ist dem Schutz des individuellen Meinungsbildungsprozesses auch das Gewicht der Programmfreiheit im Rahmen der Rundfunkfreiheit gegenüberzustellen,[127] um nicht über das Indiz der Wahrnehmbarkeit die Erfüllung der Rundfunkaufgabe zu stark einzuschränken.[128] Die Unvermeidbarkeit werbender Effekte bei der Verfolgung des Programmauftrags, setzt diesen und das Trennungsgebot in ein antinomisches Spannungsverhältnis.[129] Aufgrund der besonderen Bedeutung der Programmfreiheit müssen bei einem feststellbaren Programmbezug der Präsentation dann auch die Absichten, Vorstel-

---

[125] *Engels/Giebel*, ZUM 2000, 265, 268; *Engels*, RuF 1997, 214, 220.
[126] *Engels/Giebel*, ZUM 2000, 265, 268; *Engels*, RuF 1997, 214, 220.
[127] *Köhler*, Rechtsfragen des Rundfunkwerberechts, S. 75 ff.
[128] *Engels/Giebel*, ZUM 2000, 265, 268; *Engels*, RuF 1997, 214, 220.
[129] *Sack*, ZUM 1987, 103, 115.

lungen und Ziele des Fernsehveranstalters berücksichtigt und mit dem Risiko der Durchbrechung publizistischer Unabhängigkeit abgewogen werden. Ein solches Risiko kann dann gegebenenfalls aus programmlichen Gründen im Einzelfall zu tolerieren sein.[130]
Wird allerdings die Eigenverantwortlichkeit der Entscheidung zur Vermittlung des werbenden Inhaltes von einer erbrachten Gegenleistung durchbrochen, handelt es sich um Werbung im Sinne der Begriffsbestimmungen, die dann den entsprechenden Trennungs- und Kennzeichnungsregelungen unterliegt oder anderenfalls als unzulässige Schleichwerbung zu behandeln ist.
Außerhalb der Unterbrecherwerbesendungen, die das normative Leitbild darstellen, hat der Gesetzgeber für einzelne Fälle der programmbegleitenden Präsentationen mit wahrnehmbarem Werbezweck spezielle Regelungen vorgesehen, auf die in der Einzelanalyse der programmbegleitenden Werbeformen jeweils eingegangen wird.

d) Kennzeichnungsvorgaben

Handelt es sich nach der Begriffsbestimmung des § 2 Abs. 2 Nr. 5 RStV bei einem vermittelten Inhalt um „Werbung“, muss deren Platzierung zunächst der Kennzeichnungsvorgabe des § 7 Abs. 3 S. 2 RStV genügen. Diese verlangt für den Bereich des Hörfunks den Einsatz akustischer (Werbejingle, o.ä.), für den des Fernsehens optischer Trennungsmittel (Werbelogo oder Werbetrenner), welche insbesondere eine *eindeutige* Trennung der Werbung von anderen Programmbestandteilen bewirken müssen. Nach der Schutzrichtung des Trennungsgrundsatzes hat die Beurteilung dieser Eindeutigkeit aus Zuschauersicht und gegebenenfalls nach Zielgruppen differenziert zu erfolgen.[131]
Konkretisierungen zu Art und Platzierung des optischen oder akustischen Trennungsmittels finden sich dabei weder im RStV noch in den gemäß § 16 RStV zur Durchführung u.a. des § 7 RStV erlassenen Richtlinien von ARD[132] und ZDF,[133] welche jeweils unter Teil A 1.2 lediglich die Kennzeichnungsvorgabe des § 7 RStV wiederholen.

---

130 *Engels/Giebel*, ZUM 2000, 265, 268; *Engels*, RuF 1997, 214, 220. Das hier zentrale Merkmal der Unvermeidbarkeit eines werbenden Effektes wird in der Betrachtung zum Product Placement eingehend erörtert werden.

131 vgl. *Engels*, RuF 1997, 214, 222; insbesondere *Engels*, Das Recht der Fernsehwerbung für Kinder, S. 264 f.

132 ARD - Richtlinien für die Werbung, zur Durchführung der Trennung von

Im Benehmen mit den Rundfunkanstalten der ARD und dem ZDF und gemäß § 46 RStV ebenfalls zur Durchführung u.a. des § 7 RStV erlassen, weisen aber die DLM-Fernsehwerberichtlinien[134] und die DLM-Hörfunkwerberichtlinien[135] für den Bereich des privaten Rundfunks unter jeweils Ziff. 6 entsprechende Konkretisierungen auf.

aa) Art der Kennzeichnung

Nach Ziff. 6 Abs. 2 der DLM-Hörfunkwerberichtlinien muss sich das akustische Mittel von der Senderkennung und den üblicherweise verwendeten Programmankündigungen unterscheiden und eine deutliche Trennung von Programm und Werbung gewährleisten. Die Einhaltung dieser Norm lässt sich anhand der Werbespotblocks nachvollziehen, die derzeit regelmäßig vor den stündlichen Nachrichten beliebiger Hörfunkveranstalter geschaltet werden. Sie werden durch besondere Werbejingle oder die Ansage „Werbung" oder auch „Reklame" eingeleitet und erfüllen damit das akustische Trennungserfordernis. Auch nach Ziff. 6 Abs. 2 der DLM-Fernsehwerberichtlinie muss sich das optisch trennende Werbelogo zunächst vom Senderlogo und von den zur Programmankündigung verwendeten Logos deutlich unterscheiden und soll nach Abs. 3 als Bewegt- oder Festbild bildschirmfüllend für 3 Sekunden der Werbung vorangestellt sein. Berücksichtigt man, dass der Fernsehzuschauer bei optischen Signalen die Trennung leichter wahrnimmt, als bei lediglich akustischen im Hörfunk, so stellt sich die Frage, ob diese 3-Sekunden-Regelung mit § 7 Abs. 3 S. 2

Werbung und Programm und für das Sponsoring vom 24.6.1992 in der Neufassung vom 06.06.2000, abgedruckt bei *Hartstein/Ring/Kreile/Dörr/Stettner*, § 7 RStV, Rn. 100.

[133] ZDF - Richtlinien für Werbung und Sponsoring vom 19. März 1993 in der Fassung vom 22. September 2000, abgedruckt bei *Hartstein/Ring/Kreile/Dörr/Stettner*, § 7 RStV, Rn. 101.

[134] Gemeinsame Richtlinien der Landesmedienanstalten für die Werbung, zur Durchführung der Trennung von Werbung und Programm und für das Sponsoring im Fernsehen in der Neufassung vom 10.02.2000, abgedruckt bei *Hartstein/Ring/Kreile/Dörr/Stettner*, § 7 RStV, Rn. 102; abrufbar unter http://www.alm.de/bibliothek/riliwerb2-tv.htm.

[135] Gemeinsame Richtlinien der Landesmedienanstalten für die Werbung, zur Durchführung der Trennung von Werbung und Programm und für das Sponsoring im Hörfunk in der Neufassung vom 10.02.2000, abgedruckt bei *Hartstein/Ring/Kreile/Dörr/Stettner*, § 7 RStV, Rn. 103; abrufbar unter http://www.alm.de/bibliothek/riliwerb2-hf.htm.

RStV in Einklang steht oder eine Einschränkung darstellt, die sich aus dem Staatsvertragstext nicht zwangsläufig ergibt.[136]
Diese zeitliche Vorgabe stellt meines Erachtens aber keine Einschränkung sondern eine notwendige Konkretisierung zur Durchführung der in § 7 Abs. 3 S. 2 RStV geforderten *Eindeutigkeit* dar, die überdies in einer „Soll"-Vorschrift der DLM-Fernsehwerberichtlinien normiert wurde und damit die Programmautonomie des Rundfunkveranstalters ausreichend beachtet. Angesichts der Zielsetzung der Kennzeichnungsregeln ist mit einer 3-sekündigen Einblendung des Logos auch dem Schutz des kommunikativen Interesses des Konsumenten entsprochen, dem sie die Entscheidung ermöglicht, ob er sich im folgenden dem werbenden Inhalt aussetzen oder entziehen möchte. Den Maßstab muss entsprechend der Beurteilung der Erkennbarkeit einer Dauerwerbesendung ein durchschnittlicher Fernsehzuschauer bei fernsehgemäßer Entfernung[137] bilden, dem nicht nur die empfohlene Länge sondern auch die Größe der Einblendung genügen muss. Dementsprechend kann die Länge der Einblendung weder dem Belieben des Veranstalters gänzlich überlassen, noch um ein vielfaches verkürzt werden. Die 3-Sekunden-Regelung ist insofern angemessen gewählt und hält der Kritik stand.

Laut Ziff. 6 Abs. 4 1. HS der DLM-Fernsehwerberichtlinie muss das Logo dabei grundsätzlich den Schriftzug „Werbung" enthalten; verzichtbar ist dies laut HS 2 allerdings, falls der Fernsehveranstalter über einen längeren Zeitraum ein unverwechselbares und spezifisches Logo für die Werbeankündigung benutzt.[138] Obwohl die genaue Gestaltung für den Rundfunkveranstalter dabei grundsätzlich frei wählbar ist, sollte das Logo sowohl vom Rundfunkprogramm als auch von typischen Werbeinhalten aber so prägnant abgesetzt sein, dass es einen deutlichen Einschnitt darstellt und die Unterscheidung zum vorhergehenden Programmabschnitt in das Bewusstsein des Rezipienten rückt.[139] Dazu ist dem Veranstalter anstelle der Verwendung eines

---

[136] vgl. *Hartstein/Ring/Kreile/Dörr/Stettner*, § 7 RStV, Rn. 30.

[137] vgl. dazu *Hartstein/Ring/Kreile/Dörr/Stettner*, § 7 RStV, Rn. 42.

[138] so begann der Kölner Privatsender *Vox* im Jahr 2000 damit, zu Beginn des Werbeblocks im Rahmen eines Bewegtbildes neben dem Schriftzug „Werbung" einen roten Gummiball in variierendem Umfeld unterzubringen, der das rot unterlegte „O" der Senderkennung dreidimensional aufgreift. Der kleinformatige Schriftzug „Werbung" tritt demgegenüber fast vollständig in den Hintergrund.

[139] *Reidt*, AfP 1990, 101, 105.

Logos unter den beschriebenen Voraussetzungen auch der Einsatz von Emblemen und Figuren zuzugestehen. So ist beispielsweise kein Grund dafür ersichtlich, dass Figuren wie die Mainzelmännchen[140] nur im ZDF eingesetzt werden dürfen, während im privaten Rundfunk derartige Figuren unzulässig wären.[141] Ferner ist es nicht unzulässig, der Werbeankündigung Motive des jeweils unterbrochenen Programms, etwa eines Films, beizuordnen, sofern deutlich wird, dass nicht das Programm selbst fortgesetzt wird.[142] Anderenfalls widerspräche dies dem in Ziff. 6 Abs. 5 DLM-Fernsehwerberichtlinien enthaltenen Verbot, die laufende Sendung oder Elemente der nachfolgenden Sendung zum Bestandteil des Werbelogos zu machen.

bb) Platzierung der Kennzeichnung

Im Umkehrschluss zu Ziff. 6 Abs. 1 S. 2 der DLM-Fernsehwerberichtlinien und DLM-Hörfunkwerberichtlinien ist eine Kennzeichnung zu Beginn der Werbung grundsätzlich ausreichend. Dennoch verlangt Satz 3 der jeweiligen Vorschrift ausnahmsweise eine Kennzeichnung des Endes der Werbesendung, „wenn andernfalls die Werbung vom nachfolgenden Programm nicht eindeutig abgesetzt ist." In solchen Fällen kann dies etwa durch eine Ansage erfolgen oder eine unmittelbar dem Werbeprogramm nachfolgende Einblendung, die den Beginn oder – im Falle zulässiger Unterbrecherwerbung – die Fortsetzung des redaktionellen Programms markiert, oder durch sonstige Anhaltspunkte, die dem Zuschauer eine eindeutige Qualifizierung des Programms erlauben.[143]

Teile der Literatur erachten aber die Kennzeichnung des Endes der Werbung für gänzlich überflüssig, da der Zuschauer nur des Schutzes vor unerwarteter Beeinflussung durch werbende Programmteile, nicht aber einer Warnung vor redaktionell gestalteten Sendungen bedürfe.[144] Die entsprechende Bestimmung der Richtlinie sei entbehrlich, weil aus Gründen des Verbraucherschutzes eine Warnung zu Beginn der

---

[140] die seit ihrem ersten Auftritt am 02.04.1963 alterslos das Werberahmenprogramm bilden , vgl. FAZ Nr. 280 v. 02.12.2003, S. 38.

[141] vgl. *Hartstein/Ring/Kreile/Dörr/Stettner*, § 7 RStV, Rn. 30.

[142] vgl. *Ladeur* in: Hahn/Vesting, RStV, § 7, Rn. 38: dem entsprach die Form der Unterbrechung des Films „Titanic" zu Weihnachten 2000 im Programm von RTL.

[143] *Bosman*, ZUM 1990, 545, 549.

[144] *Beucher/Leyendecker/v.Rosenberg*, § 7 RStV, Rn. 27.

Werbung ausreiche.[145] Diese Warnfunktion gehe durch das Fehlen eines gegenteiligen Hinweises am Ende der Werbung nicht verloren, sondern es könne beim Rezipienten allenfalls der Eindruck entstehen, auch das der Werbung nachfolgende Programm sei Werbung.[146]

Eine andere Ansicht will gerade dies aber nicht hinnehmen und fordert unter Hinweis auf den Wortlaut des § 7 Abs. 3 S. 2 RStV eine generelle Kennzeichnungspflicht auch für das Ende des Werbeblocks, da die Vorschrift begrifflich nicht zwischen dem Anfang und dem Ende einer Werbeeinschaltung unterscheidet.[147] Um dem Sinn und Zweck des Trennungsgebotes gerecht zu werden, gelte es zu verhindern, dass es auch an der Schnittstelle zum *nachfolgenden* redaktionell bestimmten Programm zu subjektiven Vermischungen von Werbung und redaktionell bestimmten Sendungen komme, die zu Fehlassoziationen bei den Programmrezipienten und damit zu einer informationsverfälschenden Beeinflussung führen könnten.[148]

Der engeren letztgenannten Meinung bildet der Wortlaut des § 7 Abs. 3 S. 2 RStV zwar eine Stütze, da dieser für den Bereich des Fernsehens lediglich eine optisch eindeutige Trennung von anderen Programmteilen fordert, ohne zwischen dem Beginn und dem Ende der Werbeeinblendung zu unterscheiden. Allerdings geht die teleologische Auslegung des Trennungs- und Kennzeichnungsgebotes mit der Forderung nach einer generellen Kennzeichnungspflicht des Endes eines Werbeblocks zu weit. Der Schutzrichtung dieses Gebotes entspricht grundsätzlich die Kennzeichnung zu Beginn des Werbeblocks, um das Vertrauen des Rezipienten in die Objektivität und Unvoreingenommenheit redaktioneller Programmaussagen nicht dadurch zu missbrauchen, dass ohne eine solche Kennzeichnung Werbung in das redaktionell gestaltete übrige Rundfunkprogramm hineingezogen und für einen Bestandteil desselben gehalten wird.[149]
Für den Typus des durchschnittlichen Fernsehzuschauers ist diese Art der Kennzeichnung auch ausreichend, eine abschließende dagegen entbehrlich, da kein Grund ersichtlich ist, diesen vor redaktionell ges-

---

145 *Herkströter*, ZUM 1992, 395, 401.

146 *Herkströter*, ZUM 1992, 395, 401, der aber wegen besonderer Schutzbedürftigkeit von Kindern bei Werbeschaltungen vor Kindersendungen eine erneute Einblendung für geboten hält.

147 *Reidt*, AfP 1990, 101, 105 zu § 7 Abs. 4 S. 2 RStV 1987.

148 *Reidt*, AfP 1990, 101, 106, Hervorhebung entsprechend.

149 so richtig zunächst auch *Reidt*, AfP 1990, 101, 106.

talteten Sendungen zu warnen. Der Schutz des Trennungsgebotes richtet sich insofern eindimensional gegen die subjektiv unreflektierte und unkritische Einordnung von Werbeaussagen als Programm, nicht umgekehrt.

Für besonders schutzbedürftige Rezipienten ist dies jedoch zu relativieren. Im Umfeld von Kindersendungen erscheint im Rahmen der dort ohnehin geltenden strengeren Anforderungen eine Aufnahme einer entsprechenden Kennzeichnungspflicht angebracht, um der insofern unterdurchschnittlichen Differenzierungsfähigkeit der jüngeren Zuschauer gerecht zu werden.
Eine Vermischung von redaktioneller Kindersendung und vorgeschalteter Werbung, die gegebenenfalls etwa Figuren aus dieser Sendung anpreist, birgt anderenfalls die Gefahr, dass das Kind ein Produkt mit der von ihm wahrgenommenen Sendung in einen derart engen und unter Umständen unauflöslichen Zusammenhang bringt, dass der übliche Effekt einer im Kinderwerbeprogramm platzierten Werbung, namentlich der schlichte Wunsch, das gezeigte Produkt zu besitzen, dadurch zu einem Verlangen übersteigert werden könnte, dem die Eltern außer Ablehnung kaum etwas entgegenzusetzen haben dürften. Anders als dem durchschnittlichen Fernsehzuschauer ist demnach einem Kind als Rezipienten durch Nachschaltung eines Werbetrenners eine Stütze zur Einordnung des entsprechenden Inhaltes zu bieten. Durch die Platzierung einer programmbezogenen Produktwerbung am Ende eines Werbeblocks im Vorfeld von Kindersendungen würde anderenfalls hier der Kern des Gebotes der Trennung von Werbung und Programm ausgehöhlt.

Der durchschnittliche Konsument aber soll nach der Schutzrichtung des Trennungsgrundsatzes vor der Fehleinschätzung bewahrt werden, Werbung für einen Bestandteil des redaktionellen Programms zu halten, nicht umgekehrt. Die kurzzeitige Einordnung des Pogramms in die vorgeschaltete Werbesendung ist unschädlich. In der Praxis stellt sich ein derartiges Problem überdies selten. Sofern nicht tatsächlich ein entsprechendes Logo eingefügt wird, versehen private Fernsehveranstalter regelmäßig das Ende eines Werbeblocks mit trennenden Programmhinweisen, an die sich das normale Programm anschließt. Darüber hinaus wird etwa bei der Fortsetzung von Spielfilmen eine Etikettierung des Werkes dadurch vorgenommen, dass in einer Ecke des Bildschirms für kurze Zeit der Filmtitel eingeblendet und somit die Einordnung des gesendeten Inhalts als redaktionell ausgewähltes Programm unterstützt wird.

e) Das Schleichwerbeverbot

Das Verbot der Schleichwerbung und entsprechender Praktiken in § 7 Abs. 6 S. 1 RStV bildet europarechtskonform die Regelungen des Art. 13 Abs. 3 FsÜ[150] und Art. 10 Abs. 4 EU-Fernsehrichtlinie[151] ab und ist die schlüssige Konkretisierung des in § 7 Abs. 3 S. 1 RStV statuierten Trennungsgrundsatzes.[152] Vom Programm nicht getrennte, absichtlich zu Werbezwecken eingefügte Elemente sind unzulässig. Die ehedem in § 7 Abs. 5 S. 2 bis 3 RStV enthaltene Begriffsbestimmung ist nun in § 2 Abs. 2 Nr. 6 RStV verortet und umreißt als Regelfall der *„Schleichwerbung die Erwähnung oder Darstellung von Waren, Dienstleistungen, Namen, Marken oder Tätigkeiten eines Herstellers von Waren oder eines Erbringers von Dienstleistungen in Programmen, wenn sie vom Veranstalter absichtlich zu Werbezwecken vorgesehen ist und die Allgemeinheit hinsichtlich des eigentlichen Zwecks dieser Erwähnung oder Darstellung irreführen kann."*
Die Tatbestandsmerkmale der potentiellen Irreführung des Rezipienten und der absichtlichen Erwähnung oder Darstellung zu Werbezwecken – im folgenden kurz „Werbeabsicht" – müssen also kumulativ vorliegen, um etwa bei der Darstellung eines Produktes im Rahmen einer Filmhandlung eine unzulässige Schleichwerbung annehmen zu können.

---

150 *"Surreptitious advertising and tele-shopping shall not be allowed, in particular the presentation of products or services in programmes when it serves advertising purposes"*, European Convention on Transfrontier Television – Strasbourg, 5 V. 1989 – Council of Europe, European Treaty Series – ETS No.132 – text amended according to the provisions of the protocol – ETS No. 171 – which entered into force, on 1 March 2002 Text in der Fassung vom 09.09.1998 (BGBl. II 1992, S. 1251), abgedruckt bei *Bauer/Ory*, Band 1, 1.4.2.

151 *„Schleichwerbung und entsprechende Praktiken beim Teleshopping sind verboten"*, Richtlinie 97/36/EG des Europäischen Parlaments und des Rates vom 17. Juni 1997 zur Änderung der Richtlinie 89/5527EWG des Rates vom 03. Oktober 1989 zur Koordinierung bestimmter Rechts- und Verwaltungsvorschriften der Mitgliedstaaten über die Ausübung der Fernsehtätigkeit – EU-Fernsehrichtlinie – Amtsblatt der Europäischen Gemeinschaften Nr. L 202/60 v. 30.07.1997; abrufbar unter www.jura.uni-rostock.de/Gersdorf/medienrecht/EU%20RiLi/Fernseh-RiLi.htm. und abgedruckt bei *Bauer/Ory*, Band 1, 1.3.2.1.

152 vgl. *Ladeur*, in: Hahn/Vesting, RStV, § 7, Rn. 53; *Hartstein/Ring/Kreile/Dörr/Stettner*, § 7 RStV, Rn. 53.

Eine Irreführung kann bereits in der Verwischung der Grenze zwischen Werbung und Programm gesehen werden.[153] Dies entspricht dem Schutzziel des Trennungsgrundsatzes, dem Zuschauer die Möglichkeit einer kategorisierenden Einordnung des wahrgenommenen Bestandteils als Werbung zu erhalten, die ihm in solchen Fällen genommen ist. Zur Identifizierung von Schleichwerbung ist aber eine Umschreibung von Merkmalen notwendig, die eine Verwischung dieser Grenze belegen. Gleiches gilt für die schwer erweisliche Absicht des Veranstalter, die Erwähnung oder Darstellung zu Werbezwecken vorzusehen.

Analog zum Merkmal der Entgeltzahlung nach dem herkömmlichen wie absatzorientierten Werbebegriff, enthält § 2 Abs. 2 Nr. 6 S. 2 RStV eine gesetzliche Fiktion zur Feststellung der Werbeabsicht, wonach eine „Erwähnung oder Darstellung (...) insbesondere dann als zu Werbezwecken beabsichtigt (gilt), wenn sie gegen Entgelt oder eine ähnliche Gegenleistung erfolgt." Erhalten bleibt gleichwohl die Hürde der Nachweisbarkeit, nun einerseits des Entgelterhalts und andererseits der Konnexität zwischen Entgelt und programmlicher Erwähnung oder Darstellung, beides Geschäftsinterna des betroffenen Rundfunkveranstalters. Im Interesse der Schleichwerbung werden Zahlungen und Zahlungsvereinbarungen nur selten bekannt, auch wenn in der Praxis derzeit offen zwischen Rundfunkveranstaltern und Werbetreibenden über Produkt Placement verhandelt wird.[154] Im Einzelfall muss daher auf weiterführende interpretationsfähige Indizien zurückgegriffen werden. Während die ARD- und ZDF-Werberichtlinien, jeweils unter Ziff. 8.1, nur die zuvor erwähnte Fiktion wiederholen, ist weiterführend nach Ziff. 9 Abs. 1 S. 3 der DLM-Fernsehwerberichtlinien die Werbeabsicht und Irreführung „im Einzelfall anhand von Indizien (z.B. Intensität der Darstellung, Alleinstellungsindiz) festzustellen." Je deutlicher eine Produktpräsentation etwa durch Dramaturgie und Kameraführung in den Vordergrund gerückt wird, desto stärker ist eine Werbeabsicht indiziert, ohne dass es eines Nachweises der Entgeltlichkeit bedürfte. Andererseits kann dies den Rundfunkveranstalter außerhalb der gekennzeichneten und getrennten Werbung nicht zu einer produktfreien Inhaltsvermittlung verpflichten. Vielmehr sehen sämtliche Richtlinien Fälle einer zulässigen Erwähnung oder Darstellung von Produkten vor, die nicht als Schleichwerbung zu bewerten sein sollen. So ist dies nach jeweils Ziff. 8.3 der ARD- und ZDF-Werberichtlinien zulässig, wenn und soweit die Erwähnung aus jour-

---

153 vgl. *Ladeur*, in: Hahn/Vesting, RStV, § 7, Rn. 53.

154 *Ladeur*, in: Hahn/Vesting, RStV, § 7, Rn. 60, 63.

nalistischen oder künstlerischen Gründen, insbesondere zur Darstellung der realen Umwelt, zwingend erforderlich ist. Einschränkend wird an gleicher Stelle aber eine Darstellungsform angemahnt, die nach Möglichkeit die Förderung werblicher Interessen vermeidet, d.h. möglichst Marktübersichten statt Einzeldarstellungen, Vermeiden werbewirksamer Kameraführungen und (insbesondere bei Serien) der Wechsel der Produkte und unterschiedliche Ausstattung.
Die DLM-Fernsehwerberichtlinien nehmen unter Ziff. 9 Abs. 1 S. 1 solche Darstellungen von gewerblichen Waren oder deren Herstellern, von Dienstleistungen oder deren Anbieter von der Schleichwerbung aus, die aus programmlich-dramaturgischen Gründen sowie zur Wahrnehmung von Informationspflichten erfolgen. Auch hier ist gemäß Ziff. 9 Abs. 2 DLM-Fernsehwerberichtlinie die Förderung werblicher Interessen möglichst durch die redaktionelle Gestaltung zu vermeiden.
Zusammenfassend wird eine Werbeabsicht und eine Irreführung immer dann fingiert, wenn die Darstellung oder Erwähnung von Produkten gegen Entgelt oder eine ähnliche Gegenleistung erfolgt. Sonst ist die Darstellung zulässig, wenn sie aus programmlich-dramaturgischen, journalistischen oder künstlerischen Gründen, zur Wahrnehmung von Informationspflichten oder zur Abbildung der Umwelt erforderlich ist. Im Einzelfall indiziert die besondere Intensität der Darstellung aber sowohl die Werbeabsicht als auch die Irreführung, so dass eine dramaturgisch neutrale Darstellung im Interesse jedes Rundfunkveranstalters liegt.

2. Regelungen für den öffentlich-rechtlichen Rundfunk

In engem Zusammenhang mit dem Trennungsgebot stehen die Vorschriften der §§ 14 ff. RStV, die für öffentlich-rechtliche Rundfunkveranstalter Regelungen zur Einfügung und Dauer der Werbung enthalten.[155] Insgesamt sollen sie die Unterscheidbarkeit und ein angemessenes Verhältnis von Werbung und Programm im Interesse der Zuschauer gewährleisten.[156]

---

[155] mit in Kraft treten des 7. Rundfunkänderungsstaatsvertrages zum 01.04.2004 verschieben sich jeweils § 14 und § 15 RStV um eine Ziffer. Ferner wird der jetzige § 16 RStV dann zu § 16 a RStV. Die §§ der vorliegenden Arbeit beziehen sich auf die derzeit gültige Fassung nach dem 6. Rundfunkänderungsstaatsvertrag.

[156] vgl. Engels, RuF 1997, 214, 222.

Die aufgrund staatsvertraglicher Ermächtigung aus § 16 RStV erlassenen Richtlinien zur Durchführung der Trennung von Werbung und Programm[157] enthalten neben Konkretisierungen zur Einfügung und Dauer der Werbung auch solche zu Product Placement und nunmehr auch zu den neueren programmbegleitenden Werbeformen wie Screen-Splitting und virtuelle Werbung. Im Rahmen der Besprechung der jeweiligen Werbeform wird darauf näher eingegangen.

3. Regelungen für den privaten Rundfunk

Für den Bereich des privaten Rundfunks finden sich die Vorgaben zur Einfügung und Dauer der Werbung auf staatsvertraglicher Ebene in den §§ 44 ff. RStV, die gegenüber den Normen für den öffentlich-rechtlichen Rundfunk aufgrund der unterschiedlichen Finanzierungsstruktur insbesondere hinsichtlich der Werbezeitenkontingentierungen Besonderheiten aufweisen. Marginale Unterschiede ergeben sich auch durch die Konkretisierungen der DLM-Fernsehwerberichtlinien,[158] die ebenfalls aufgrund staatsvertraglicher Ermächtigung aus § 46 RStV und im Benehmen mit den in der ARD zusammengeschlossenen Landesrundfunkanstalten und dem ZDF von den Landesmedienanstalten erlassen wurden. Auch dort finden sich Regelungen zu Sonderwerbeformen, auf die gegebenenfalls im Rahmen der Besprechung der jeweiligen Werbeform im Vergleich zu den öffentlich-rechtlichen Regelungen eingegangen werden wird.

---

[157] ARD - Richtlinien für die Werbung, zur Durchführung der Trennung von Werbung und Programm und für das Sponsoring vom 24.6.1992 in der Neufassung vom 06.06.2000, abgedruckt bei *Hartstein/Ring/Kreile/Dörr/Stettner*, § 7 RStV, Rn. 100, sowie ZDF - Richtlinien für Werbung und Sponsoring vom 19. März 1993 in der Fassung vom 22. September 2000, abgedruckt bei *Hartstein/Ring/Kreile/Dörr/Stettner*, § 7 RStV, Rn. 101.

[158] Gemeinsame Richtlinien der Landesmedienanstalten für die Werbung, zur Durchführung der Trennung von Werbung und Programm und für das Sponsoring im Fernsehen in der Neufassung vom 10.02.2000, abgedruckt bei *Hartstein/Ring/Kreile/Dörr/Stettner*, § 7 RStV, Rn. 102; abrufbar unter http://www.alm.de/bibliothek/riliwerb2-tv.htm.

III. Wegweisende Rechtsprechung zum Trennungsgebot

Aufgrund seiner Bedeutung als Magna Charta der rundfunkrechtlichen Werbeanforderungen[159] und als Fundamentalprinzip des deutschen Rundfunkrechts[160] bildet der Trennungsgrundsatz angesichts seines verfassungsrechtlichen Gewichts zunächst eine beachtliche Hürde für den Fernsehtreibenden, sei es auf öffentlich-rechtlicher, sei es, ungleich brisanter, auf privater Seite. Andererseits schafft die einfachgesetzliche Ausgestaltung dieses Gebots ihm die Möglichkeit und Herausforderung, die nach dem Rundfunkstaatsvertrag verbliebenen Freiräume zur Einfügung der Werbung vollends auszuschöpfen.
Bestimmt durch das Ziel, das quantitative Maximum an Werbung unter minimalen Streuverlusten im Rundfunkangebot zu platzieren, ist die Schwelle zwischen zulässiger und unzulässiger Vermittlung werbender Inhalte auch für arglose Veranstalter schnell überschritten, die Befassung der Gerichte damit eine mögliche Folge.
Die Streitigkeiten um die Trennungs- und Kennzeichnungsregelungen haben dabei auch für den Bereich des öffentlich-rechtlichen Rundfunks insgesamt wettbewerbsrechtlichen, also zivilrechtlichen Charakter. Dafür lassen sich zwei Gründe benennen: Zum einen richtet sich die interne Aufsicht der öffentlich-rechtlichen Rundfunkanstalten durch die Rundfunkräte nicht auf Außenwirkung und zum anderen werden insbesondere öffentlich-rechtliche Fernsehtreibende von privaten Veranstaltern sorgfältig beobachtet und im Falle eines Rechtsverstoßes zivilrechtlich angegriffen.[161] Die Kenntnis der resultierenden wegweisenden Rechtsprechung ist für die Praxis bei der Interpretation der Grenzen der gesetzlichen Werberestriktionen unerlässlich.

1. Wer erschoss Boro ?

Ein richtungsweisendes höchstrichterliches Urteil[162] mit direktem Bezug auf die nachlässige Beachtung der Trennungs- und Kennzeich-

---

159 *Engels/Giebel*, ZUM 2000, 265, 269.
160 *Engels*, RuF 1997, 214.
161 *Engels*, RuF 1997, 214, 223.
162 BGH, Urt. v. 22.2.1990 - I ZR 78/88 - „Werbung im Programm", BGHZ 110, 278 ff. = NJW 1990, 3199 ff. = ZIP 1990, 600, vgl. auch die ausführliche Diskussion zu diesem Urteil und insbesondere zu Möglichkeit und Schranken der Kooperationsform des Medienverbundes anläßlich der gleichlautenden Arbeitssitzung des Instituts für Urheber- und Medienrecht in

nungsregeln hielt unter dem Stichwort „Werbung im Programm“ oder auch „Boro“ Einzug in die wissenschaftliche Diskussion und kann getrost als „leading case“ für diesen Bereich bezeichnet werden.[163]
Der I. Zivilsenat des Bundesgerichtshofes hatte sich in einer Wettbewerbssache mit der Klage eines Herstellers von Gesellschaftsspielen gegen das ZDF und ein Verlagsunternehmen zu befassen.
Das ZDF hatte am 13. Februar 1987 ein Kriminalfernsehspiel unter dem Titel „Wer erschoss Boro?“ gesendet, dessen Auflösung in Form eines Ratespiels den Zuschauern eine Gewinnmöglichkeit von bis zu 10.000,-- DM eröffnete und zu dem der Buchverlag auf der Basis einer Kooperationsvereinbarung mit dem ZDF eine an die Lösung heranführende, mit dem Sendetitel versehene „Handakte des Kommissars“ herausgegeben hatte. In einer Vielzahl von Programmhinweisen und in der Hauptsendung zeigte das ZDF das Buch zunächst in einer Totaleinstellung, dann nach und nach bildschirmausfüllend und wies auf dessen unterstützende Bedeutung für die Lösung des Falles hin. Der Verlag zahlte einen Produktionskostenzuschuss von 100.000,-- DM, das ZDF sollte am Verkaufserlös bei Überschreiten eines Absatzminimums in Form weiterer umsatzabhängiger Produktionskostenbeiträge beteiligt werden.

Das LG Stuttgart[164] als Eingangsinstanz sah darin einen Verstoß gegen die Werberegelungen des Rundfunkstaatsvertrages sowie gegen § 1 UWG. Es hob insbesondere hervor, dass „der Zuschauer aufgrund seiner bisherigen Einstellung zu dem Medium Fernsehen darauf vertraut, daß der Programmteil von direkter oder versteckter Werbung frei ist. (...) Werden dem Zuschauer jedoch im Programm außerhalb der Werbesendungen gewerbliche Leistungen nahegebracht, so wird damit auf seine wirtschaftliche Entscheidungsfreiheit (ein Produkt zu erwerben oder nicht) in einer ihm unerwünschten, von ihm nicht erwarteten und von ihm als mißbilligenswert und anstößig empfundenen Weise Einfluß genommen, da ihm – jedenfalls im Grundsatz – bekannt ist, dass Werbung in die Werbesendung und nicht in das Programm gehört und er sich im Programmgenuß nicht durch Wirtschaftswerbung beeinträchtigen lassen will.“[165] An anderer Stelle soll noch untersucht

---

München am 26.10.1990 mit Beiträgen von *Becker, Bork, Eberle, Schardt* und *Niewarra* in ZUM 1990, S. 47 - 70.

163 so *Engels*, RuF 1997, 214, 223.

164 LG Stuttgart, Urt. v. 7.7.1987-17 O 100/87 - „Product Placement“, GRUR 1987, 739 ff.

165 LG Stuttgart, GRUR 1987, 739, 740.

werden, inwiefern die zwischenzeitliche Änderung der Rundfunklandschaft und die damit einhergehende Ausweitung der Werbetätigkeit auf die hier dargestellte Erwartungshaltung des Konsumenten Einfluss genommen hat.

Das OLG Stuttgart[166] gab zwar der Unterlassungsklage wegen unerlaubter Kundenablockung statt, da beim Publikum unzulässigerweise der Eindruck einer erhöhten Gewinnchance bei Kauf des Buches erweckt werde, hielt aber die eigentliche Präsentation der Handakte zu Werbezwecken fernsehrechtlich für unbedenklich. Aus Gründen der Vielfaltsicherung sei der Medienverbund zwischen Rundfunksendung und Verlagserzeugnis zunächst zulässig und infolgedessen auch der Produktionskostenzuschuss des Verlages auf der einen Seite ebensowenig zu beanstanden wie die „Schützenhilfe" der Rundfunkanstalt durch Werbung auf der anderen. Die Fernsehanstalt beteiligt sich gleichsam an einer Kostenteilung, denn sie „wirbt hier nicht gegen Entgelt für einen Fremden, sondern sie macht mit einem Kompagnon gemeinsame Sache und wirbt für die gemeinsame Veranstaltung. So ist nicht nur die Werbung (...) sondern auch die Zahlung (...) Verfolgung des gemeinsamen Zweckes und nicht Austausch von Leistung und Gegenleistung."[167]
Während das Gericht fast ausschließlich - wenngleich kritisch - die Zulässigkeit des Medienverbundes erläuterte, indem es auf die Problematik des kollaborativen Übergriffs eines durch öffentlich-rechtlichen Status privilegierten Fernsehveranstalters auf das Gebiet anderer Medien hinwies, ließ es den Konflikt der hier gewählten Produktpräsentation mit dem rundfunkrechtlichen Trennungsgrundsatz gänzlich ungewürdigt.

Der Bundesgerichtshof schließlich stellte das landgerichtliche Urteil wieder her und zeigte in seiner Begründung nicht nur ausführlich die Grenzen eines Medienverbundes auf, sondern nahm grundsätzlich zur Problematik der Trennungs- und Kennzeichnungsregelungen Stellung. Danach hatte das Berufungsgericht mit der zuvor beschriebenen Auffassung nicht hinreichend berücksichtigt, dass der Rundfunkveranstalter im Rahmen der allgemeinen rundfunkrechtlichen Bestimmungen des Rundfunkstaatsvertrages, sowie hier durch den ZDF-Staatsvertrag im besonderen, im Hinblick auf Werbung für die geschäftlichen Be-

---

[166] OLG Stuttgart, Urt. v. 24.2.1988 - 4 U 160/87 - „Wer erschoss Boro ?", GRUR 1988, 546 ff.
[167] OLG Stuttgart, GRUR 1988, 546, 548.

lange von Wirtschaftsunternehmen bestimmten Beschränkungen unterworfen ist, mit denen die angegriffenen ausgestrahlten Hinweise nicht zu vereinbaren sind[168].
Der BGH akzentuierte das für öffentlich-rechtliche wie private Fernsehveranstalter gleichermaßen geltende Verbot jeglicher Wirtschaftswerbung, welches – über die Verweisung der kommerziellen („instrumentalen“) Werbung in das Werbefernsehen hinaus – auch für die „mediale“, vom Fernsehprogramm ausgehende Werbung gelte, um die Unabhängigkeit der Programmgestaltung und die Einhaltung der Neutralität gegenüber dem Wettbewerb im Markt zu wahren und sachfremde Einflüssen Dritter auf die Sendungen zu verhindern.[169]
Dieses Verbot betreffe grundsätzlich die Formen der zu Werbezwecken abgesprochenen Produktplatzierung, welche mit der Übertragung des Programms gezielt und planmäßig auf die Beeinflussung der Kaufentscheidung des Fernsehzuschauers gerichtet sind und als Schleichwerbung bezeichnet werden können, darüber hinaus aber auch die Übertragung von Sendungen, die von Dritter Seite gefördert werden und ebenso den wirtschaftlichen Interessen des Sponsors oder eines Dritten dienen.[170]
Allerdings bedeutet dies nicht die generelle Unzulässigkeit der werbenden Wirkung einer Fernsehsendung. Dementsprechend relativierend fasste der BGH die grundsätzliche Schwierigkeit bei der Beachtung wie Durchsetzung des Trennungsgrundsatzes prägnant zusammen und brachte auch dessen verfassungsrechtliches Gewicht in Abwägung: „Die Grenzen zwischen dem, was vom Programmauftrag gedeckt, und dem, was nach den Bestimmungen der Staatsverträge unzulässige Werbung ist, fließen. Bei ihrer Bestimmung ist zu beachten, daß die verfassungsrechtlich geschützte Rundfunkfreiheit nicht durch ein zu weit gestecktes Verständnis des Begriffs des Trennungsgebots beeinträchtigt und die Erfüllung des Programmauftrags nicht über Gebühr eingeschränkt wird.“[171]
So besteht auch der Programmauftrag des ZDF nach Art. 2 ZDF-Staatsvertrag darin, den Fernsehteilnehmern ein umfassendes Bild der

---

[168] BGH, Urt. v. 22.2.1990 - I ZR 78/88 - „Werbung im Programm“, BGHZ 110, 278, 285; NJW 1990, 3199, 3201.

[169] BGH, Urt. v. 22.2.1990 - I ZR 78/88 - „Werbung im Programm“, BGHZ 110, 278, 286; NJW 1990, 3199, 3201, m.w.N.

[170] BGH, Urt. v. 22.2.1990 - I ZR 78/88 - „Werbung im Programm“, BGHZ 110, 278, 286 f.; NJW 1990, 3199, 3201, m.w.N.

[171] BGH, Urt. v. 22.2.1990 - I ZR 78/88 - „Werbung im Programm“, BGHZ 110, 278, 287; NJW 1990, 3199, 3201.

Wirklichkeit zu vermitteln. Dem entspreche bei der gebotenen verfassungsrechtlichen Auslegung eine Interpretation, die Werbung im Programm im Rahmen des Unvermeidbaren für zulässig erachtet, weil Werbung als Bestandteil der realen Umwelt bei Berichten und Darstellungen aus dieser Umwelt nicht künstlich ausgespart werden kann.[172] Die werbliche Auswirkung der Hinweise auf die Handakte war aber in diesem Fall eben keine unvermeidbare Nebenfolge im Rahmen der Erfüllung des öffentlich-rechtlichen Programmauftrags, sondern eine auf erhöhten Absatz zielende Schützenhilfe durch Werbung, die gegen das Gebot der Neutralität gegenüber dem Wettbewerb im Markt und das der Trennung von Werbung und Programm verstieß.[173]

2. Das Erbe Boro´s

Mit der vom BGH geschilderten Problematik sehen sich sämtliche an der Gestaltung, der Kontrolle und dem Konsum von Rundfunkprogrammen Teilnehmenden täglich konfrontiert, beginnend mit dem Fernsehtreibenden, der mit der Einfügung der Werbung die unmittelbare (Teil-)Finanzierung und mittelbar auch eigene Existenzsicherung bezweckt. Weiter ist sowohl die die privaten Rundfunkveranstalter überwachende und bei Verstößen zurechtweisende Landesmedienanstalt, die zum Erhalt der Unabhängigkeit der Programmgestaltung und zur Wahrung der Neutralität gegenüber dem Wettbewerb berufen ist, betroffen als schließlich auch der Konsument, der in seiner rezeptiven Position auf ein wenig objektiviertes Beurteilungskriterium für die Zulässigkeit einer Werbeeinblendung zurückgreift, nämlich das der individuellen Toleranzgrenze.

Das vom Trennungsgrundsatz unter anderem geschützte kommunikative Interesse des Zuschauers ist, worauf das LG Stuttgart zurecht hinwies, gerade dort betroffen, wo sich der Einzelne dem Gefühl einer unerwünschten und missbilligenswerten Beeinflussung seiner wirtschaftlichen Entscheidungsfreiheit beim Konsum des Rundfunkprogramms gegenüber sieht.

---

[172] BGH, Urt. v. 22.2.1990 - I ZR 78/88 - „Werbung im Programm“, BGHZ 110, 278, 287; NJW 1990, 3199, 3201.

[173] vgl. BGH, Urt. v. 22.2.1990 - I ZR 78/88 - „Werbung im Programm“, BGHZ 110, 278, 288 f.; NJW 1990, 3199, 3202.

a) Der mündige Konsument

Folgerichtig war diese Toleranzgrenze und das durch den BGH gezeichnete Konsumentenbild neben der sich aus dieser Entscheidung ergebenden Begrenzung der Präsentation von Begleitmaterialien, die letztlich nur die Möglichkeit der Werbung im Rahmen der Werbeblöcke zu eröffnen schien, Ansatzpunkt kritischer Kommentierung.[174] Zunächst fehle es der Entscheidung an jeder Überlegung zu dem Horizont des durchschnittlichen Fernsehzuschauers, dessen Schutz durch den Trennungsgrundsatz dort ende, wo er einer Schleichwerbung „auf die Schliche" komme.[175] Es gelte zu berücksichtigen, dass der Konsument an neue Formen der Produktpräsentation nicht nur gewöhnt, sondern auch sein Aufmerksamkeitsgrad im Zuge der öffentlichen Diskussion über Bandenwerbung, Product Placement etc. derart gesteigert sei, dass die Schlagkraft der ehemals noch „geheimen Verführer" stark abgenommen habe.[176] Dem berechtigten Informationsinteresse des Konsumenten darüber, dass es ein (gewerbliches) Zusatzprodukt gebe, könne nur im direkten Kontext des begleiteten Programms genügt werden, ohne dass er über den werbenden Charakter dieses Hinweises auch nur einen Moment lang im Unklaren bliebe.[177] Ferner wird der Ansicht des BGH vorgeworfen, sie stünde gleichsam in der Tradition eines immer detailwütiger betriebenen Verbraucherschutzes, der den Verbraucher auf seinem ureigensten Terrain, nämlich auf dem des Konsumierens, gängele und bevormunde.[178] Das Verbot des Product Placement sei auf nationaler wie europäischer Ebene derart legislativ abgesichert, dass dem Zuschauer jede Chance genommen sei, ein gesponsertes und mit Product Placement aufbereitetes Programm zu sehen, selbst wenn es ihm gleichgültig ist, ob und welche Information er in welcher Form aufbereitet zu sehen bekommt.[179] Zu dieser fortschreitenden Entmündigung des Verbrauchers trage auch eine letztlich fiktive Aufrechterhaltung des binnenpluralistischen Modells unseres Rundfunkwesens bei, welches angesichts der technischen Entwicklung und Vielfalt des Kabelnetzes, das auch den

---

[174] vgl. insgesamt die Beiträge von *Becker, Bork, Eberle, Schardt* und *Niewarra* in ZUM 1990, S. 47 - 70.

[175] *Schardt*, ZUM 1991, 61, 64 f.

[176] *Schardt*, ZUM 1991, 61, 65.

[177] *Schardt*, ZUM 1991, 61, 65.

[178] *Niewarra*, ZUM 1991, 67, 69.

[179] *Niewarra*, ZUM 1991, 67, 70.

ger Maßstab anzulegen sei.[194] Aufgrund des kommerziell bestimmten Charakters privater Spielfilme werde das Publikum es bei vernünftiger Betrachtungsweise regelmäßig nicht schon als eine als verwerflich zu beurteilende Täuschung oder Beeinflussung seiner Willensfreiheit ansehen, wenn ihm in Spielfilmen in nicht besonders herausgestellter Form Requisiten begegnen, die dem Hersteller von einem Unternehmen für eine sinnvolle Integrierung in die Spielfilmhandlung gratis zur Verfügung gestellt sind. Und weiter: „Mit entsprechenden Erscheinungen in kommerziellen Unterhaltungsmedien muss heute gerechnet werden".[195]

Die Grenze der Toleranz sei jedoch dort erreicht, wo über diese zu erwartende und erträgliche Verquickung von Hersteller- und Werbeinteressen hinaus, Zahlungen von einigem Gewicht von Unternehmen dafür erbracht werden, dass diese selbst oder ihre Erzeugnisse in irgendeiner Weise im Film in Erscheinung treten. Mit solchen Konstellationen und den mit ihnen verbundenen weitgehenden Manipulationsmöglichkeiten zum Vorteil der zahlenden Dritten und zum Nachteil der eigenen Erkenntnismöglichkeit hinsichtlich des Vorliegens von Werbung und der damit verbundenen Entschließungsfreiheit brauche das Publikum nicht zu rechnen, dürfe vielmehr insoweit seitens eines lauteren Anbieters Aufklärung erwarten.[196]

Die dem gemäß ergangene Auflage, dem Film einen aufklärenden Hinweis auf dessen besonderen (Werbe-)Charakter voranzustellen, berühre den Kernbereich des künstlerischen Gestaltungswerks nicht, sondern sei vielmehr als Modalität des Vertriebs am äußersten Rande des sogenannten Wirkbereiches anzusiedeln. Denn diesem gegenüber gebühre nach der Einschätzung des Senats im Zuge der gebotenen Abwägung das ebenfalls verfassungsrechtlich geschützte Recht des Einzelnen auf freie, d.h. auch von Manipulationen unbeeinflusste, Entfaltung der eigenen Persönlichkeit, hier Vorrang.[197]

Im Zuge der Ausstrahlung des Films im Fernsehen kam es dann zu verwaltungsrechtlichen Streitigkeiten zwischen der Lizenznehmerin, einem privaten Fernsehunternehmen und der Medienanstalt Berlin-

---

[194] BGH, Urt. v. 6.7.1995 - I ZR 58/93 - „Feuer, Eis und Dynamit I", GRUR 1995, 744, 748.

[195] BGH, Urt. v. 6.7.1995 - I ZR 58/93 - „Feuer, Eis und Dynamit I", GRUR 1995, 744, 748.

[196] BGH, Urt. v. 6.7.1995 - I ZR 58/93 - „Feuer, Eis und Dynamit I", GRUR 1995, 744, 748.

[197] BGH, Urt. v. 6.7.1995 - I ZR 58/93 - „Feuer, Eis und Dynamit I", GRUR 1995, 744, 748 f.

Brandenburg (MABB), welche eine Kennzeichnung des Films als Dauerwerbesendung erreichen wollte. Das VG Berlin lehnte dies jedoch sowohl im vorläufigen Rechtsschutzverfahren[198] als auch im Hauptsacheverfahren[199] unter dem Hinweis ab, bei dem Werk handele es sich zum einen nicht um eine Dauerwerbesendung im Sinne des Rundfunkstaatsvertrages. Es enthalte zwar Passagen mit werbendem Charakter, der Werbecharakter stehe jedoch nicht erkennbar im Vordergrund. Der vielmehr hauptsächlich klassische Spielfilm integriere werbende Elemente auf neuartige Weise und falle damit nicht unter diejenige Art von Werbung, die § 7 Abs. 4 RStV (a.F.) zu regeln bezwecke.[200] Andererseits seien die Markenpräsentationen auch nicht als unzulässige Schleichwerbung i.S.v. § 7 Abs. 5 S. 1 RStV (a.F.) zu klassifizieren. Indem sich zwei Drittel des Films einem als „Megathon" betitelten Wettkampf widmen, in dessen Verlauf die beteiligten Teams mit Namen wie „Milka Cowboys", „VW GTI's" oder „AEG Innovators" ihre jeweiligen Markenzeichen überaus deutlich zur Schau stellen, erfülle der Film zwar einige Elemente der gesetzlichen Definition der Schleichwerbung nach § 7 Abs. 5 S. 2 und 3 RStV a.F. (§ 2 Abs. 2 Nr. 6 RStV), zumal nicht bestritten wurde, dass die beteiligten Firmen jeweils ein „Startgeld" i.H.v. 150.000 $ zahlten[201] und damit die Darstellung der Marken allein aufgrund der gesetzlichen Vermutung als zu Werbezwecken beabsichtigt gilt. Diese Entgeltlichkeit der Werbung bleibt auch für den vorliegenden Fall des Lizenzerwerbs seitens der privaten Fernsehanstalt bestehen, welche, im Gegensatz zu dem Produzenten des Films, von den beworbenen Firmen kein Entgelt erhalten hatte. Jede andere Betrachtung zöge eine Aushöhlung des Verbots der Schleichwerbung nach sich, da sich ein Fernsehveranstalter durch die Zwischenschaltung von Produktionsfirmen ohne weiteres von der diesbezüglichen Beschränkung „freikaufen" könnte.[202]

---

198 VG Berlin, Beschl. v. 15.10.1998 – VG 27 A 323.98 – „Feuer, Eis und Dynamit", MMR 1999, 177 ff.

199 VG Berlin Urt. v. 15.4.1999 – VG 27 A 289.98 - „Zur Kennzeichnung des Films ‚Feuer, Eis und Dynamit' als Dauerwerbesendung", AfP 1999, 402 ff.

200 VG Berlin, Urt. v. 15.4.1999 – VG 27 A 289.98 - „Zur Kennzeichnung des Films ‚Feuer, Eis und Dynamit' als Dauerwerbesendung", AfP 1999, 402, 406.

201 BGH, Urt. v. 6.7.1995 - I ZR 2/94 - „Feuer, Eis und Dynamit II", GRUR 1995, 750.

202 VG Berlin, Urt. v. 15.4.1999 – VG 27 A 289.98 - „Zur Kennzeichnung des

Nach Überzeugung der Kammer spricht jedoch gegen das Vorliegen von Schleichwerbung, dass der den Spielfilm durchziehenden Zurschaustellung von Waren, Namen und Marken das entscheidende Element der „Irreführung“ fehle. Schleichwerbung liege nur dann vor, wenn die Allgemeinheit hinsichtlich des eigentlichen Zwecks der Erwähnung oder Darstellung irregeführt werden kann, der Werbung also ein „schleichendes“ Element innewohne und sie nicht klar als solche wahrnehmbar sei.[203]
Irreführend sei eine beiläufige Platzierung von Markenprodukten, wie etwa die berühmte beiläufige Einblendung eines BMW im Verlaufe eines James-Bond-Films, ohne dass der werbende Charakter zwingend zutage trete; in vorliegenden Fall sei der Spielfilm aber in einem so starken Maße von Marken- und Produktplatzierungen durchdrungen, dass jedem Zuschauer bewusst sein müsse, hier Waren, Namen und Marken und damit auch einer „Werbung“ ausgesetzt zu sein, wobei überdies ihrer Integration in das Werk ein künstlerischer und persiflierender Wert beizumessen sei.[204]

4. Das Erbe Bogner`s

Die Argumentation des VG Berlin vermag auf den ersten Blick zu überraschen, vermittelt sie doch eine revolutionär anmutende Liberalisierung. Während noch in der Boro-Entscheidung die mehrfache kurzeitige Einblendung der fremdverlegten Handakte als fernsehrechtlich unzulässig bewertet wurde, erscheint nun die geballte Produkt- und Markenpräsentation in „Feuer, Eis und Dynamit“ gerade aufgrund ihrer Offensichtlichkeit und der daraus resultierenden Persiflierung als legitim.
Geneigte Produzenten könnten dies zum Anlass nehmen, bei zukünftigen Projekten weniger behutsam mit der Platzierung werbender Hinweise zu verfahren, da sich vordergründig eine Entwicklung der Rechtsprechung abzeichnet, die wenige, relativ dezent gestaltete Werbehinweise als unzulässige Schleichwerbung begreift, ostentativ be-

---

Films ‚Feuer, Eis und Dynamit‘ als Dauerwerbesendung“, AfP 1999, 402, 406 f.

[203] VG Berlin, Urt. v. 15.4.1999 – VG 27 A 289.98 - „Zur Kennzeichnung des Films ‚Feuer, Eis und Dynamit‘ als Dauerwerbesendung“, AfP 1999, 402, 407.

[204] vgl. VG Berlin, Urt. v. 15.4.1999 – VG 27 A 289.98 - „Zur Kennzeichnung des Films ‚Feuer, Eis und Dynamit‘ als Dauerwerbesendung“, AfP 1999, 402, 407.

triebene Markenpräsentation dagegen selbst vor dem Hintergrund offengelegter Entgeltlichkeit und mit dem Makel einer offensichtlichen Werbeintention fernsehrechtlich aber nicht beanstandet.
Der Grund für diese Differenzierung ist zunächst im redaktionellen Ursprung des Kriminalfernsehspiels zu sehen, auf dessen Schutz in der höchstrichterlichen Boro-Entscheidung hauptsächlich abgestellt wurde. Die Wahrung der Neutralität gegenüber dem Markt durch Bewahrung der redaktionellen Unabhängigkeit ist der Redaktion eines Fernsehtreibenden, die eigene Plattformen plant, produziert und schließlich auch zur Ausstrahlung bringt, immer abzuverlangen. Einem Lizenznehmer dagegen ist bei der Übernahme von Fremdproduktionen der Einfluss auf deren Entstehung benommen. Will er aber als Rundfunkveranstalter das entsprechende Werk zur Ausstrahlung bringen, ist er dennoch den rundfunkrechtlichen Werbebeschränkungen unterworfen, die sonst, über den optionalen Weg des ständigen Zwischenengagements einer Fremdfirma, als bloße Normhülsen verblieben.
Die Schwelle dessen, was der erwerbende Fernsehveranstalter im Hinblick auf Markenpräsentationen in Fremdproduktionen noch als werberechtlich zulässig akzeptieren und daraufhin in das Programm integrieren darf, ist mit den Urteilen zu „Feuer, Eis und Dynamit" derart ausgedehnt, dass sich eine materielle Effizienz des Verbots der Schleichwerbung aus § 7 Abs. 6 S. 1 RStV nur für Eigen-, Co- oder Auftragsproduktionen feststellen lässt, wobei die Anforderung an eine regulierende Überwachung seitens des Rundfunkveranstalters proportional zur jeweiligen Beteiligungsstufe abnehmend angepasst werden muss.
Mittelbar lässt sich eine abgestufte Neutralitätspflicht auch dem Urteil entnehmen. Während nämlich die Kammer im Zuge der Interpretation des § 7 Abs. 5 RStV (a.F.) darauf hinweist, dass der Charakter der Kaufproduktion für eine Einstufung als Schleichwerbung unerheblich sei, bezeichnet sie an anderer Stelle – die Vereinbarkeit der Ausstrahlung des Films mit dem Trennungsgebot darlegend – es als erheblich, dass es sich im entschiedenen Fall um eine Kauf- und nicht um eine Eigenproduktion der Rundfunkanstalt gehandelt habe.[205] Das Gericht sieht darin die von § 7 Abs. 3 RStV geschützte Objektivität und Neutralität des Rundfunks gegenüber dem Markt nicht in so erheblichem Maße tangiert, dass der Ausschluss des Films von der Fernsehaus-

205 vgl. VG Berlin, Urt. v. 15.4.1999 – VG 27 A 289.98 - „Zur Kennzeichnung des Films ‚Feuer, Eis und Dynamit' als Dauerwerbesendung", AfP 1999, 402, 408.

strahlung geboten wäre[206] und macht damit ebenfalls die Beurteilung der Zulässigkeit vom Grad der Produktionsbeteiligung des Rundfunkunternehmens abhängig.
Die Beurteilung der rundfunkrechtlichen (Un-)Zulässigkeit im Sinne des Trennungsgebotes wird durch Anfügung eines weiteren Prüfungspunktes, der abgestuften Beurteilung des Beteiligungsgrades eines Fernsehveranstalters für die Aufsichtsinstanz, etwa für die überwachende Landesmedienanstalt einschränkend erschwert, insbesondere im Hinblick auf die Einordnung und Nachweisbarkeit des Grades der Partizipation und der diesem entsprechend einzufordernden Neutralitätspflicht. Tolerierbar ist diese Beschwernis alleine mit Blick auf die derzeitige Medienrealität, in der die Produzenten von Fernseh-, respektive Kinospielfilmen den Entschluss zur Ausnutzung dieser Rechtsprechung bisher nicht gefasst zu haben scheinen.
Vergegenwärtigt man sich nämlich den status quo von Markenpräsentationen in unabhängig produzierten Spielfilmen, so ist festzustellen, dass auch bei jüngeren Produktionen eine dem Spielfilm „Feuer, Eis und Dynamit“ entsprechende Redundanz keine Nachahmer fand. Auch in reinen Fremdproduktionen bilden auffällige, den Rahmen des Unvermeidbaren verlassende Präsentationen von Markennamen und Produkten auch weiterhin die Ausnahme. Nicht zuletzt ist dies wohl der insgesamt geringen Akzeptanz des Spielfilms „Feuer, Eis und Dynamit“ zuzuschreiben, welche diesem nur ein geringes Einspielergebnis bescherte und auch seine zweifache lizenzierte Ausstrahlung für den privaten Fernsehveranstalter nicht zum Erfolg werden ließ.[207] Eine progressive und aggressive Werbestrategie muss schließlich von ihrem Adressaten goutiert werden. Der Fernsehzuschauer bildet mithin durch sein Konsumverhalten letztlich ein außergesetzliches Korrelat, welches eine extensive Markenpräsentationen selbst dann ineffizient werden lässt, wenn diese die gesetzlichen Hürden passiert hat, die gerade auch dem Schutz des kommunikativen Interesses des Rezipienten zu dienen bestimmt sind. Danach erscheint das besprochene Urteil vor dem Hintergrund einer seit Boro essentiell veränderten Medien- und darin auch Werbelandschaft durchaus zeitgemäß, auch indem es den Trennungsgrundsatz eng auslegt. Dies geschieht ferner in Kenntnis

---

[206] vgl. VG Berlin, Urt. v. 15.4.1999 – VG 27 A 289.98 - „Zur Kennzeichnung des Films ‚Feuer, Eis und Dynamit‘ als Dauerwerbesendung“, AfP 1999, 402, 408.

[207] der Film wurde vom privaten Rundfunkveranstalter Pro7 am 31.04.1994 und 04.12.1994 ausgestrahlt, vgl. *Henning-Bodewig*, GRUR 1996, 321, 329, FN 70.

der gleichsam gewandelten Mündigkeit des Konsumenten, die sich einer kurzen Stellungnahme des Gerichts entnehmen lässt: „Es wäre also der Fürsorglichkeit zuviel, den Fernsehzuschauer dem Film „Feuer, Eis und Dynamit“ von vorneherein nicht auszusetzen, während die Kunstfreiheit gleichzeitig gebietet, den Film zur Ausstrahlung gelangen zu lassen.“[208]

IV. Bestehende Umgehungsformen im Rundfunk

Nach dem zuvor Gesagten wandelt jeder Rundfunkveranstalter, der programmbegleitende Werbeformen einfügen möchte, auf einem schmalen Grad. Dieser wird zunächst gebildet aus einem Zusammenspiel des rundfunkstaatsvertraglichen Trennungsgebots mit dem korrespondierenden Schleichwerbeverbot, ergänzt um eine teils einschränkende, teil liberalisierende Rechtsprechung. Immer zu berücksichtigen ist dabei die weichengleiche Schutzrichtung des Trennungsgrundsatzes, bezogen einerseits auf den heute nicht mehr uneingeschränkt schutzbedürftigen, da mündigen Konsumenten, andererseits auf die Unabhängigkeit des Rundfunkveranstalters, die auch nicht mittelbar tangiert werden darf.
Dies sind die Vorgaben, an der sich die im Folgenden darzustellenden programmbegleitenden Werbeformen messen lassen müssen. Ergänzend sind seit der Novelle des Rundfunkstaatsvertrages im Jahr 2000 Spezifika auf rundfunkstaatsvertraglicher Ebene aufgenommen worden, die bei der jeweiligen Werbeform vorgestellt werden.

1. Product Placement

Die Begriffe Product Placement und Schleichwerbung werden häufig synonym verwandt.[209] Gerechtfertigt ist dies indes nur, sofern mit Product Placement ausschließlich und immer die unzulässige Erwähnung oder Darstellung von Produkten etc. mit Werbeabsicht nebst Irreführung des Konsumenten bezeichnet wird, da nur dann auch eine verbotene Schleichwerbung i.S.d. § 2 Abs. 2 Nr. 6 RStV vorliegt. Wie oben bereits dargestellt, liegt jedoch nicht in jeder Platzierung eines Produkts auch eine Schleichwerbung. Die Darstellung kann nach je-

---

[208] VG Berlin, Urt. v. 15.4.1999 – VG 27 A 289.98 - „Zur Kennzeichnung des Films ‚Feuer, Eis und Dynamit‘ als Dauerwerbesendung“, AfP 1999, 402, 408.

[209] so bei *Hartstein/Ring/Kreile/Dörr/Stettner*, § 7 RStV, Rn. 47 ff.; *Ladeur*, in: Hahn/Vesting, RStV, § 7, Rn. 59.

weils Ziff. 8.2 der ARD- und ZDF-Werberichtlinien und Ziff. 9 DLM-Fernsehwerberichtlinie im Einzelfall aus programmlich-dramaturgischen, journalistischen, künstlerischen Gründen, zur Wahrung der Informationspflichten und zur Darstellung der realen Umwelt erforderlich und damit gerechtfertigt sein.[210] Kann dies als das „zulässige Plazieren von Produkten“[211] bezeichnet werden, bietet sich m.E. die griffigere Unterscheidung zwischen zulässigem und unzulässigem Produkt Placement an, wobei nur letzteres eine nach § 7 Abs. 6 S. 1 RStV unzulässige Schleichwerbung darstellt.

a) Identifikation des unzulässigen Product Placement

Unzulässiges Produkt Placement lässt sich in sämtlichen Produktionsstufen eines redaktionellen Werkes identifizieren. Leicht fiele dies, lägen die Vereinbarungen zwischen Rundfunkveranstalter und Werber offen, was andererseits kaum bis nie der Fall sein dürfte, da aus wohlverstandenem Interesse solches nicht transparent gemacht wird. In der Entstehungsgeschichte einer Eigenproduktion sind als zwingendes Indiz für ein unzulässiges Product Placement aber jedenfalls einzuordnen:[212]

- eine vertragliche oder sonstige Verpflichtung für die Einblendung der Werbeembleme oder Produkte.
- eine Berücksichtigung der Marken- oder Produktpräsentation bereits bei Verfassen des Drehbuchs.
- die Leistung eines Entgelts oder einer ähnlichen Gegenleistung für die Einblendung der Marken oder Produkte.
- die Ermäßigung der Kosten für Übertragungsrechte von Veranstaltungen in erkennbarer Abhängigkeit von einer Produktplatzierung.

Aufgrund der Untransparenz der Vertragsinterna und der korrespondierenden mangelnden Nachweisbarkeit derartiger Vereinbarungen, ist bei der Betrachtung des fertiggestellten Werkes im Einzelfall auf *objektiv interpretationsfähige Indizien*[213] für eine unzulässige Schleichwerbung zurückzugreifen:

- die Intensität der Darstellung des Produkts,[214] etwa durch Großaufnahmen, wiederholte Einblendungen, Alleinstellung,[215] wenn dra-

---

210 vgl. oben II.1.e).

211 *Hartstein/Ring/Kreile/Dörr/Stettner*, § 7 RStV, Rn. 47.

212 nach *Hartstein/Ring/Kreile/Dörr/Stettner*, RStV, § 7, Rn. 48.

213 *Ladeur*, in: Hahn/Vesting, RStV, § 7, Rn. 63.

214 Ziff. 9 Abs. 1 S. 3 DLM-Fernsehwerberichtlinien.

215 als Beispiel ist hier die Handakte des Kommissars im Fall Boro zu

maturgisch auch eine unauffällige Verwendung des Produktes oder der Marke möglich gewesen wäre.[216]

- die Intensität der Erwähnung eines Produkts, etwa durch wiederholte Erwähnung,[217] übermäßiges Lob, wenn damit die Grenzen zur notwendigen und als zulässig zu bewertenden medialen Produktdarstellung überschritten werden.[218]
- die Ausrichtung der Handlung auf das Produkt.

Je deutlicher diese Indizien ausgeprägt sind, desto sicherer ist von einem unzulässigen Product Placement auszugehen. Um dem vorzubeugen, sind die Rundfunkveranstalter nach jeweils Ziff. 8.3 der ARD- und ZDF-Werberichtlinien und Ziff. 9 Abs. 2 DLM-Fernsehwerberichtlinie gehalten, durch die redaktionelle Gestaltung der Sendung die Förderung werblicher Interessen zu vermeiden. Dies gilt uneingeschränkt für Eigenproduktionen, grundsätzlich aber auch für Auftrags-, Co- und Kaufproduktionen. So kann von dem Rundfunkveranstalter eingefordert werden, bei Auftrags- und Co-Produktionen schon vertraglich die Beachtung des Schleichwerbeverbots sicherzustellen, um einer Aushöhlung des Trennungsgebotes durch das regelmäßige Zwischenschalten Dritter vorzubeugen.[219] Umgesetzt ist dies in den ARD- und ZDF-Werberichtlinien, wo jeweils unter Ziff. 8.6 gefordert wird, die Beachtung der Grenzen der Produktdarstellung auch bei Auftrags- und Co-Produktionen vertraglich sicherzustellen und bei Zweifeln die Produktionen unter Plausibi-

---

erwähnen, die bildschirmausfüllend präsentiert wurde, vgl. oben III.1.

216 so etwa das deutliche Hochhalten einer Zeitschrift in einer Spielhandlung, vgl. VG Hannover, ZUM-RD 1998, 412; *Ladeur*, in: Hahn/Vesting, RStV, § 7, Rn. 61.

217 vgl. die auf Beschwerde des Herstellers von Campingwagen deutlich wiederholte Benennung des Herstellers in einer RTL-Sendung durch den Moderator O.Geissen, vgl. *Ladeur*, in: Hahn/Vesting, RStV, § 7, Rn. 62.

218 dies gilt auch für solche Fälle des Image Placement, in denen die Darstellung und Erwähnung grundsätzlich gerechtfertigt ist, so entschieden für das häufige und anpreisende Zeigen und Erwähnen der Barbie-Puppe nebst Zubehör und Kleidung in einer Jubiläumssendung anlässlich ihres 100. Geburtstages durch das OVG Niedersachsen, Urteil v. 15.12.1998 – 10 L 5935/96, AfP 1999, 300, 302; vgl. *Ladeur*, in: Hahn/Vesting, RStV, § 7, Rn. 61; *Hartstein/Ring/Kreile/Dörr/Stettner*, § 7 RStV, Rn. 50.

219 vgl. oben; VG Berlin, Urt. v. 15.4.1999 – VG 27 A 289.98 - „Zur Kennzeichnung des Films ‚Feuer, Eis und Dynamit' als Dauerwerbesendung", AfP 1999, 402, 406 f.; *Hartstein/Ring/Kreile/Dörr/Stettner*, § 7 RStV, Rn. 50; *Sack*, ZUM 1987, 103, 116.

litätsgesichtspunkten zu prüfen. Nach nämlicher Vorschrift kann bei überwiegendem Interesse an der Programmnutzung aber von diesen Grundsätzen bei der Übernahme fertiger Produktionen abgewichen werden. Gerechtfertigt ist dies, da bei einer reinen Kaufproduktion oder bei der Übertragung von fremden (Sport-) Veranstaltungen, die Möglichkeiten der Einflussnahme für den Rundfunkveranstalter zwangsläufig begrenzt sind. Bei der Ausstrahlung der Werke Dritter wird daher eine Abwägung zwischen der Quantität der enthaltenen Werbung, dem Publikumsinteresse, dem Trennungsgebot und dem umfassenden Programmauftrag des Rundfunkveranstalters gefordert, da nicht auf die Ausstrahlung aller Fremdproduktionen verzichtet werden könne, bei denen Werbung und werbewirksame Darstellung sich nicht auf das künstlerisch oder journalistisch Notwendige beschränkten.[220] Zusätzlich wird bei der reinen Übernahme und Ausstrahlung eines Fremdwerkes, das qua definitionem nach § 2 Abs. 2 Nr. 6 RStV erforderliche Merkmal der Werbeabsicht auf Seiten des Rundfunkveranstalters nicht erfüllt sein. Es handelt sich vielmehr um aufgedrängtes Product Placement. In der Zusammenschau mit der zuvor dargestellten Rechtsprechung zu dem Kinofilm „Feuer, Eis und Dynamit"[221] ist daher nicht nur die Einfügung von Markenplatzierungen in fremdproduzierten Kinofilmen, sondern über den Wechsel des Mediums auch deren Ausstrahlung im Fernsehen zulässig. Die Unabhängigkeit des Rundfunkveranstalters ist hier ebenso wenig tangiert, wie das Kommunikationsinteresse des Rezipienten, der an solche Inhalte – anders als an ein redaktionelles Programm – nicht mit der Erwartung darstellerischer Neutralität herantritt. Bei überbordender Produktpräsentation wird entsprechend dieser Rechtsprechung aber ein Hinweis des Rundfunkveranstalters vor Filmbeginn erfolgen müssen, um dem Rezipienten die Wahl zu erhalten, sich diesen Markenpräsentationen auszusetzen oder davon Abstand zu nehmen.[222]

---

220 *Hartstein/Ring/Kreile/Dörr/Stettner*, § 7 RStV, Rn. 50; *Sack*, ZUM 1987, 103, 116.

221 vgl. oben unter III.3.

222 für Kinospielfilme ist dieser Hinweis einzufordern, falls 20% des Budgets durch Product Placement abgedeckt sind und dies zu einer entsprechenden Produktpenetranz führt, vgl. *Hartstein/Ring/Kreile/Dörr/Stettner*, § 7 RStV, Rn. 50.

b) Zulässiges Product Placement

In Eigen-, Auftrags- und Co-Produktionen ist nach jeweils Ziff. 8.3 der ARD- und ZDF-Werberichtlinien die Erwähnung oder Darstellung von Produkten zulässig, wenn und soweit es

- aus journalistischen Gründen oder
- aus künstlerischen Gründen,
- insbesondere zur Darstellung der realen Umwelt,
- zwingend erforderlich ist.

Für die privaten Rundfunkveranstalter stellt das Darstellen von gewerblichen Waren, deren Herstellern, von Dienstleistungen und deren Anbietern gemäß Ziff. 9 Abs. 1 DLM-Fernsehwerberichtlinien keine Schleichwerbung dar, wenn es

- aus überwiegend programmlich-dramaturgischen Gründen sowie
- zur Wahrung von Informationspflichten

erfolgt.

Der Wortlaut scheint den privaten Rundfunkveranstaltern hier eine liberalere Handhabung zu erlauben, da es am Merkmal der zwingenden Erforderlichkeit der Einblendung fehlt. Die Umsetzung dementsprechender Erwähnungen differiert praktisch indes nicht. Grundsätzlich nivellierendes und rechtfertigendes Leitbild ist die Abbildung der realen Umwelt und damit auch der Werbung, die zumindest teilweise Bestandteil der Umwelt ist und daher unvermeidbar.[223] Dieses Maß der zwangsläufig – d.h. ohne bezweckte werbende Hervorhebung durch die lebensnahe Abbildung der Umwelt – vermittelten Werbung lässt sich nach dem eingangs geschilderten neuen Begriffsverständnis knapp als „mediale Werbung" bezeichnen.[224] Sämtliche Rundfunkveranstalter sind dabei aber zu einer Darstellung angehalten, die die Förderung werblicher Interessen vermeidet.[225]

Analog zum aufgedrängten Product Placement in Kaufproduktionen, ist etwa die mit der Übertragung von Sportveranstaltungen als Teil der Umwelt unvermeidbar einhergehende Werbung, also beispielsweise Trikot- oder Bandenwerbung, keine Schleichwerbung, da zum einen der Werbezweck – eine Irreführung verhindernd – offen zutage tritt, zum zweiten der Rundfunkveranstalter für die (Mit-)Übertragung der

---

[223] vgl. *Hesse*, Rundfunkrecht, 3. Kapitel, Rn. 59; *Sack*, ZUM 1987, 103, 115; *Engels/Giebel*, ZUM 2000, 265, 278.

[224] vgl. oben unter II.1.a); a.A. wohl *Engels/Giebel*, ZUM 2000, 265, 278.

[225] vgl. jeweils Ziff. 8.3 der ARD- und ZDF-Werberichtlinien, Ziff. 9 Abs. 2 DLM-Fernsehwerberichtlinien.

Werbung nicht vergütet wird und zum dritten auf die Berichterstattung aus Informationsgründen nicht verzichtet werden kann.[226]
Die Abbildung der sozialen Wirklichkeit rechtfertigt es auch, kostenlose Beistellungen von ohnehin erforderlichen Produktionsmitteln durch Unternehmen – etwa von Automobilen für Filmaufnahmen – zu nutzen, obwohl dadurch ein mittelbarer Vorteil für das Unternehmen erzielt wird. Dabei darf das Produkt zwar im dramaturgisch notwendigen Maß erkennbar sein, Kameraführung und Bildausschnitt dürfen aber keine auffällige und attraktive Präsentation bewirken, da dies eine Werbeabsicht indizieren würde.[227] Entsprechend schränkt jeweils Ziff. 8.4 der ARD- und ZDF-Werberichtlinien die unentgeltliche oder verbilligte Entgegennahme von Produktionsmitteln oder -hilfen auf solche Fälle ein, in denen damit keine Einschränkung der journalistischen oder künstlerischen Darstellungsfreiheit verbunden ist.
Ausgerichtet an den oben benannten Kriterien ist es des weiteren beispielsweise zulässig, eine Zeitschrift zu präsentieren, wenn dazu ein nachvollziehbarer Anlass besteht, etwa wenn diese als Quelle der redaktionellen Information, zu deren Ergänzung oder zur Vertiefung dient.[228] Sofern keine unmittelbaren Vorteile erreicht oder entgeltbestimmte einseitige Bevorzugungen offenbart werden, ist auch die Erwähnung eines Dienstleistung, Reise, Buch etc. zulässig, falls dies durch ein journalistisches Informationsinteresse gerechtfertigt werden kann oder zur Verdeutlichung der Qualität eines Produktes in Ratgeber- und Kultursendungen notwendig ist.[229]
Obwohl in der Überlassung des Preises schon ein mittelbarer Vorteil zu sehen ist, ist bei Gewinnspielen die informatorische Erwähnung und Präsentation des Preises und des Herstellers ohne weitergehende werbliche oder preisende Hinweise auf die Eigenschaft bzw. Qualität des Produktes statthaft.[230] Entgegen früherer Befürchtungen[231], sind

---

[226] vgl. *Hartstein/Ring/Kreile/Dörr/Stettner*, § 7 RStV, Rn. 51; *Sack*, AfP 1991, 704, 707; im Ergebnis ebenso *Ladeur*, in: Hahn/Vesting, RStV, § 7, Rn. 63.

[227] vgl. *Ladeur*, in: Hahn/Vesting, RStV, § 7, Rn. 62, *Hartstein/Ring/Kreile/Dörr/Stettner*, § 7 RStV, Rn. 49.

[228] vgl. OLG Hamburg, Urt.v. 06.08.1992 – 3 U 9/92, AfP 1993, 578, 579 – „Finanztest"; *Ladeur*, in: Hahn/Vesting, RStV, § 7, Rn. 61.

[229] vgl. *Ladeur*, in: Hahn/Vesting, RStV, § 7, Rn. 66, *Hartstein/Ring/Kreile/Dörr/Stettner*, § 7 RStV, Rn. 53.

[230] vgl. *Hartstein/Ring/Kreile/Dörr/Stettner*, § 7 RStV, Rn. 52; *Ladeur*, in: Hahn/Vesting, RStV, § 7, Rn. 67.

[231] vgl. *Henning-Bodewig*, BB-Beilage Nr. 18/1986, S. 9, die die Verlosung

solche Hinweise derzeit weitgehend maßvoll etabliert und untergesetzlich auch normiert. Jeweils Ziff. 9.2 der ARD- und ZDF-Werberichtlinien verpflichtet sogar zu einem Hinweis auf den Spender. Die Präsentation des Preises oder des Spenders ist aber nach nämlicher Vorschrift unter Verhinderung von Werbeeffekten auf das programmlich Notwendige zu beschränken, was gemäß Ziff. 9.4 auch im Rahmen von Co- und Auftragsproduktionen vertraglich sicherzustellen ist. Die DLM-Fernsehwerberichtlinien lassen in Ziff. 18 die zweimalige Nennung der Firma und eine zweimalige kurze optische Darstellung des Preises in Form von Bewegtbildern zu; nach Ziff. 16 der DLM-Hörfunkwerberichtlinien ist eine dreimalige Nennung der Firma und eine kurze Beschreibung des Preises möglich.

c) Einzelruf nach Legalisierung der Schleichwerbung

Eine Einzelstimme beklagte im Anschluss an die Entscheidung des Bundesgerichtshofes im Fall Boro bereits früh die europäische, vor allem jedoch nationale legislative Stringenz hinsichtlich des ausnahmslosen Verbotes des Product Placement. Die binnenpluralistische Struktur des Rundfunkwesens als Ausgangspunkt sei mit den Rechtstatsachen angesichts einer fortschreitenden Verkabelung, einhergehend mit grenzüberschreitender Angebotsvielfalt nicht mehr vereinbar, eine Angleichung der Gesetzgebung angezeigt.[232] Innerhalb einer erstrebten, auch legislatorisch unterlegten außenpluralen Konzeption wurde der Wunsch nach einer Freigabe des Product Placement für private Rundfunkveranstalter artikuliert, welches lediglich den allgemeinen inhaltlichen Beschränkungen des Tabakwerbeverbots und Minderjährigenschutzes unterworfen und auf nicht informative Sendungen, d.h. überwiegend Unterhaltungssendungen beschränkt sein sollte.[233] Gestützt wurde diese Forderung und insbesondere die Beschränkung auf private Veranstalter mit dem Hinweis auf die divergierenden Finanzierungsquellen von öffentlich-rechtlichem und privatem Rundfunk. Letzterer müsse durch eine auf ihn beschränkte Erschließung von neuen Werbeformen, insbesondere dem Product Placement, vor Finanzierungsproblemen bewahrt werden, denen er sich gegenübersähe, falls öffentlich-rechtliche Anbieter sich etwa im Rahmen des

---

benannter Preise für unzulässig hielt, da zum einen der Zuschauer meinen könne, die Preise seien ob ihrer Qualität ausgewählt worden und zum anderen die Ausuferung von Quizsendungen zu reinen Werbeshows drohe.

[232] *Niewarra*, ZUM 1991, 67, 70.

[233] *Niewarra*, ZUM 1991, 67, 70.

Sponsoring weiter Quellen erschlössen, die aufgrund der privilegierten Stellung der öffentlich-rechtlichen Anbieter eigentlich privaten vorbehalten seien.[234]
Dieser Ruf verhallte und ihm wurde nicht entsprochen, meines Erachtens zurecht. Beispielsweise erfuhr das Sponsoring eine dem europäischen Recht angeglichene nationale Regelung und wurde öffentlich-rechtlichen wie privaten Veranstaltern gleichermaßen als wichtige Co-Finanzierungsquelle eröffnet. Die Zulassung neuer wie auch die liberalisierte Nutzung etablierter Werbeformen für sämtliche Rundfunkanbieter auf beiden Seiten des dualen Systems erscheint auch angezeigt, soweit der Vorteil der Gebührenfinanzierung durch quantitative Werbebeschränkungen auf Seiten der insofern nur teilprivilegierten öffentlich-rechtlichen Anbieter ausgeglichen wird. Konsequenterweise wurde und wird ebenso einheitlich mit Verboten von unzulässigen Werbepraktiken ohne Ansehung der Anstaltsform verfahren und damit auch der nach obiger Forderung wohl bezweckten Privilegierung privater Veranstalter unter dem Vorwand der Chancengleichheit vorgebeugt. Existenzgefährdende finanzielle Engpässe sind angesichts der derzeitigen Prosperität der privaten Fernsehveranstalter bisher und wohl auch zukünftig ohne Beispiel.[235]

2. Programming / Infotainment-Formate

Anhand der zuvor dargestellten Kriterien zur Identifizierung des unzulässigen Product Placement und zur Rechtfertigung des zulässigen Product Placement lässt sich auch das Programming, welches vermehrt in Infotainment-Formaten Platz greift, bewerten. Als Ausgangsbeispiel mag hier das eingangs erwähnte Darstellen des Produktionsprozesses eines Marken-Zwiebacks mittels eines dokumentarischen Beitrags in einem Wissenschaftsmagazin dienen.
Soweit dabei zur Imageförderung ein Unternehmen stärker an der Planung einer Sendung beteiligt und von diesem ein höherer Produktionskostenanteil übernommen wird,[236] droht in Abgrenzung von der sonstigen Beistellung von Produktionsmitteln eine Überschreitung der

---

234 *Niewarra*, ZUM 1991, 67, 68 f.

235 so erzielte allein die private RTL-Senderfamilie bei einem Marktanteil von 30,6 Prozent im Jahr 2000 Bruttowerbeerlöse i.H.v. 4,26 Mrd. DM, vgl. FAZ Nr. 73 v. 27.3.2001, S. 24. Die Werbeeinnahmen des ZDF lagen 2003 bei Netto 111 Millionen €, vgl. F.A.Z, Nr. 24, v. 29.01.2004, S. 40.

236 vgl. so die Formatbeschreibung bei *Ladeur*, in: Hahn/Vesting, RStV, § 7, Rn. 68.

Grenze zum unzulässigen Product Placement nicht nur durch die eingesparten Produktionskosten, sondern auch durch die Einbindung des Unternehmens in den redaktionellen Prozess. Hier ist in besonderem Maße kritisch darauf zu achten, dass der Rundfunkveranstalter in seiner journalistischen und künstlerischen Darstellungsfreiheit nicht beeinträchtigt wird. Der Hinweis auf Produktionshilfen hat sich dabei nicht nur für öffentlich-rechtliche Veranstalter unter Vermeidung aller werblichen Effekte auf die Sachinformation zu beschränken,[237] nach den allgemeinen Grenzen der Sachbeistellung ist vielmehr eine insgesamt zurückhaltende, nicht über den Informationsauftrag hinausgehende Präsentation des Produkts oder des Unternehmens zu fordern. Indizien für ein unzulässiges Product Placement können hier etwa die wiederholte Nennung der Firma und ihrer Marke statt einer markenneutralen Umschreibung des Produkts und eine deutliche, wohlmöglich vergrößerte optische Hervorhebung des verpackten Endprodukts darstellen. Gleiches gilt nach den oben aufgezeigten Grenzen für eine wiederholte Anpreisung der Vorzüge des Produktes.[238]
Die redaktionelle Darstellungsfreiheit ist sogar auf eine reine Vermittlungsentscheidung reduziert, sofern die präsentierte Firma eigenproduzierte sendefertige Beiträge liefert, die der Rundfunkveranstalter in seine Infotainment-Sendung einflechten kann. Anders als im Falle des aufgedrängten Product Placement muss der Rundfunkveranstalter hier vor der Einbindung in sein Magazin, d.h. bevor er sich den fremdproduzierten Inhalt zu eigen macht, sichergehen, dass der rundfunkstaatsvertragliche Rahmen durch die enthaltenen Darstellungen und Erwähnungen von Produkt und Hersteller nicht gesprengt wird. Anderenfalls kann kein überwiegendes Interesse an der Nutzung des Programmmaterials bestehen, da das Magazin dann nur als Vehikel der Unternehmens-Imagekampagne dienen würde.

3. Verlags-TV

Bei Verlags-TV handelt es sich nach Ziff. 20 Abs. 1 DLM-Fernsehwerberichtlinien um Sendungen, die in der Regel als zugelieferte TV-Magazine innerhalb eines Gesamtprogramms eines Rund-

---

[237] vgl. Ziff. 8.4 ARD- und ZDF-Werberichtlinien.

[238] in diesem Sinne grenzüberschreitend zu bewerten ist die begeisterte Beurteilung „Es geht hervorragend, wirklich hervorragend“ des Moderators der Pro 7-Sendung „Galileo“ beim Einsatz von „4711 Echt Kölnisch Wasser“ als Reinigungsmittel für Computerbildschirme, vgl. mit weiteren Beispielen F.A.Z. v. 27.09.2003, S. 40.

funkveranstalters ausgestrahlt werden und die angesichts ihres Namens und ihrer journalistischen Ausrichtung Bezug zu einem publizistischen Werk aus dem Printbereich haben. Nach Abs. 2 der Vorschrift gelten sie nicht als Werbung, sofern sie durch ihren Inhalt und ihre Gestaltung nicht einen direkten Hinweis auf die nächste bzw. aktuelle Ausgabe des Printprodukts enthalten, da es sich bei den Printprodukten nach der Richtlinie nicht um Begleitmaterialien im Sinne des § 45 Abs. 3 RStV handeln soll, auf die in den Verlags-TV-Sendungen hingewiesen werden darf. Unter diesen Voraussetzungen überwiegt das publizistisch-journalistische Interesse des Rundfunkveranstalters.[239] Dies wird meines Erachtens zurecht dann als zu enge Vorgabe betrachtet, sofern eine thematische Verbindung zwischen Sendung und Printartikel besteht.[240] Hier darf kein anderes Maß angelegt werden, als bei den sonst zulässigen Hinweisen auf Zeitschriften, die als redaktionelle Quelle oder zur Vertiefung dienen.[241] Hier wie dort besteht in solchen Fällen für den Hinweis ein nachvollziehbarer publizistisch-journalistischer Anlass.[242]
Unabhängig davon steht die Darstellung etwa des charakteristischen roten Sterns in „Stern-TV" mit dieser Vorschrift im Einklang, da durch ihn nur ein Teil der Corporate Identity des Magazins zitiert, nicht jedoch auf die aktuelle oder nächste Printausgabe hingewiesen wird.

4. Virtuelle Werbung

Vor dem 4. RÄStV war die virtuelle Werbung nicht staatsvertraglich erfasst. Gleichwohl wurde Anfang 1999 ein Europapokalfußballspiel zwischen Glasgow und Parma übertragen, welches durch den britischen Veranstalter digital implementierte Bandenwerbung enthielt.[243] Mittels einer Trennung zwischen der Werbung innerhalb des Stadions als Veranstaltungsrahmen und der Werbung innerhalb der Sportarena, in der das zu übertragende Ereignis ausgetragen wird, wurde auch unter der alten Rechtslage für solche Sportübertragungen die virtuelle Werbung bei der digitalen Substitution bestehender Werbung für zulässig erachtet, da es für den Zuschauer keinen Unterschied bedeute,

---

239 *Engels/Giebel*, ZUM 2000, 265, 281.
240 *Hartstein/Ring/Kreile/Dörr/Stettner*, § 7 RStV, Rn. 55.
241 vgl. OLG Hamburg, Urt.v. 06.08.1992 – 3 U 9/92, AfP 1993, 578, 579 – „Finanztest" *Ladeur*, in: Hahn/Vesting, RStV, § 7, Rn. 61.
242 *Engels/Giebel*, ZUM 2000, 265, 281.
243 vgl. *Ladeur*, ZUM 1999, 672, 675, m.w.N.

ob die Werbung im Stadion verkörpert sei oder durch digitale Technik in das Bild „gemischt“ werde.[244]
Ein früher Entwurf des 4. RÄStV sah sodann noch einen § 7 Abs. 4 RStV vor, nach welchem virtuelle Werbung zulässig sein sollte, soweit der Gesamteindruck der Sendung nicht verfälscht werde.[245] Mit dieser terminologischen Unschärfe hätte sich für das Ausgangsbeispiel argumentieren lassen, dass der Gesamteindruck einer Fußballübertragung nicht dadurch verfälscht werde, dass im Mittelkreis dort tatsächlich nicht vorhandene Werbung elektronisch implementiert wird. Der Gesamteindruck *Fußballspiel* bliebe bestehen. Im Rahmen einer dem Gesamteindruck angepassten Quantität hätte dies auch das Kreieren neuer Werbeflächen erlaubt. Dabei hätte sich allerdings ein bedenkliche Wechselspiel dahingehend entfalten können, dass eine über längere Zeiträume stufenweise angehobene Quantität der Werbung auch den Gesamteindruck einer Sendung mitbestimmt und -gestaltet. Die jeweilige Toleranzschwelle würde stetig angehoben, jede weitere kleinere Implementierung ließe den übergeordneten Gesamteindruck unverfälscht und böte als Teil desselben wiederum die Rechtfertigung für weitere maßvolle Implementierungen.
Wenngleich liberalisierend, begegneten die Neuerungen des Rundfunkstaatsvertrages dieser Gefahr und führten nicht zu einer derart weitgehenden Kodifikation der virtuellen Werbung in § 7 Abs. 6 S. 2 RStV. Sie wird dort in die unmittelbare Nähe des Verbotes von Schleichwerbung und vergleichbarer Praktiken in § 7 Abs. 6 S. 1 RStV gerückt und dann für zulässig erklärt, falls am Anfang und am Ende der Sendung darauf hingewiesen und durch sie eine am Ort der Übertragung ohnehin bestehenden Werbung ersetzt wird. Nur diese engen Voraussetzungen[246] rechtfertigen die hier erfolgte Auflockerung der bisherigen strikten Trennung von Werbung am Ort des übertragenden Ereignisses und Werbung durch den Rundfunkveranstalter.[247] Wird virtuelle Werbung also gemäß diesen Vorgaben implementiert, stellt die Bestimmung klar, dass sie nicht als Schleichwerbung anzusehen ist.[248] Obwohl unmittelbar an das Verbot der Schleichwerbung

---

[244] so *Ladeur*, ZUM 1999, 672, 675.
[245] vgl. *Hackbarth*, ZUM 1998, 974 in Fn. 2.
[246] *Hartstein/Ring/Kreile/Dörr/Stettner*, § 7 RStV, Rn. 60; *Kreile*, ZUM 2000, 194, 200.
[247] so die Amtliche Begründung zu § 7, 4. RÄStV, abgedruckt bei *Hartstein/Ring/Kreile/Dörr/Stettner*, § 7 RStV, im Anschluss an den Normtext.
[248] vgl. die Amtliche Begründung zu § 7, 4. RÄStV, abgedruckt bei *Hartstein/Ring/Kreile/Dörr/Stettner*, § 7 RStV, im Anschluss an den Normtext.

angefügt, wird die virtuelle Werbung so von dieser abgegrenzt und lässt sich nicht als Unterfall der zulässigen Schleichwerbung auffassen.[249] Der sonst immer erforderliche Rückgriff auf die „Unvermeidbarkeit des Werbeeffekts" ist daher nicht nur angesichts der Kooperation zwischen Sportveranstalter und Rundfunkveranstalter nicht mehr durchführbar[250] sondern auch nicht erforderlich. Virtuelle Werbung wird hier nicht wie aufgedrängte Schleichwerbung als unerwünschter Effekt lediglich toleriert, sondern vielmehr ausdrücklich zugelassen. Entgegen der ursprünglichen Forderung der seinerzeitigen LfR[251] und der Entwurfsfassung des § 7 Abs. 6 RStV ist ihr Einsatz dabei nicht auf Sportveranstaltungen beschränkt, sondern auch bei anderen Veranstaltungen und Ereignissen möglich.[252] Faktisch wird es sich jedoch nahezu ausschließlich um Sportveranstaltungen handeln, da sich hauptsächlich dort „am Ort der Übertragung ohnehin bestehende Werbung" findet. Dieser Teil der Vorschrift soll vermeiden, dass bei der Übertragung des Ereignisses nicht vorhandene Werbeflächen geschaffen werden[253], was nicht nur die Überblendung etwa eines Teils der Zuschauer oder der Spielfläche mit Werbung verbietet. Mit dem Wortlaut der Norm ist es ferner unvereinbar, in der Realität werbefreie Tafeln und Banden aufzustellen, um diese bei der Übertragung erstmals digital mit Werbung auszustatten.[254] Der Begriff *bestehende Werbung* ist nicht durch den der *bestehenden Werbefläche* substituierbar. Dennoch finden sich sowohl neu geschaffene, als auch mit Werbung virtuell aufgefüllte Flächen bei der Übertragung von US-amerikanischen Sportereignissen. Exemplarisch seien zwei Beispiele aus Spielen der

---

[249] so aber *Kreile*, ZUM 2000, 194, 199.

[250] vgl. *Ladeur* in: Hahn/Vesting, § 7, Rn. 79.

[251] vgl. *Norbert Schneider* (Direktor der LfR), AfP 1998, S. 49.

[252] vgl. *Engels/Giebel*, ZUM 2000, 265, 274.

[253] vgl. Amtliche Begründung zu § 7 4. RÄStV, nach *Engels/Giebel*, ZUM 2000, 265, 273 soll hier im Interesse der Zuschauer und der Glaubwürdigkeit der gezeigten Bilder eine elektronische Manipulation der aufgezeichneten Realität durch Einblendung (lies: zusätzlicher) werblicher Botschaften ausgeschlossen werden.

[254] vgl. *Engels/Giebel*, ZUM 2000, 265, 273, mit Fn. 44: zusätzliche Banden für die elektronische Einblendung von Werbung wurden erstmals bei dem Fußballspiel Glasgow Rangers gegen Juventus Turin im Sommer 1998 eingesetzt. Die virtuelle Werbung, die später landesspezifisch bei der europäischen Verbreitung des Spiels auf diesen Banden elektronisch eingefügt wurde, führte hinsichtlich der deutschen Übertragung bei DSF zu der Feststellung der Landesmedienanstalten, dass dies unzulässig sei.

National Football League (NFL) und der Major League Baseball (MLB) erwähnt, die auch bei der Ausstrahlung etwa über den Pay-TV-Sender PREMIERE entsprechende virtuelle Werbung enthalten. Während Teilen einer Footballübertragung wird einerseits neben den Fieldgoal-Stangen eine Werbetafel virtuell erzeugt oder aber andererseits während der Baseballübertragung Werbung auf einer werbefreien, aber hinter dem „Batter“ und neben der „Home-Plate“ tatsächlich vorhandenen, aber einfarbigen Tafel, eingeblendet.[255]
Sowohl die Schaffung einer zusätzlichen Werbefläche als auch die Implementierung der Werbung auf existenten, aber werbefreien Tafel ist von § 7 Abs. 6 S. 2 RStV nicht gedeckt. Allerdings überträgt der nationale Rundfunkveranstalter diese Spiele nicht mit eigener Technik und in eigener Regie, sondern übernimmt die Übertragung des jeweiligen US-Senders und versieht sie mit einem eigenen Kommentar.[256] Sobald der Sender ein fertiges Signal erwirbt, welches ohne seine Einflussmöglichkeit mit virtueller Werbung versehen ist, ist – mit gleichem Ergebnis – formal zu unterscheiden: entspricht sie den staatsvertraglichen Vorgaben, ist sie nach § 7 Abs. 6 S. 2 RStV zulässig. Entspricht sie ihnen nicht, stellt sie zwar eine unzulässige Form der virtuellen Werbung – nicht aber Schleichwerbung – dar, ist allerdings nach den Grundsätzen des aufgedrängten Product Placement als unvermeidbar hinzunehmen.[257] Die Unvermeidbarkeit aufgedrängter Werbung wird für Grafikeinblendungen, die in fremdproduzierten Signalen enthalten sind und nicht mit dem Inhalt der Grafik verbunden sind, bereits in Ziff. 13.4 ARD- und ZDF-Werberichtlinien ausdrücklich berücksichtigt und der Rundfunkveranstalter von den diesbezüglichen Restriktionen[258] befreit. Eine vergleichbare Klarstellung ist auch für die virtuelle Werbung wünschenswert.
Auch bei der aufgedrängten virtuellen Werbung, die nicht den staatsvertraglichen Vorgaben entspricht, ist der Rundfunkveranstalter m.E. aber nicht von seiner Hinweispflicht nach § 7 Abs. 6 S. 2 Nr. 1 RStV befreit. Da diese dazu dient, den Rezipienten auf den Umstand der elektronischen Nachbearbeitung der abgebildeten Realität aufmerksam zu machen, ist ihr auch dann nachzukommen, falls die Sendung zwar nicht durch den Rundfunkveranstalter zu verantwortende, aber jeden-

---

[255] Screenshots dieser und weiterer Implementierungen finden sich unter www.pvimage.com.

[256] bei den MLB-Spielen übernimmt PREMIERE beispielsweise die Übertragung des US-Senders FOX.

[257] vgl. *Hartstein/Ring/Kreile/Dörr/Stettner*, § 7 RStV, Rn. 60.

[258] vgl. dazu sogleich unter „Grafikwerbung“.

falls virtuelle Werbung enthält. Die Hinweisbedürftigkeit des Konsumenten erscheint in solchen Fällen sogar größer, in denen entgegen der Schutzrichtung des § 7 Abs. 6 S. 2 Nr. 2 RStV eine Manipulation der abgebildeten Realität durch Erschaffung neuer Werbeflächen hingenommen werden muss. Hinsichtlich der Gestaltung des Hinweises enthält § 7 Abs. 1 S. 2 Nr. 1 RStV keine Vorgaben; gleiches gilt für die Richtlinien der öffentlich-rechtlichen Veranstalter. Ziff. 10 Abs. 1 der DLM-Fernsehwerberichtlinien fordert einen optischen oder akustischen Hinweis darauf, dass die am Ort der Übertragung vorhandene Werbung durch nachträgliche Bearbeitung verändert wird. Zu bewerkstelligen ist dies durch einen verbalen Hinweis des Kommentators oder durch einzublendende Tafeln, die dem Inhalt der Richtlinie auch in verkürzter Form gerecht werden können.[259] Bei den vorbeschriebenen MLB-Übertragungen verzichtet PREMIERE aber auf einen entsprechenden Hinweis, was bisher nicht beanstandet wurde.

Gemäß § 7 Abs. 6 S. 3 RStV bleiben andere Rechte unberührt. Dieser Klarstellung hätte es grundsätzlich nicht bedurft, da sie letztlich redundant sonstige Rechtsbestimmungen für beachtenswert erklärt. Einer virtuellen Nachbearbeitung entgegenstehende Leistungsschutz- und Urheberrechte sind ohnehin zu beachten. Gleichwohl halten auch die ARD- und ZDF-Werberichtlinien dies jeweils in Ziff. 7 ausdrücklich fest. Verhindert ist damit das digitale Insert etwa in Fällen, in denen ein Werbetreibender mit dem Veranstalter des Sportereignisses die Aus- oder Überblendung seiner Werbung vertraglich ausgeschlossen hat.[260] Dies wird bei entsprechender Sensibilisierung der Werbetreibenden auf lange Sicht zur Aufnahme entsprechender Standard-Ausschlussklauseln in den erwähnten Verträgen führen. Als Konsequenz werden letztlich auch die Rundfunkveranstalter gänzlich gehindert sein, bestehende durch digitale Werbung zum eigenen monetären Vorteil virtuell zu ersetzen. Auf der anderen Seite ist gerade nur dies durch § 7 Abs. 6 S. 2 RStV erlaubt.

---

[259] bei vgl. *Hartstein/Ring/Kreile/Dörr/Stettner*, § 7 RStV, Rn. 60; *Kreile*, ZUM 2000, 194, 200 werden praktikabel die Formulierungen „Die nachfolgende Sendung enthält virtuelle Werbung" oder „Die Sendung enthält virtuelle Werbung" vorgeschlagen. Dies entspricht der Gestaltung der gängigen Sponsorenhinweise.

[260] vgl. *Kreile*, ZUM 2000, 194, 200.

a) Kritik an der bestehenden Regelung

Prognostisch wird sich die bestehende Regelung zur virtuellen Werbung als praktisch zirkelschlüssig erweisen. Ist dem Rundfunkveranstalter staatsvertraglich nur substituierende virtuelle Werbung erlaubt, wird nämliches aber regelmäßig durch Urheber und Lizenzgeber aus nachvollziehbarem Interesse vertraglich verhindert, bleibt dem Rundfunkveranstalter wiederum nur die Übertragung des mit Original-Werbung versehenen Ereignisses, die er als unvermeidbar weitergibt. Damit ist aber keine Liberalisierung verbunden, sondern eher eine Perpetuierung der bestehenden Werberealität. In gleichem Maße passiv übermittelt er zudem nach den oben dargestellten Grundsätzen die in Fremdsignalen enthaltene aufgedrängte virtuelle Werbung, bei welcher der von solchen Vorgaben befreite ausländische Lieferant des Signals profitabel real nicht existente Werbeflächen kreieren und werbefreie zusätzliche Banner mit Werbung versehen konnte. Der übernehmende Rundfunkveranstalter ist dann – und hierin erschöpft sich schließlich auch der Anwendungsbereich der Norm – sogar noch verpflichtet, auf die fremdimplementierte virtuelle Werbung vor und nach der Sendung hinzuweisen.
Der Rundfunkveranstalter bleibt mithin von der Partizipation an den im Rahmen von Sportübertragungen erzielbaren nicht unerheblichen Werbeeinnahmen[261] ausgeschlossen. Da auf die virtuelle Werbung weder das Blockwerbegebot noch zeitliche Werbebeschränkungen anwendbar sind, erscheint dies zunächst auch gerechtfertigt. Angesichts stetig steigender Kosten gerade für Sportübertragungsrechte und des entsprechend erhöhten Refinanzierungsbedarfs, ist dieser Ausschluss von einem attraktiven, weil profitablen Werbemittel aber kri-

261 vgl. *Deutsch*, GRUR Int. 2001, 400, 410, der darauf hinweist, dass Sport wie kein anderes Fernsehereignis die Möglichkeit biete, tatsächlich noch ein Massenpublikum zu erreichen, was wiederum eine erhöhte Zahlungsbereitschaft der Werbenden nach sich ziehe. Er erläutert ferner anschaulich: „Trotzdem es keine direkte Verbindung zwischen dem beworbenen Produkt und der Leistung einer Mannschaft gibt und dies auch keine direkte Aussage über die Qualität des Produktes oder einer Dienstleistung macht, assoziiert der Verbraucher eine bessere Qualität für die Produkte oder Dienstleistungen, die bei solchen Veranstaltungen beworben werden, weil durch dieses Verhalten in der Werbung mit dem Unternehmen ein bestimmter Goodwill in Verbindung gebracht wird. Dieser dient als Qualitätsaussage über die Produkte oder Dienstleistungen eines Unternehmens in Kombination mit einer erhöhten Werbepräsenz in den Medien."

tisch zu hinterfragen. Dies gilt grundsätzlich für Veranstalter auf beiden Seiten der dualen Rundfunkordnung, vornehmlich aber für die privaten, die zur Kostendeckung nicht zusätzlich auf Gebühren zurückgreifen können. Auf der anderen Seite kann aber nicht das berechtigte Interesse der in der Sportarena Werbenden vernachlässigt werden, welches diese durch entsprechende Vertragsgestaltung exklusiv verfolgen können. Dem Rundfunkveranstalter lässt sich auch aus diesem Gesichtspunkt nicht das Recht zur Ausblendung oder Substitution vorhandener Werbung zugestehen.[262] Eine Teilhabe am Werbepotential massenattraktiver Sportveranstaltungen lässt sich daher nur durch die Nutzung nicht real vorhandener Werbeflächen realisieren. Als Optionen in Betracht kommen hier einerseits virtuell geschaffene Werbeflächen, etwa auf dem Spielfeld oder im Zuschauerbereich, und andererseits die Aufstellung real werbefreier Banden oder Objekte im Stadion selbst zur nachträglichen Werbeimplementierung nur für die Rezipienten der Fernsehübertragung. Beides ist derzeit untersagt.

b) Maßvoll erweiterte Neuregelung

Für eine zukünftige Regelung muss m.E. aber folgendes gelten: die Schaffung virtueller Werbeflächen in Bereichen, in denen üblicherweise keine Werbung erfolgt, also etwa über die Zuschauerränge gelegt, sollte auch künftig untersagt bleiben. Diese Beschränkung verhindert wirkungsvoll eine übersteigerte Implementierung von Werbung, die im schlimmsten Fall in einer Art Werbeteppich münden könnte, der lediglich das Spielgeschehen ausspart oder sogar selbst dieses mit Werbung unterlegt. Andererseits ist den Rundfunkveranstaltern jedoch zuzugestehen, mit den Sportveranstaltern das Aufstellen von Blanko-Banden oder -Objekten in der Sportarena zu vereinbaren, auf denen durch den Rundfunkveranstalter selbst vermarktete Werbung implementiert werden kann. Durch erweiterte Refinanzie-

---

[262] vgl. hinsichtlich der dann eintretenden Wirkung *Deutsch*, GRUR Int. 2001, 400, 410: „Das Ersetzen oder die Löschung einer vorhandenen Werbung führt zu einer falschen Assoziation bei den Zuschauern zwischen den großen Ausgaben für Sponsoring und dem beworbenen Produkt. Darüber hinaus geht es den Werbungstreibenden in den Sportstätten oft darum, eine ganze Saison lang im Stadion repräsentiert zu sein, um eine Langzeitwirkung ihrer Werbung zu erzielen. Durch die nachträgliche Veränderung mittels virtueller Werbung wird auch dieser Goodwill auf den virtuell Werbenden übertragen. Dem steht ein korrespondierender Verlust an Goodwill auf der Seite des ursprünglich Werbenden gegenüber."

rungschancen würde dies mittelbar auch ihre Position bei Verhandlungen um teuere Übertragungsrechte stärken. Während auch die Interessen der im Stadion auf den bisherigen Banden tatsächlich Werbenden gewahrt blieben, könnten so alle Beteiligten an der Massenattraktivität der Veranstaltung partizipieren. Der Quantität der Werbung wäre andererseits durch die bestehenden Freiräume in der Umgebung des Spielfeldes eine reale, nicht beliebig erweiterbare Grenze gesetzt.
Verfolgt man diesen Ansatz, zwingt dies aber spiegelbildlich dazu, die durch den Rundfunkveranstalter autonom eingefügte Werbung auf die Dauer der täglich zulässigen Werbung anzurechnen. Dies lässt sich wie bei der Regulierung des Screen-Splitting durch einen entsprechenden Verweis gewährleisten. Die für den Bereich des öffentlich-rechtlichen Rundfunks geltenden 20:00 Uhr-Grenze ist für die virtuelle Werbung in Sportveranstaltungen allerdings aufzulösen. Dies entspricht der Faktizität der Werbepräsentation bei Sportereignissen, die ungeachtet der jeweiligen Übertragungszeit bereits Werbung enthalten. Der Rezipient erwartet hier keine Werbefreiheit in der unmittelbaren Umgebung des Spielgeschehens.
Auch aus diesem Grund ist die hier geforderte maßvolle Ausweitung der Befugnisse zur Einfügung virtueller Werbung aber auf Sportveranstaltungen zu beschränken. Andere Sendungen sollten über das zur Abbildung der Realität erforderliche Maß hinaus werbefrei bleiben. Dies verhindert die Implementierung von virtueller Werbung in Formaten, in denen der Rezipient keiner übermäßigen Werbung ausgesetzt ist, etwa in Unterhaltungssendungen,[263] also beispielsweise auf der Kleidung der daran Beteiligten.[264] Solches wäre unerwünscht progressistisch, nicht wünschenswert progressiv.
Ergänzend bleibt eine Legaldefinition virtuellen Werbung vermisst, die in den Begriffsbestimmungen im Kontext der Werbedefinition aufgenommen und an ihrer Definition in Ziffer 2 a) der FIFA-Regelung zum Gebrauch der virtuellen Werbung[265] ausgerichtet werden könnte. Danach ist

---

[263] dies ist in den USA allerdings Praxis, wie der Einsatz virtueller Werbung durch CBS in den Unterhaltungssendungen „CBS Evening News", „48 Hours" und „The Early Show" belegt, vgl. Nachweise bei *Deutsch*, GRUR Int. 2001, 400, 401, Fn. 10.

[264] vgl. die bei *Hackbarth*, ZUM 1998, 974, 974 gewählten Beispiele für virtuelle Werbung: Einblendung eines Werbelogos auf noch logofreien Krawatten und Revers von Sportreportern oder Talk-Showgästen.

[265] FIFA-Regulations for the Use of Virtual advertising, abrufbar unter

virtuelle Werbung die computergestützte Manipulation authentischer live oder zeitversetzt übertragener Bilder und die Ersetzung verschiedener Elemente dieser Bilder zum Zwecke der Implementierung von Werbebotschaften in das Signal, welches durch das Fernsehen oder ähnliche aktuelle und zukünftige Techniken übertragen wird.[266]
Im Rundfunkstaatsvertrag wäre diese Definition auf Fernsehdienste zu beschränken, was andererseits eine Parallelnormierung in den für andere Dienste geltenden Kodifizierungen erfordert. Dies verdeutlicht die bestehende Zersplitterung einer Teilmaterie, die in diesem Bereich einer einheitlichen Regelung zugänglich ist.

c) Europarechtliche Vorgaben

Doch wie ist die bestehende Regelung und die vorgeschlagene Progression europarechtlich zu beurteilen? Obwohl die virtuelle Werbung als Reaktion auf die „aktuellen Entwicklungen der Werbung in Europa"[267] im RStV kodifiziert wurde, ist sie auf europäischer Ebene derzeit nicht reguliert. Die EU-Fernsehrichtlinie[268] konzentriert sich in den Art. 10 und 11 vielmehr auf die wesentlichen Elemente des Grundsatzes der Trennung von Werbung und Programm.
Eine vergleichbare Regelung weist der für außereuropäische Übertragungen relevante Art. 13 Europäisches Fernsehübereinkommen[269] auf.

---

http://www.fifa2.com/fifa/handbook/Va/downloads/VirtualRegs_e.txt, abgedruckt bei *Hartstein/Ring/Kreile/Dörr/Stettner*, § 7 RStV, Rn. 60, Fn. 94.

266 wörtlich heißt es dort: *„Virtual Advertising" refers to the manipulation by computer of authentic images, either live or delayed, and the substitution of various elements of those images with the purpose off implementing advertising messages into the signal transmitted by television or by similar current or future technologies (on-line, desktop-publishing, single-frame, DVD, etc.).*

267 so die Amtliche Begründung zu § 7, 4. Rundfunkänderungsstaatsvertrag, abgedruckt bei *Hartstein/Ring/Kreile/Dörr/Stettner*, § 7 RStV im Anschluss an den Normtext.

268 Richtlinie 97/36/EG des Europäischen Parlaments und des Rates vom 17. Juni 1997 zur Änderung der Richtlinie 89/5527EWG des Rates vom 03. Oktober 1989 zur Koordinierung bestimmter Rechts- und Verwaltungsvorschriften der Mitgliedstaaten über die Ausübung der Fernsehtätigkeit – EU-Fernsehrichtlinie – Amtsblatt der Europäischen Gemeinschaften Nr. L 202/60 v. 30.07.1997; abrufbar unter www.jura.uni-rostock.de/Gersdorf/medienrecht/EU%20RiLi/Fernseh-RiLi.htm.

269 European Convention on Transfrontier Television – Strasbourg, 5 V. 1989

Ohne paneuropäische Vorgabe variiert zunächst auch die Art der Behandlung der virtuellen Werbung in den Mitgliedsstaaten erheblich.[270] Ein Vergleich ausgewählter Kodifikationen[271] zeigt, dass sich etwa in Deutschland und Spanien gesetzliche Vorgaben finden, während in Großbritannien und Italien unabhängige Regulierungsinstanzen die Anforderungen an die virtuelle Werbung konkretisieren und dies in Frankreich durch die Entscheidungspraxis des Regulierenden geleistet wird. Inhaltlich findet sich jedoch ein gemeinsamer Nenner: Der Einsatz virtueller Werbung ist zulässig, sofern sie ein Äquivalent ortsgebundener Werbeträger darstellt, also etwa Bandenwerbung am Ort der Übertragung ersetzt.[272]

Die damit noch nicht belegte europarechtliche Zulässigkeit dieser Form der virtuellen Werbung leitet *Ladeur*[273] schlüssig über eine Eingrenzung der Fernsehrichtlinie her. Dieser liege einerseits der Gedanke zu Grunde, dass in den europäischen Mitgliedstaaten die in Sportstätten vorhandene Bandenwerbung historisch als mit dem Trennungsgrundsatz vereinbar angesehen worden sei. Des weiteren handele es sich bei der Richtlinie gemäß Art. 249 Abs. 3 EGV nur um eine „weichere" Variante der Harmonisierung, die lediglich das Ziel, nicht aber Form und Mittel der Angleichung des Rechts festlege. Hinsichtlich der hier erforderlichen Beurteilung komplexer Materien sei den Verwaltungsträgern in den meisten anderen Mitgliedsstaaten schließlich ein Ermessen eingeräumt, welches etwa in Großbritannien und Frankreich zur verbindlichen Ausdifferenzierung des Trennungs-

---

– Council of Europe, European Treaty Series – ETS No.132 – text amended according to the provisions of the protocol – ETS No. 171 – which entered into force, on 1 March 2002, Text in der Fassung vom 09.09.1998 (BGBl. II 1992, S. 1251), abgedruckt bei *Bauer/Ory*, Band 1, 1.4.2.

270 die Kommission hat zwischenzeitlich entschieden, eine Mitteilung zu Auslegungsfragen zu verfassen, in der dargelegt werden soll, wie die Bestimmungen der EU-Fernsehrichtlinie auf die virtuelle Werbung angewandt werden sollen. So angekündigt in der Mitteilung der Kommission an den Rat, das Europäische Parlament, den Europäischen Wirtschafts- und Sozialausschuss und den Ausschuss der Regionen über die Zukunft der europäischen Regulierungspolitik im audiovisuellen Bereich – KOM (2003) 784 endg. v. 15.12.2003, S. 22 des Umdrucks, abrufbar unter http://europa.eu.int/eur-lex/de/com/cnc/2003_0784de01.pdf.

271 so geführt zwischen den Regelungen in Deutschland, Großbritannien, Italien, Spanien und Frankreich durch *Ladeur*, SP*u*RT 2000, 101, 102 ff.

272 vgl. *Ladeur*, SP*u*RT 2000, 101, 104.

273 *Ladeur*, SP*u*RT 2000, 101, 104.

grundsatzes durch die Regulierungsinstanzen führe. Mit *Ladeur* ist daher davon auszugehen, „dass den Mitgliedsstaaten nicht nur hinsichtlich der Form und Mittel der Umsetzung einer Richtlinie, sondern auch bei der Interpretation des Zieles, hier der Trennung von Werbung und Programm, ein Ermessen, jedenfalls bei der Typisierung von Grenzfällen zusteht."[274] Die Grenze dieses Konkretisierungsermessens zieht er sodann anhand der bestehenden Einheitlichkeit der Auffassungen unter den Mitgliedsstaaten dort, wo virtuelle die bestehende Werbung ersetzt, die unabhängig vom Fernsehverastalter traditionell in Sportstätten vorhanden ist. Darüber hinaus bleibt er, wenngleich tendenziell zweifelnd, aber offen: „Eine von der realen Bandenwerbung abgelöste, insbesondere vom Fernsehveranstalter organisierte „virtuelle Werbung" *könnte* danach als unvereinbar mit dem europarechtlichen Trennungsgrundsatz angesehen werden."[275]
Als Zwischenergebnis ist also festzuhalten, dass die aktuell im Staatsvertragstext vorgesehene Substitution bestehender Werbung mit der europarechtlichen (Nicht-)Regelung im Einklang steht. Darüber hinaus lässt sich m.E. aber auch die offengelassene Beurteilung darüber hinausgehender, durch den Rundfunkveranstalter organisierter virtueller Werbung entgegen der zuvor zum Ausdruck gebrachten Implikation europarechtskonform darstellen. Einerseits lässt sich dazu die jüngere Rechtsprechung des EuGH zur Anwendbarkeit des Bruttoprinzips bei Unterbrecherwerbung von Spielfilmen nach der Fernsehrichtlinie heranziehen. Der Gerichtshof entschied, dass eine Vorschrift, die eine die Ausübung einer grundlegenden Freiheit betreffende Tätigkeit wie die freie Ausstrahlung und Verbreitung von Fernsehsendungen beschränkt, diese Beschränkung klar zum Ausdruck bringen müsse. Eine nicht klar und eindeutig formulierte Beschränkung sei möglichst eng auszulegen.[276]
Die virtuelle Werbung ist derzeit nicht im Richtlinientext berücksichtigt und damit nur den allgemeinen Einschränkungen der den Trennungsgrundsatz konkretisierenden Normen unterworfen. Legt man diese Beschränkungen hinsichtlich der Einfügung virtueller Werbung eng aus, stützt dies die zuvor dargelegte Vereinbarkeit der substituie-

---

274 *Ladeur*, SP*u*RT 2000, 101, 104.

275 *Ladeur*, SP*u*RT 2000, 101, 104 f., Hervorhebung durch den Verfasser.

276 EuGH, Urt. v. 28.10.1999 – Rs. C-6/98; ARD./. Pro7, unterstützt durch Sat1 und Kabel 1, K&R 1999, 562, 564, Entscheidungsgründe Ziffern 27 ff. – danach sieht Art. 11 Abs. 3 der Fernsehrichtlinie das Bruttoprinzip vor, da dieses eine größere Zahl von Werbeunterbrechungen erlaubt als das Nettoprinzip.

renden virtuellen Werbung mit der europarechtlichen Vorgabe.[277] Nichts anderes kann aber für die durch den Rundfunkveranstalter organisierte virtuelle Werbung gelten, die auf Blanko-Objekten, die tatsächlich im Stadion vorhanden sind, implementiert wird. Auch hier fehlt es an einer ausdrücklichen Beschränkung der Art und Weise der Implementierung, die in der Richtlinie zum Ausdruck kommen müsste, um zur Unzulässigkeit initiativ platzierter virtueller Werbung zu führen. Die Erwartungshaltung des in seinem kommunikativen Interesse zu schützenden Konsumenten, der an Werbung in Spielfeldnähe gewöhnt ist, ist bei dortigem maßvollen Zusatz werbender Flächen nicht in einer Weise tangiert, die eine wesentliche Überschreitung des Trennungsgrundsatzes bedeuten würde.[278] Anderes muss natürlich auch hier für die Kreation virtueller Werbeflächen ohne reales Trägerobjekt gelten, die also auf den Zuschauerrängen oder der Wettkampffläche eingefügt werden sollen. Zwar enthält die Richtlinie auch diesbezüglich keine klare Beschränkung. Selbst bei einer engen Auslegung widerspricht eine Überblendung des Spielfeldes oder der Zuschauerränge aber dem Kommunikationsinteresse des Rezipienten und ist daher mit der Zielsetzung des Trennungsgrundsatzes schlicht unvereinbar.

Dieses differenzierende Ergebnis findet des weiteren eine Stütze in den durch die *European Broadcasting Union (EBU)* vorgeschlagenen Regeln für die virtuelle Werbung.[279] Virtuelle Werbung kann nach Ziffer 2 des Vorschlags auf Oberflächen des Austragungsortes eingefügt werden, die üblicherweise für Werbung benutzt werden.[280] Erläuternd wird an gleicher Stelle auf solche Flächen verwiesen, auf denen Werbung körperlich aufgebracht werden *kann*.[281] Die EBU verlangt also nicht, dass an den mit Werbung zu überblendenden Flächen bereits Werbung körperlich aufgebracht *ist*. Dies lässt die Errichtung zur Überblendung vorgesehener Flächen zu. Ausgeschlossen bleibt auch nach Ziffern 3 und 4 des EBU-Vorschlags die Generierung vollständig virtueller Werbeflächen im Bereich der Wettkampfstätte oder der Zu-

---

[277] so auch *Ladeur*, SP*u*RT 2000, 101, 105.

[278] vgl. vorstehende Kritik an der derzeitigen nationalen Regelung unter a).

[279] EBU-Proposed rules and principles from 01.09.1999, abgedruckt bei *Hartstein/Ring/Kreile/Dörr/Stettner*, § 7 RStV, Rn. 60, Fn. 95.

[280] Rule No. 2 lautet: *Virtual advertising may be inserted during the event only on surfaces at the venue which are customarily used for advertising.*

[281] die Erläuterung zu No. 2 lautet: *This means that virtual advertising may be placed only on spaces where advertising can be attached physically.*

schauer.[282] Eine mit der hier vorgeschlagenen Lösung vereinbare quantitative und qualitative Beschränkung findet sich in Ziffer 5 des EBU-Vorschlags, nach welcher sich virtuelle Werbung im Rahmen des Gesamteindrucks des Austragungsortes halten und im Vergleich zu der am Austragungsort sichtbaren Werbung nicht besonders hervorgehoben werden soll, was insbesondere hinsichtlich Farbgestaltung, Helligkeit und Animation der virtuellen Werbung zu beachten ist.[283] Maßvoll in Spielfeldumgebung platzierte Blanko-Objekte, die sich in ihrer Gestaltung nicht von der übrigen Bandenwerbung unterscheiden lassen, sind mithin mit den Vorstellungen der EBU vereinbar.

Fokussiert auf Sport- und insbesondere Fußballübertragungen korrespondiert dies in noch deutlicherem Maße mit den FIFA-Regeln für den Gebrach virtueller Werbung.[284] Nach Ziffer 6 der FIFA-Regeln ist die Einfügung virtueller Werbung auf existierenden flachen Oberflächen erlaubt, wobei unerheblich ist, ob diese in der Realität tatsächlich für Werbezwecke genutzt werden oder nicht.[285] Die virtuelle Generierung von Werbeflächen oder die Werbeüberblendung von nicht entsprechend gewidmeten Flächen ist dagegen dort ausdrücklich untersagt.[286] Bei den im Stadion in Regie des Rundfunkveranstalters aufge-

---

282 Rule No. 3: *No virtual advertising may appear on persons or on their equipment. (This ban would include competitors, performers, officials, spectators etc.).*
Rule No. 4: *Virtual advertising must not be inserted in a way that obscures, even in part,the television audience´s view of the action/performance. (This corresponds to the universally adopted practice that in the transmission of sports events there should be no advertising between the cameras and the action.).*

283 Rule No. 5: *Virtual advertising should be in keeping with the overal look of the venue and should not have greater prominence than advertising seen at the venue. (This would need to be determined in terms of colour, brightness, flashing and moving images. etc.*

284 FIFA-Regulations for the Use of Virtual advertising, abrufbar unter http://www.fifa2.com/fifa/handbook/Va/downloads/VirtualRegs_e.txt, abgedruckt bei *Hartstein/Ring/Kreile/Dörr/Stettner*, § 7 RStV, Rn. 60, Fn. 94.

285 No. 6 FIFA-Regulations lautet: *Outside the field of play, VA may only be applied during the transmission to appear on existing flat surfaces which may or may not be uses in reality for publicity purposes (including advertising boards standing beside the field of play).*

286 No. 6 FIFA-Regulations lautet weiter: *In particular, VA is expressly forbid-*

stellten Objekten handelt es sich aber um entsprechend gewidmete Flächen, da sie ursprünglich dazu gedacht sind, zu – virtuell verwirklichten – Werbezwecken zu dienen. Andererseits hält es die FIFA für zulässig – und dies stellt eine Singularität im Vergleich zu den übrigen Regelungen und daher eine zu recht letztlich nicht realisierbare Möglichkeit der Implementierung dar – im Mittelkreis und den beiden Strafräumen Werbeeinblendungen vorzunehmen, sofern die Begegnung noch nicht oder nicht mehr stattfindet.[287]
Eine solche Kreation neuer Werbeflächen auf der Wettkampffläche ist dagegen insgesamt nach Anhang III der Empfehlung des Standing Commitee des Europarates ausgeschlossen, da danach virtuelle Werbung nicht die Wahrnehmung oder das Verständnis der Veranstaltung verändern oder seiner Sichtbarkeit abträglich sein darf.[288]
Die hier befürwortete Erweiterung der aktuellen Regelung auf die Implementierung virtueller Werbung auf Blanko-Objekten in der Umgebung des Spielfeldes bleibt aber auch durch diese Empfehlung unberührt.

5. Screen-Splitting und Tickerwerbung

Unter der Geltung des RStV 1996 hatten private Fernsehveranstalter im Einklang mit der Werbeindustrie vehement die Einführung des Screen-Splitting gefordert,[289] standen doch einer Teilbelegung des

---

den a) on surfaces specially created for the purpose of being used for VA, b) on all persons in the stadium, c) on all mobile or stationary objects not originally intended to carry publicity of any kind, d) in the airspace above the entire statium area, e) in the air space which may be seen by the public and covered by TV cameras.

287 No. 6 FIFA-Regulations lautet weiter: *VA may be applied to appear on the field of play in the centre-circle and in the two penalty-areas (including the arc of each area) until the moment when the players enter the field of play before the start of each half of the match, from the moment when they leave the field of play at the end of the first half, and from the moment they leave the field of play after the match has officially has finished (normal time, golden goal, penalty shoot out).*

288 Empfehlung des Standing Committee des Europarates vom 20./21.03.1997: *in no case should virtual advertising messages transform the perception or the understanding of the event, or be detrimental to its visibility.* Die Empfehlung ist abgedruckt bei *Hartstein/Ring/Kreile/Dörr/Stettner*, § 7 RStV, Rn. 60, Fn. 92.

289 *Kreile*, ZUM 2000, 194, 195.

Bildschirms mit Werbung die Landesmedienanstalten mit ihrer Auffassung entgegen, der Trennungsgrundsatz erfordere über eine optische Trennung hinaus auch ein zeitliches Nacheinander von Werbung und Programm.[290] Dennoch versah der Nachrichtensender n-tv seit August 1998 sein Programm mit einem von diesem optisch durch einen roten Balken getrennten Laufband, welches 1/5 des Bildschirms einnahm. Über dessen gesamte Breite liefen zunächst Aktienkurse, dann folgte ein Stern, das Wort „Werbung", zwei weitere Sterne und dann eine Werbebotschaft,[291] gefolgt wiederum durch einen Stern, das Wort Werbung und zwei weitere Sterne, an die sich wiederum die Aktienkurse anschlossen.[292] An die Beanstandung der Medienanstalt Berlin Brandenburg (MABB) schloss sich ein Rechtsstreit an, in welchem die MABB in zwei Instanzen unterlag.[293] Die Gerichte ordneten das Laufband als Mediendienst ein, der im Gegensatz zu dem zeitgleich ausgestrahlten Nachrichtenprogramm schon nicht den rundfunkstaatsvertraglichen Regelungen unterworfen sei.[294] Auch bei gleichzeitiger Ausstrahlung unterlägen Rundfunk und Mediendienst ihrem jeweiligen Regelungskomplex, selbst wenn der Anteil des einen deutlich überwiege, da den jeweiligen Staatsverträgen kein Vorrang des Rundfunkstaatsvertrages zu entnehmen sei.[295]
Den Anforderungen des Mediendienstestaatsvertrages an die Erkennbarkeit und die Trennung von übrigen Inhalten nach § 9 Abs. 2 S. 1 MDStV (a.F.) werde die Kennzeichnung der Werbebotschaft gerecht.[296] Darüber hinaus hielt das VG Berlin aber das Laufband auch für mit dem rundfunkrechtlichen Trennungsgebot vereinbar, da es selbst durch „optische Mittel vom übrigen Programm getrennt" und

---

290 vgl. *Hartstein/Ring/Kreile/Dörr/Stettner*, § 7 RStV, Rn. 32 b.

291 beispielsweise: „Sensation in Paris, Volkswagen präsentiert das erste 3-Liter-Auto der Welt".

292 vgl. Darstellung bei VG Berlin, Beschluss v. 17.12.1998 – VG 27 A 413.98, ZUM 1999, 165, 166, mit Anm. *Freys*, ZUM 1999, 168.

293 VG Berlin, Beschluss v. 17.12.1998 – VG 27 A 413.98, ZUM 1999, 165; OVG Berlin, Beschluss v. 01.04.1999 – OVG 8 SN 26.99, AfP 1999, 203.

294 VG Berlin, Beschluss v. 17.12.1998 – VG 27 A 413.98, ZUM 1999, 165, 166 f.

295 VG Berlin, Beschluss v. 17.12.1998 – VG 27 A 413.98, ZUM 1999, 165, 167; OVG Berlin, Beschluss v. 01.04.1999 – OVG 8 SN 26.99, AfP 1999, 203.

296 VG Berlin, Beschluss v. 17.12.1998 – VG 27 A 413.98, ZUM 1999, 165, 167; OVG Berlin, Beschluss v. 01.04.1999 – OVG 8 SN 26.99, AfP 1999, 203.

der Werbeslogan „als solcher (...) klar erkennbar" und es im übrigen unschädlich sei, „dass die Bezeichnung als „Werbung" für einen Augenblick vom Bildschirm weicht, in dem nur die Werbebotschaft durchläuft".[297]
Schon unter der alten rundfunkstaatsvertraglichen Reglung war somit eine nur optische Trennung ausreichend, eine gleichzeitige Ausstrahlung von Werbung und Programm bei entsprechender Kennzeichnung mithin zulässig.[298]

Um klarzustellen, dass es sich bei Werbung in Schriftbändern „nicht um eigenständige Mediendienste handelt"[299], reagierten die Länder durch gesonderte Kodifikation des Screen-Splitting in § 7 Abs. 4 RStV. Danach ist nunmehr eine Teilbelegung des Bildschirms zulässig, wenn die Werbung vom übrigen Programm eindeutig optisch getrennt und als solche gekennzeichnet ist. Dies erfordert die Einblendung des Wortes „Werbung" während der Dauer der Werbung. Die eindeutige optische Trennung zwingt andererseits nach dem Wortlaut der Norm nicht zur *Teilung* des Bildschirms,[300] zulässig ist ausdrücklich dessen *Teilbelegung*. Dazu kann sich der Werbebereich als Block über die gesamte Breite oder Höhe des Bildschirms erstrecken, zwingend ist dies indes nicht. Möglich sind auch andere grafische Gestal-

---

[297] VG Berlin, Beschluss v. 17.12.1998 – VG 27 A 413.98, ZUM 1999, 165, 167 f.; dieser Aspekt bleibt in der Kommentarliteratur unerwähnt, die lediglich auf die unterschiedlichen Regelungskomplexe hinweist, so *Hartstein/Ring/Kreile/Dörr/Stettner*, § 7 RStV, Rn. 32 b; *Ladeur* in Hahn/Vesting, RStV, § 7, Rn. 39.

[298] so auch *Freys*, Anm. zum „Split-Screen" – Beschluss des VG Berlin vom 17.12.1998, ZUM 1999, 168, 168, mit schlüssiger Widerlegung der auf Gesetzessystematik gestützten Ansicht der Landesmedienanstalten pro zeitlichem Nacheinander von Werbung und Programm. Gleichwohl hat n-tv diese Werbeform zwischenzeitlich eingestellt.

[299] Amtliche Begründung zu § 7, 4. Rundfunkänderungsstaatsvertrag, abgedruckt bei *Hartstein/Ring/Kreile/Dörr/Stettner*, § 7 RStV, im Anschluss an den Normtext. Nach der Begründung ist ferner eine Gesamtbetrachtung der Angebote auf dem Bildschirm vorzunehmen, da eine andere Auslegung Umgehungen der Zeitgrenzen ermöglichen und dem staatsvertraglichen Regelungsziel widersprechen würde.

[300] so aber indizieren es zunächst *Hartstein/Ring/Kreile/Dörr/Stettner*, § 7 RStV, Rn. 32 c; *Kreile*, ZUM 2000, 194, 196.

tungen, etwa kreisförmige oder schräge Einblendungen.[301] Dies rückt auch das „Branding" in den Anwendungsbereich der Norm, also die Einblendung eines Firmenlogos in einer Ecke des Bildschirms.[302] Jede Überblendung des laufenden Programms ist aber urheberrechtlich potentiell konfliktträchtig. Sofern es sich nicht um selbstgeschöpfte Werke handelt, insbesondere also bei der Ausstrahlung von Spielfilmen, kann der Urheber oder Lizenzgeber die Überblendung des Werkes vertraglich ausschließen. Wurde dem Veranstalter aber ein Bearbeitungsrecht eingeräumt, wird man davon ausgehen müssen, dass dieses auch die Nutzung des Screen-Splitting mitumfasst, da hier – anders als im Falle der Teilung im urheberrechtlichen Sinne – kein Eingriff in das gesamte Programmangebot vorliegt.[303]

Gleichwohl wird der Rezipient keinen ständigen Werbeeinblendungen ausgesetzt werden. Öffentlich-rechtliche wie private Rundfunkveranstalter sind an einem inflationären Gebrauch durch den Verweis in § 7 Abs. 4 S. 2 RStV auf die §§ 15 und 45 RStV gehindert, der eine Anrechnung der Dauer des Screen-Splitting auf die Dauer der Spotwerbung anordnet. Nach §§ 15 Abs. 3 und 45 Abs. 2 RStV sind mithin stündlich 12 Minuten der Bildschirmteilung oder anderer Spotwerbung möglich. Allerdings muss innerhalb dieser Stunde der Abstand zwischen zwei Screen-Splitting-Blöcken im Programm privater Veranstalter nicht mindestens 20 Minuten betragen, da § 7 Abs. 2 S. 3 RStV nicht auf die Abstandsregel des § 44 Abs. 3 RStV verweist. Ebenso wenig ist die Länge der gesplitteten Sendung von Relevanz, da weder § 44 Abs. 4 und 5 RStV noch § 14 Abs. 3 RStV entsprechend anwendbar sind. Dies ermöglicht grundsätzlich also die Verwendung des Screen-Splitting in Nachrichtensendungen, auch falls deren Sendezeit unter 30 Minuten liegt[304] oder mehrfach während eines Kino- oder Fernsehfilms innerhalb eines 45-Minuten-Zeitraums, sofern nur nicht der stündliche Werbeanteil überschritten wird. Nach den allein einschlägigen §§ 14 Abs. 1, 44 Abs. 1 RStV ist es lediglich unzulässig, bei Gottesdienstübertragungen und Sendungen für Kinder einen

---

301 so dann auch *Hartstein/Ring/Kreile/Dörr/Stettner*, § 7 RStV, Rn. 32 g; *Kreile*, ZUM 2000, 194, 197.

302 dazu im Einzelnen unter IV.5.d) „Branding".

303 vgl. *Hartstein/Ring/Kreile/Dörr/Stettner*, § 7 RStV, Rn. 32 h; *Kreile*, ZUM 2000, 194, 197 f.

304 als Aushöhlung des Werbeverbots des § 44 Abs. 5 wertete dies – folgenlos – ein Appell der Gremien der Landesmedienanstalt Saarland (LMS), vgl. *Kreile*, ZUM 194, 196 in FN 5.

Teil des Bildschirms mit Werbung zu belegen. Über diese staatsvertraglichen Bestimmungen hinaus, ist eine Teilbelegung des Bildschirms mit Werbung in öffentlich-rechtlichen Nachrichtensendungen und Sendungen zum politischen Zeitgeschehen gemäß jeweils Ziffer 6.2 der ARD- und ZDF-Werberichtlinien aber unzulässig.
Dass es möglich ist, die Werbebotschaft mit Ton zu versehen und das redaktionelle Programm nur optisch bereit zu halten, ergibt einerseits eine teleologische Auslegung, die bei der Spotwerbung das Senden des Tons zur Vermittlung der Werbebotschaft obligatorisch erscheinen lässt, da sie auch auf die Dauer der Spotwerbung angerechnet wird.[305] Andererseits ist durch § 7 Abs. 4 S. 2 RStV „bestimmt, dass bei der Teilbelegung des Bildschirms mit Werbung diese Werbung als Spotwerbung angesehen (...) wird."[306] Da der Gesetzgeber damit eine ausdrückliche Gleichstellung mit der durch Ton begleiteten Spotwerbung bezweckt hat, ist es nicht notwendig, auf die Nichtnormierung eines entsprechenden Tonverbots abzustellen,[307] wenngleich auch dies in Anlehnung an die Rechtsprechung des EuGH zum Brutto-Netto-Streit[308] für die Zulässigkeit einer Tonausstrahlung spricht.
Mangels Geltung des Blockwerbegebots ist auch und nicht nur als Ausnahme die Zwischenschaltung eines einzelnen Werbespots, folgend „Singlespot", im geteilten Bildschirm möglich. Dies geschieht derzeit ostentativ bei der ARD-Sendung „Das Quiz". Nachdem der Moderator im Anschluss an seine Frage den Kandidaten vier Antwortalternativen angeboten und sie für 20 Sekunden zum Nachdenken aufgefordert hat, wird das Programmfenster verkleinert, mit einer die Sekunden herabzählenden Digitaluhr versehen und begleitend ein Singlespot[309] gesendet.[310] Zum Zwecke der zwischenzuschaltenden

---

305 vgl. *Hartstein/Ring/Kreile/Dörr/Stettner*, § 7 RStV, Rn. 32 e; *Kreile*, ZUM 2000, 194, 197; *Ladeur* in: Hahn/Vesting, RStV, § 7, Rn. 41.

306 Amtliche Begründung zu § 7, 4. Rundfunkänderungsstaatsvertrag, abgedruckt bei *Hartstein/Ring/Kreile/Dörr/Stettner*, § 7 RStV, im Anschluss an den Normtext.

307 so aber *Hartstein/Ring/Kreile/Dörr/Stettner*, § 7 RStV, Rn. 32 e; *Kreile*, ZUM 2000, 194, 197.

308 EuGH, Urt. v. 28.10.1999 – Rs. C-6/98; ARD./. Pro7, unterstützt durch Sat1 und Kabel 1, K&R 1999, 562, 564: nach Ziff. 29 der Entscheidungsgründe muss eine die Ausstrahlung von Fernsehsendungen beschränkende Vorschrift diese Beschränkung klar zum Ausdruck bringen.

309 dieser Single-Spot ist unter dem Titel „Denkpause" bei der ARD buchbar und kostet im Jahresdurchschnitt 24.000 €, Quelle: Kontakter, Spots Fernsehen, Planungsdaten für Deutschland, Österreich, Schweiz, Ausgabe 1/2004.

Werbung werden hier künstliche dramaturgische Pausen geschaffen, derer es etwa in Sportübertragungen zur Durchführung der Unterbrecherwerbung bedarf, vgl. §§ 14 Abs. 4, 44 Abs. 3 S. 1 RStV. Rundfunkrechtlich ist dieses Vorgehen derzeit allerdings nicht zu beanstanden.
Sogar ohne eine dramaturgische Pause zu schaffen, verwendet der Sender VOX das Screen-Splitting dergestalt, dass er das laufende Programm, welches nebst Ton erhalten bleibt, mit einem Rahmen versieht, den er als Hintergrund für eine tonlose, animierte Produktpräsentation verwendet, die von Werbetexten begleitet ist.[311] Der Bindungseffekt dieser Art des Screen-Splitting ist sogar etwas höher einzustufen, als der Einsatz von Werbespots mit Ton, da der Zuschauer hier die von ihm gewählte Sendung weiterverfolgt und die Werbeeinblendung beiläufig, aber zwangsläufig wahrnimmt. Bei einem fast vollständig zurücktretenden Programm, welches etwa wie im vorherigen Beispiel nur eine dramaturgische Pause wiedergibt, ist sein Affektionsinteresse nicht in gleichem Maße geweckt. Sofern die optische Trennung nebst entsprechender Kennzeichnung aber den Vorgaben des § 7 Abs. 4 RStV entspricht, ist auch diese Form der Bildschirmteilung zulässig.

a) Grafikwerbung

Eine Teilbelegung des Bildschirms findet auch im Falle einer Grafikeinblendung statt, die dem Zuschauer beispielsweise die Zwischenzeiten eines Leichtathletik-Wettbewerbs oder den Zwischenstand eines Fußballspiels mitteilt. Diese Ergebnisdienste sind regelmäßig mit Firmenlogos oder -schriftzügen versehen.
Gleichwohl stellen sie nicht immer Werbung in Form des Screen-Splitting dar. Vielmehr wird dies nur dann angenommen, sofern zwischen der erwähnten Firma und der Zeit- oder Resultatermittlung keine Konnexität besteht.[312] In solchen Fällen sind sie, auch wenn sie

---

[310] ganz entsprechend und darüber hinaus urheberrechtlich bedenklich ließ RTL II zwischen zwei Folgen der Fernsehserie „24“ den Hauptdarsteller Kiefer Sutherland synchronisiert vor dem folgenden Single-Spot darauf hinweisen, dass es nach nur einem Spot weitergehe. Während des Spots wurden verkleinerte Standbilder der folgenden Episode nebst einem digitalen Countdown gezeigt.

[311] in dieser Form wurde während der Sendung VOXTOURS vom 09.11.2003 ein elektronisches Instrument zur Fertilitätsanalyse vorgestellt.

[312] vgl. *Hartstein/Ring/Kreile/Dörr/Stettner*, § 7 RStV, Rn. 32 d; *Kreile*, ZUM

keine Spotwerbung beinhalten, wie jede andere Teilbelegung des Bildschirms auf die zulässigen Gesamtwerbezeiten anzurechnen und entsprechend als Werbung zu trennen und zu kennzeichnen.[313] Es ist auch kein Grund ersichtlich, letzteres Erfordernis als zweifelhaft bezeichnen zu können.[314] Die Schutzbedürftigkeit des Konsumenten kann nicht dadurch gemindert sein, dass es sich bei der Grafikwerbung nicht um Werbespots handelt, zumal auch hier die Bindungswirkung des während der Grafikeinblendung laufenden Programms höher einzustufen ist, als die eines verkleinerten tonfreien Programms während einer Spotwerbung.

b) Quellenangaben / Grafikidentifikation

Sofern dagegen ein direkter funktionaler Zusammenhang zwischen der Einblendung und dem durch Firmen- oder Produktnamen repräsentierten Dienstleister besteht, stellt dies eine nicht als Werbung zu bewertende Quellenangabe dar, die auch als Grafikidentifikation bezeichnet wird. So ist es ausdrücklich für Sportveranstaltungen in Ziff. 19 Abs. 2 DLM-Fernsehwerberichtlinien[315] und der jeweiligen Ziff. 13.1 der ARD-[316] und ZDF-Werberichtlinien[317] vorgesehen, wonach im übrigen ein Zusammenhang insbesondere bei der Zurverfü-

---

2000, 194, 197; *Ladeur*, in Hahn/Vesting, RStV, § 7, Rn. 41; die solche Grafikeinblendungen als „Werbe-Crawl" bezeichnen. Um Formen der unanimierten Präsentation auch terminologisch zu umfassen bietet sich aber m.E. der Begriff „Grafikwerbung" an, welcher auch dem „Branding" gerecht wird.

313 wie hier *Hartstein/Ring/Kreile/Dörr/Stettner*, § 7 RStV, Rn. 32 d; *Kreile*, ZUM 2000, 194, 197.

314 so aber ohne Begründung *Ladeur*, in Hahn/Vesting, RStV, § 7, Rn. 41.

315 Gemeinsame Richtlinien der Landesmedienanstalten für die Werbung, zur Durchführung der Trennung von Werbung und Programm und für das Sponsoring im Fernsehen vom 26.01.1993 in der Neufassung vom 10.02.2000, abgedruckt bei *Hartstein/Ring/Kreile/Dörr/Stettner*, § 7 RStV, Rn. 102 ff.; abrufbar unter http://www.alm.de/bibliothek/riliwerb2-tv.htm.

316 ARD-Richtlinien für die Werbung, zur Durchführung der Trennung von Werbung und Programm und für das Sponsoring vom 24.06.1992 in der Neufassung vom 06.06.2000; abgedruckt bei *Hartstein/Ring/Kreile/Dörr/Stettner*, § 7 RStV, Rn. 100 ff.

317 ZDF-Richtlinien für Werbung und Sponsoring vom 19.03.1993 in der Fassung vom 22.09.2000, abgedruckt bei *Hartstein/Ring/Kreile/Dörr/Stettner*, § 7 RStV, Rn. 101 ff.

gungstellung der zur Ermittlung des Ergebnisses oder zur Erstellung der Grafik erforderlichen Hard- und/oder Software vorliegt. In Ziff. 13.4 der ARD- und ZDF-Richtlinien werden Rundfunkveranstalter für fremdproduzierte Signale, auf die sie keinen Einfluss haben, von den einschränkenden Regelungen befreit. Bei übernommenen Programmen, welche über die Grafikidentifikation hinausgehende Grafikwerbung enthalten, ist diese demnach als aufgedrängte Grafikwerbung – analog den Grundsätzen des aufgedrängten Product Placement und der aufgedrängten virtuellen Werbung – hinzunehmen und nicht auf die Werbezeiten anzurechnen.
Auch in anderen Fällen kann ein die Einblendung als Quellenangabe rechtfertigender funktionaler Zusammenhang bestehen. Sofern dieser gegeben ist, wird zu fordern sein, eine Quellenangabe auch außerhalb von Sportübertragungen zuzulassen, so etwa bei der Präsentation von Umfrage- oder Abstimmungsergebnissen im Rahmen von Unterhaltungssendungen mit Zuschauereinbindung. Praktiziert wird dies andernorts bereits im Rahmen der ausführlichen ARD-Wettersendung vor 20:00 Uhr im „Ersten", in die eine gesonderte Grafik für die Dreitagesvorhersage eingebettet ist. Dort präsentierte Daten stammen laut einem begleitend eingeblendeten Banner aus der – so wörtlich – Datenquelle „Fuldanet"[318].

c) Grafiksponsoring

Sowohl in Fällen der Grafikidentifikation als auch bei der Grafikwerbung ist es missverständlich, den Begriff Grafiksponsoring zu verwenden.[319] Eine solche Bezeichnung trägt nur dann, falls die Grafikeinblendung tatsächlich durch ein Unternehmen ohne inhaltliche oder funktionale Konnexität ermöglicht, d.h. finanziert wird. Im Rahmen der Einblendung ließe sich dies durch einen entsprechenden Sponso-

---

318 die Firma *Fulda* produziert und vertreibt Bereifungen aller Art; dies wird auch in der Grafik mit drei verschachtelten Viertelkreisen angedeutet, die mit einem Reifenausschnitt assoziiert werden können.

319 so mit gleichbleibend mangelnder Trennschärfe *Hartstein/Ring/Kreile/Dörr/Stettner*, § 7 RStV, Rn. 32 d, *Kreile*, ZUM 2000, 194, 196, was bedingt, dass sich die vorbesprochenen Quellenangaben bei *Hartstein/Ring/Kreile/Dörr/Stettner*, § 8 RStV im Rahmen der Sponsoringkommentierung wiederfinden; vgl. ferner, allerdings mit nämlicher Begriffskritik, *Ladeur*, in Hahn/Vesting, RStV, § 7, Rn. 41.

renhinweis[320] verdeutlichen. Form und Inhalt der Grafikeinblendung müssten dann den Anforderungen des § 8 RStV genügen,[321] nicht jedoch denen des § 7 Abs. 4 RStV, was die Veranstalter einerseits von der Kennzeichnung der Einblendung als „Werbung“, andererseits von der Anrechung auf die Werbezeit befreite. Allerdings lässt sich § 8 RStV wie auch die Konkretisierungen in Ziff. 12 DLM-Fernsehwerberichtlinien und der jeweiligen Ziff. 10 der ARD- und ZDF-Werberichtlinien auf das Grafiksponsoring allenfalls analog anwenden, da hier nur gesponserte Sendungen kodifiziert sind. Sendungen im normativen Sinne können zwar auch Übertragungsbestandteile sein. Es muss sich jedoch um eigenständige abgrenzbare Teile handeln, also etwa Wetterberichte, Verkehrsmeldungen, kurze Ratgebersendungen,[322] denen ein redaktioneller Eigenwert und nicht lediglich eine dienende Funktion für andere Sendungsteile zukommt.[323] Indizien bilden dabei die Ausweisung in der Programmvorschau und die Bezeichnung mit eigenständigen Programmtiteln.[324] Der redaktionelle Eigenwert einer etwa statistischen Grafik ist hier bereits zu bezweifeln. Ferner werden Grafiken weder gesondert tituliert, noch in Programmvorschauen gesondert ausgewiesen. Zieht man dennoch etwa das Sponsoring einer Grafik in Betracht,[325] sind in dieser auch etwa Standbilder oder best-of-Szenen einer Sportübertragung denkbar. Nach der jeweiligen Ziffer 13.2 der ARD- und ZDF-Werberichtlinien ist eine zusätzliche Quellenangabe für Wiederholungen und Zeitlupeneinspielungen indes unzulässig. Wenn hier schon eine sonst als Quellenangabe zulässige konnexe Einblendung ausgeschlossen ist, kann für den öffentlich-rechtlichen Rundfunk dies nicht durch eine Gestaltung als gesponserte Wiederholung umgangen werden. Den DLM-Fernsehwerberichtlinien ist eine solche Beschränkung zwar

---

320 etwa „präsentiert von...“, „mit freundlicher Unterstützung von...“, „sponsored by...“.

321 so jedenfalls für das „Sponsoring eines Textangebotes im geteilten Bildschirm“ auch *Hartstein/Ring/Kreile/Dörr/Stettner*, § 7 RStV, Rn. 32 d; *Kreile*, ZUM 2000, 194, 197.

322 *Hartstein/Ring/Kreile/Dörr/Stettner*, § 8 RStV, Rn. 26.

323 *Ladeur*, in: Hahn/Vesting, RStV, § 8, Rn. 8; unter Hinweis auf VG Hannover, Urt. v. 24.03.1994, AZ.: 6 A 4351/93, 17 AU.

324 *Hartstein/Ring/Kreile/Dörr/Stettner*, § 8 RStV, Rn. 6; im Anschluss *Ladeur*, in: Hahn/Vesting, RStV, § 8, Rn. 8.

325 so für das „Sponsoring eines Textangebotes im geteilten Bildschirm“ *Hartstein/Ring/Kreile/Dörr/Stettner*, § 7 RStV, Rn. 32 d; *Kreile*, ZUM 2000, 194, 197.

fremd, so dass hier Quellenangaben bei Wiederholungen möglich scheinen. Die Ausgestaltung einer nicht als Quellenangabe dienenden Grafik als gesponserte Grafik, liefe aber auf eine nicht hinnehmbare weitgehende Aushöhlung des § 7 Abs. 4 RStV für Grafikeinblendungen hinaus, da es nur von deren Gestaltung abhinge, ob sie im Sinne dieser Vorschrift als Werbung zu qualifizieren wären oder als Sponsoring. Im Interesse des Werbetreibenden wie auch des Rundfunkveranstalters läge es dann, stets auf eine Darstellung als Sponsor hinzuwirken.

d) Branding

Mit dem „Branding“[326] wird hier eine Marketingform betrachtet, welche sich in der Einblendung eines Markenlogos in einer Ecke des Bildschirms während des laufenden Programms erschöpft, aber für den Rundfunkveranstalter wie auch für den Werbetreibenden durchaus reizvoll sein kann. Ein Financier für die Ausstrahlung eines Film- oder Fernsehfilms oder eines durch den Rundfunkveranstalter eigenproduzierten Formates, kann ein wohlverstandenes Interesse daran haben, nicht nur vor und nach der Sendung, sondern auch in deren Verlauf zumindest optisch wahrnehmbar zu sein. Ist dies gewährleistet, könnte er ferner zur Vermeidung von Streuverlusten beabsichtigen, den Rundfunkveranstalter zum Verzicht auf Unterbrecherwerbesendungen zu bewegen. Dieser nicht durch Werbeblöcke unterbrochene Filmgenuss kann zu einem positiven Imagetransfer führen. Der Rundfunkveranstalter seinerseits könnte sich diese Exklusivität entsprechend vergüten lassen, wäre dazu angesichts des Minus an vermarktungsfähiger Drittwerbezeit sogar letztlich gezwungen.
Ähnlich ging der Privatsender SAT1 an vier Samstagabenden im Jahre 1997 im Rahmen der sogenannten „Langen Kulmbacher Filmnacht“[327] vor. Der Veranstalter sendete im Abendprogramm mehrere Spielfilme im Cinemascope-Format, die er – entgegen der heute üblichen Praxis der privaten Rundfunkveranstalter – nicht durch zwischengeschaltete Werbeblöcke unterbrach. Vor und nach dem jeweiligen Filmwerk wurde lediglich ein 90-sekündiger TV-Spot der Brauerei Kulmbach gesendet. Über diese Werbespots hinaus lag in der Kennzeichnung der

---

[326] nach dem englischen Begriff „brand“ für „Marke“.

[327] diese wurde von dem gebürtigen Kulmbacher Thomas Gottschalk nebst prominenten Gästen anmoderiert; siehe dazu „Kulmbach goes Hollywood“ abrufbar unter www.tvundserien.de/entertainment/tvundserien/tv_specials/kulmbacher_filmnacht.html.

Sendung zunächst ein Fall des Titelsponsoring vor.[328] Zusätzlich aber versah der Sender bei der ersten Filmnacht die Filme kurzzeitig im unteren unbelegten schwarzen Bereich des Cinemascope mit dem Hinweis „Kulmbacher Filmnacht“. Neben dem überschaubaren Informationsgehalt, der sich darin erschöpfte, dass der Zuschauer einen Film im Rahmen einer Filmnacht sah, enthielt die Einblendung den im Wortsinn unübersehbaren Hinweis auf die die Ausstrahlung finanzierende Brauerei, also den Sponsor der Sendung. Diese Übung fand in den darauffolgenden Filmnächten nicht mehr statt. Damals wie heute kannte der Rundfunkstaatsvertrag keine Regelung zur Teilbelegung des Bildschirms mit einem Sponsorenhinweis. Auch eine Teilbelegung mit Werbung war unzulässig..
Seit dieser Zeit wurde aber mit dem 4. RÄStV die Teilbelegung des Bildschirms mit Werbung ermöglicht und damit möglicherweise auch ein Einfalltor für die Überblendung einer Sendung, sei es ein Filmwerk, sei es ein Format des Rundfunkveranstalters, in Form des Branding geschaffen. Angesichts der bereits oben angesprochenen urheberrechtlichen Problematik der Überblendung fremder Werke mit Inhalten Dritter, geht die folgende Betrachtung für Sendungen, die nicht Eigenformate des Rundfunkveranstalters sind, davon aus, dass die Ein- und damit Überblendung von einem Bearbeitungsrecht des Rundfunkveranstalters gedeckt ist, welches gleichwohl unter dem Vorbehalt eines vertraglichen Ausschlusses steht.

aa) Branding und Sponsoring

Die Einblendung eines Markenlogos in einer Ecke des Bildschirms erinnert zunächst an die Kennzeichnung einer Verlags-TV-Sendung wie etwa „Spiegel-TV“ oder „Stern-TV“ mittels Einblendung des jeweiligen Magazin-Logos in einer Ecke des Bildschirms. Allerdings besteht hier keine inhaltliche Verbindung zwischen dem Formatproduzenten und der eingeblendeten Marke, sondern „lediglich“ eine finanzielle. Gleichwohl liegt es nahe, in der geschilderten Finanzierung von Sendeformaten über Infotainment-Programme hinaus bis hin zu Spielfilmen, sofern es sich bei diesen um Sendungen im normativen Sinne handelt, auch eine Form des Sponsoring zu sehen.
Das Sponsoring ist in § 2 Abs. 2 Nr. 7 RStV legaldefiniert als:
„Beitrag einer natürlichen oder juristischen Person oder einer Personenvereinigung, die an Rundfunktätigkeiten oder an der Produktion audiovisueller Werke nicht beteiligt ist, zur direkten oder indirekten

---

[328] vgl. zum Titelsponsoring allgemein *Hackbarth*, ZUM 1998, 974 ff.

Finanzierung einer Sendung, um den Namen, die Marke, das Erscheinungsbild der Person oder Personenvereinigung, ihre Tätigkeit oder ihre Leistungen zu fördern."

Die Finanzierung einer Sendung, die die Unterbringung eines Firmennamens oder Markenlogos seitens eines an der Produktion des mit Branding versehenen Werkes nicht beteiligten Werbetreibenden, wie etwa Coca-Cola, bezweckt, dient der Förderung des Erscheinungsbildes der Marke und ist von dieser Definition sicher erfasst.

In diesen Fällen muss der Sponsor die einschränkenden Vorschriften der Abs. 2 bis 6 des § 8 RStV beachten, also etwa das Verbot der Beeinträchtigung der Verantwortung und der redaktionellen Unabhängigkeit des Rundfunkveranstalters oder das Verbot des Anregens zum Kauf von Erzeugnissen des Sponsors etc. Selbst wenn diese Anforderungen beachtet werden, könnte aber möglicherweise der den Rundfunkveranstalter adressierende § 8 Abs. 1 RStV einem Branding der Sendung entgegenstehen. Diese Vorschrift zur Art und Platzierung eines Sponsorenhinweises erlaubt zwar nach Satz 2 ausdrücklich die Einblendung einer Marke, verlangt aber andererseits, dass zu Beginn oder am Ende der Sendung in vertretbarer Kürze auf den Sponsor hingewiesen werden muss. Eine Einblendung während der Sendung ist hier nicht vorgesehen. Korrespondierend hatte das *VG Hannover*[329] aus dem Sinn und Zweck der Vorschrift gefolgert, der rahmende Hinweis sei zur Aufklärung des Zuschauers ausreichend und jeder weitere Hinweis während der Sendung bedeute einen unzulässigen Werbeeffekt. Dem wird nun wortlautgetreu entgegengehalten, das in § 8 Abs. 1 RStV normierte Hinweisgebot enthalte eine Mindestanforderung, die eine Nennung des Sponsors während der Sendung nicht verbiete.[330] Gerade weil die Vorschrift der Lauterkeit und Klarheit diene, sei eine zusätzliche Nennung des Sponsors zur Aufklärung des Zuschauers während der Sendung mit der Vorschrift vereinbar,[331] sofern dieser Hinweis entsprechend § 8 Abs. 2 RStV in „vertretbarer Kürze" erfolge.[332] Diese Auffassung fußt aber nicht zuletzt in der im November 1997 erfolgten ausdrücklichen Zulassung von Sponsorenhinweisen

---

[329] Urteil v. 24.3.1994, AZ.: 6 A 4351/93, 13 AU; nach *Ladeur*, in: Hahn/Vesting, RStV, § 8, Rn. 13.

[330] vgl. *Ladeur*, in: Hahn/Vesting, RStV, § 8, Rn. 13; *Hartstein/Ring/Kreile/Dörr/Stettner*, § 8 RStV, Rn. 30.

[331] *Henning-Bodewig*, ZUM 1997, 633, 640f.; *Hartstein/Ring/Kreile/Dörr/Stettner*, § 8 RStV, Rn. 30; tendenziell ebenso, aber offengelassen *Friccius*, ZUM 1996, 1019, 1022 f.

[332] vgl. *Ladeur*, in: Hahn/Vesting, RStV, § 8, Rn. 13.

vor und nach jeder Werbeschaltung in der DLM-Fernsehwerberichtlinie, die in ihrer aktuellen Fassung in Ziff. 12 Abs. 5 nun ebenso vorsieht, dass der Sponsorenhinweis „mindestens am Anfang oder am Ende der Sendung erfolgen" muss. Der Sponsorenhinweis innerhalb einer Sendung ist dort aber nur als Rahmen der Unterbrecherwerbeblöcke – als sogenannte „Break Bumper"[333] – vorgesehen, nicht jedoch parallel zur laufenden Sendung, womit das Branding nicht explizit zugelassen wurde.
Andererseits ist es aber weder in den Richtlinien noch im Staatsvertrag explizit ausgeschlossen. Ein solcher Ausschluss hätte analog der Rechtssprechung zum Brutto-/Nettoprinzip einer eindeutig formulierten Beschränkung etwa dergestalt bedurft, dass ein über einen rahmenden Hinweis hinausgehender Hinweis unzulässig ist oder dass ein Sponsorenhinweis *nur* zu Beginn oder am Ende der Sendung (oder der Werbeschaltung) zulässig ist. Auch Art 17 Abs. 1 lit. b EU-Fernsehrichtlinie enthält keine dahingehende Beschränkung.[334] Hinsichtlich des rahmenden Hinweises ist § 8 Abs. 1 RStV ferner insofern unpräzise gefasst, als die Norm den Rundfunkveranstalter jedenfalls zu einem Sponsorenhinweis zu Beginn *oder* am Ende verpflichtet, ohne ihn jedoch auch zu dieser fakultativen Verwendung zu zwingen. Als Konsequenz ist heute der Sponsorenhinweis zu Beginn *und* am Ende einer gesponserten Sendung längst die rechtstatsächlich unbeanstandete Regel.
Zwar lässt sich als Fazit festhalten, dass ein Sponsorenhinweis während einer Sendung aufgrund der gebotenen engen Auslegung der Beschränkung jedenfalls nicht ausdrücklich ausgeschlossen ist. Analog zu den teleologischen Bedenken, die einem Grafiksponsoring entgegenstehen, könnte sich die Unzulässigkeit einer derartigen Einblendung aber dadurch ergeben, dass sie bei einer nur leicht divergierenden Gestaltung als Werbung einzuordnen und eine Teilbelegung des Bildschirms dann an den Vorgaben zum Screen-Splitting zu messen wäre, deren Umgehung hier drohen würde.

---

[333] *Friccius*, ZUM 1996, 1019, 1022, solche waren nach der alten Fassung der DLM-Fernsehwerberichtlinie noch ausdrücklich unzulässig.

[334] vgl. EUGH, Urt. v. 16.12.1996 - C 320/94, EuZW 1997, 173, der festhielt, dass der Wortlaut des Art. 17 I lit. b nichts für die Annahme hergebe, dass der Gemeinschaftsgesetzgeber die Nennung des Sponsors nur auf den Programmanfang und /oder das Programmende beschränken wolle. Eine darüber hinausgehende Klarstellung der Zulässigkeit vermisst zu recht *Henning-Bodewig*, ZUM 1997, 630, 641.

bb) Branding und Screen-Splitting

Unterzieht man die Markeneinblendung einer darstellerischen und inhaltlichen Änderung, versieht man die Marke also mit einer Produktabbildung und/oder einem Werbeslogan, fällt eine solche Einblendung leicht unter die Werbedefinition des § 2 Abs. 2 Nr. 5 RStV. Der Schritt zur Werbung ist in Erfüllung dieser Definition vollzogen, sobald eine werbende Äußerung zur Absatzförderung gegen Entgelt durch den Rundfunkveranstalter gesendet wird. Plastisch lässt sich dies anhand des im vorherigen Beispiel etwa kreisrunden Coca-Cola-Logos nachvollziehen, welches man um den althergebrachten Slogan „Trink Coca-Cola“ nebst einer Abbildung des Produkts in der beispielsweise neu eingeführten Geschmacksrichtung oder Flaschenform ergänzt. Diese nun als Werbung einzuordnende Einblendung, müsste dann entsprechend der speziellen Trennungs- und Kennzeichnungsvorgabe des § 7 Abs. 4 RStV als „Werbung“ gekennzeichnet werden und eindeutig optisch vom übrigen Programm getrennt sein. Wie dargelegt, kann dabei eine kreisförmige Abgrenzung genügen, jedenfalls ausreichend ist aber die Trennung durch horizontale oder vertikale Linien. Kann der Rundfunkveranstalter, wie gezeigt, zulässigerweise einen Rahmen um das Programm legen und darauf eine animierte Produktpräsentation nebst wechselnden Zusatzinformationen in Textform unterbringen, muss a maiore ad minus Gleiches für die hier beispielhaft herangezogene ergänzte Markeneinblendung gelten, die vergleichsweise kleiner und unanimiert vorgenommen werden kann. Reduziert man den Rahmen sodann um seine vertikalen Bestandteile, lässt sich die Werbung auch auf dem oberen oder unteren Rand platzieren. Das Programmfenster besäße dann ein dem Cinemascope vergleichbares Format.

So ist auch die Ausgangsfrage nach der Zulässigkeit einer „Kulmbacher Filmnacht“ zu bejahen, sofern sie das „Ob“ und „Wie“ einer Einblendung betrifft. Ist der Rundfunkveranstalter nicht daran gehindert, für das Screen-Splitting eine horizontale Teilung des Bildes vorzunehmen, kann er eine Teilbelegung des ausgestrahlten Bildes mit Werbung auch in dessen ohnehin nicht mit Inhalten versehenen Bestandteilen, also den schwarzen Cinemascope-Abschnitten vornehmen.

Wesentliche rechtliche Beschränkung dieses Branding in Gestalt des Screen-Splitting bleibt aber die Bestimmung des § 7 Abs. 4 S. 2 RStV zur Anrechnung der im Wege der Bildschirmteilung eingefügten Werbung auf die Dauer der Spotwerbung. Die Länge der Einblendung des Branding kann daher die Dauer der üblicherweise in der betreffenden Sendung zulässigerweise geschalteten Spotwerbung, die hier nur substituiert wird, nicht überschreiten. Mithin kann der Veranstalter entweder die Zahl der zwischengeschalteten Werbespots verringern und proportional ein entsprechendes Branding vornehmen oder aber die Unterbrecherwerbesendung ganz durch das Branding ersetzen. Letztere Alternative beinhaltet allerdings auch eine wesentliche tatsächliche Beschränkung, namentlich durch die Finanzkraft des das Branding Finanzierenden, der die mit dem Verzicht auf vermarktbare Drittwerbezeit einhergehenden Einnahmeverluste allein kompensieren müsste. So werden die Kosten der Kulmbacher Filmnacht für die vor- und nachgeschalteten Werbespots nebst Exklusivitätszuschlag auf ca. 8 Millionen DM geschätzt.[335] Ein solch kostenintensiver Werbeeinsatz wird angesichts der derzeit schmalen Werbebudgets kaum erwogen werden.

cc) Branding und Dauerwerbesendungen

Ergänzend ist kurz darauf hinzuweisen, dass ein ständiges Branding auch nicht als Dauerwerbesendung möglich ist. Um es den Anforderungen des § 7 Abs. 5 RfStV an die Kennzeichnung von Dauerwerbesendungen zu unterwerfen, müsste die Einblendung des Markenlogos allein aufgrund ihrer Dauerhaftigkeit schon zu einer Klassifizierung des gesamten abgerufenen Programmangebotes als Dauerwerbesendung führen. In den Begriffsbestimmungen fehlt eine Definition des Begriffs der Dauerwerbesendung. § 7 Abs. 5 RStV stellt lediglich darauf ab, ob der Werbecharakter erkennbar im Vordergrund steht und die Werbung einen wesentlichen Bestandteil der Sendung darstellt. Dies ist bei der hier beschriebenen Form der Markenpräsentation bereits anzuzweifeln.

Zieht man des weiteren Ziffer 8 der DLM-Fernsehwerberichtlinien sowie die Amtliche Begründung zu § 6 Abs. 4 RStV 1991 (§ 7 Abs. 5 RStV) heran, in denen als zusätzliches Merkmal der Dauerwerbesendung die redaktionelle Gestaltung der Werbung genannt wird, stellt sich die einer Gemengelage vergleichbare enge Verbindung von redaktionell gestalteten Programmbestanteilen und Werbeaussagen als typisch[336] und wesensnotwendig[337] für eine Dauerwerbesendung dar.

---

[335] Quelle: GFM-GETAS/WBA; vgl. Dipl.-Kfm. Thomas Temme, Programmsponsoring, S. 9, abrufbar unter www.wi.fh-osnabrueck.de/~temme/tutor/sponsor/programm.htm.

[336] vgl. *Beucher/Leyendecker/v.Rosenberg*, § 7 RStV, Rn. 35; *Hartstein/Ring/Kreile/Dörr/Stettner*, § 7 RStV, Rn. 34.

[337] vgl. *Herkströter*, ZUM 1992, 395, 404. vgl. auch OVG RP, Beschl. v.

Eine derartige Gemengelage liegt aber bei einer bloß dauerhaften Einblendung eines Markenlogos in ein vom Rechteinhaber nur übernommenes und dem Konsumenten zur Verfügung gestelltes, aber gerade nicht redaktionell gestaltetes Filmwerk jedenfalls nicht vor. Daran fehlt es auch bei inhaltlich nicht mit der Markenpräsentation verbundenen Eigenformaten des Rundfunkveranstalters. Die dauerhafte Einfügung eines Markenzeichens ist mithin auch nicht als Dauerwerbesendung im Sinne des § 7 Abs. 5 RStV zulässig. Eine anderenfalls erforderliche Kennzeichnung als Dauerwerbesendung dürfte überdies auch nicht dem Interesse der an der Marketingaktion Beteiligten entsprechen.

dd) Fazit

Branding wird mit einer Teilbelegung des Bildschirms vollzogen. Enthält der präsentierte Inhalt Werbung, gelten für das Branding als Screen-Splitting die Kennzeichnungs- und Trennungsvorgaben des § 7 Abs. 4 RStV. Darüber hinaus steht die obligatorische Anrechnung dieser Werbeform auf die Dauer der Spotwerbung einer dauerhaften Einblendung entgegen. Analog zur Unzulässigkeit des Grafiksponsorings kann es dann nicht zulässig sein, dass sich Rundfunkveranstalter und Werbetreibende diesen Restriktionen durch eine Gestaltung des Branding als Sponsoring entziehen. Nämliches ließe § 7 Abs. 4 RStV in weiten Teilen leer laufen und würde zu einer Inflation grafisch einfach gestalteter „Sponsorenhinweise" auch während des laufenden Programms führen. So bliebe es letztlich dem Konsumenten überlassen, stark mit Branding versehene Formate zu meiden. Eine solche alleinige Korrektivposition ist mit der Schutzrichtung der den Trennungsgrundsatz konkretisierenden Werberestriktionen aber unvereinbar.

04.07.1991 – 2 B 11351/91.OVG, AfP 1991, 663, 664, im Anschluss daran *Hochstein*, AfP 1991, 696, 700.

D. Zukünftige Umgehungsformen im Zuge der Konvergenz der Kommunikationstechnik

Die normativen Vorgaben zur Einfügung der Werbung im Rundfunkprogramm werden sich zukünftig an einer Entwicklung messen lassen müssen, die neue Schwierigkeiten für die regulatorische wie aufsichtsrechtliche Praxis mit sich bringt. Sie firmiert namentlich unter dem Oberbegriff der „Konvergenz" der Kommunikationsbranchen oder -techniken, ohne dass dieser Begriff trotz seiner inflationären Verwendung einheitlich definiert oder verwandt wird. So wird einmal der Begriff Konvergenz im Sinne einer technischen und inhaltlichen Annäherung bislang weitgehend separierter Medien verstanden.[338] Die Ambivalenz des Begriffes Medium, welches auf der einen Seite die rein technische Plattform – im Sinne eines Übertragungsmediums – bezeichnet, aber auch, in Annäherung an den Sprachgebrauch des Sammelbegriffs „Medien", Erscheinungsformen von Kommunikationsinhalten meint, wird dabei in Kauf genommen.[339]

Ohne diese zusätzliche Ungenauigkeit, aber dennoch notwendig differenzierend lässt sich Konvergenz genauer einerseits verstehen als

- die Fähigkeit verschiedener Netzplattformen, ähnliche Arten von traditionellen und neuen Kommunikationsdiensten in Form von Daten, Tönen und Bildern zu übermitteln, oder andererseits als
- die Verschmelzung von Endgeräten wie Telefon, PC und Fernseher.[340]

An letztere Begriffsvariante angelehnt liefert die in jüngster Zeit belebt geführte Diskussion im Schrifttum Schlagworte wie Teleshopping, Near-Video-on-Demand, Video-on-Demand, Pay-TV und Online-Übertragung via Internet und betrachtet die aus der Entwicklung neuer Informationstechnologien resultierende Vervielfachung der Übertagungsmöglichkeiten als kennzeichnend für die neue Medienlandschaft.[341]

I. Tatsächlicher Umfang der Konvergenz der Techniken

Zunächst wurde die tatsächliche Reichweite der Konvergenz und ihre Auswirkungen auf den Rundfunk noch mit einem gesunden Maß an Skepsis betrachtet und unter den Vorbehalt ihrer Finanzierbarkeit ge-

---

[338] *Koenig*, K&R 2000, 1, 2.
[339] *Koenig*, K&R 2000, 1, 2.
[340] *Paulweber*, AfP 1999, 439, 440 m.w.N.
[341] vgl. *Dörr*, K&R 1999, 97.

stellt.[342] Auch ist als Auswirkung des bisherigen Mediennutzerverhaltens die tatsächliche Konvergenz der Endgeräte bei weitem nicht so weit entwickelt wie die Netzkonvergenz.[343] Allerdings ändert sich auch das Nutzerverhalten mit dem technischen Angebot. Vereinfachter Zugang und attraktiv gestaltete Inhalte, bescheren insbesondere dem Internet exponentiell steigende Userzahlen, so dass etwa der Bereich des Online-Rundfunks bereits heute eine, wenngleich dem klassischen Rundfunk noch nicht vergleichbare, so doch hohe Streubreite besitzt.

Unter dem Oberbegriff der Informationsgesellschaft und der Digitalisierung haben technische Neuerungen im Bereich der Vervielfältigung, Verarbeitung, Speicherung und des Transports von Daten aller Art (Text, Ton, Bewegtbild, Grafik) die Möglichkeiten ihrer Nutzung grundlegend verändert[344] und insbesondere die Übertragungsmöglichkeiten durch immer effektivere Komprimierungsverfahren vervielfältigt.[345] Entsprechend veränderte sich die Medienlandschaft. So bieten klassische Telekommunikationsbetreiber, wie etwa die Deutsche Telekom, audiovisuelle Programme und Internetzugänge über ihre Netze an, erbringen Kabelnetzbetreiber in Ergänzung des traditionellen Geschäfts der Fernsehverbreitung eine Reihe von Telekommunikationsdiensten, in manchen Mitgliedsstaaten sogar Sprachtelephonie. Rundfunksender wiederum erbringen Datendienste über ihre Netze, wobei demnächst auch interaktive Angebote auf Grundlage digitaler Übertragungstechniken zu erwarten sind.[346]

Ein Beispiel für Online-Aktivitäten eines Fernsehtreibenden waren die Pläne der zwischenzeitlich insolventen Münchner KirchGruppe, mit dem Internet-Auftritt ihrer Tochter Kirch New Media die Inhalte der Kirch-Sender ProSieben, Sat 1 und DSF zu einem neuen erweiterten Online-Angebot zu bündeln, für welches sie das Publikum aufgrund besserer Technik und preisgünstigerem Zugang zum Internet als reif erachtete.[347] Im Rahmen des Online-Bündels sollte überarbeitetes Filmmaterial aus den Bereichen Film, Spiele, Sport, Musik und Nachrichten präsentiert und zunächst von der Ausstrahlung 90-minütiger

---

342 so etwa *Dörr*, K&R 1999, 97.

343 *Paulweber*, AfP 1999, 439, 440, Fn. 4

344 vgl. *Paulweber,* AfP 1999, S. 439, 440.

345 vgl. *Dörr*, K&R 1999, S. 97.

346 vgl. *Paulweber* AfP 1999, S. 439, 440.

347 vgl. *Rainer Hüther*, Vorstandschef der Kirch New Media in: Süddeutsche Zeitung Nr. 170 v. 26.7.2000, S. 26.

Spielfilme abgesehen werden.[348] Gleichwohl führt schon die Präsentation kürzerer Sendeinhalte zu Überschneidungen zwischen klassischem Rundfunk und Onlinedienst.
Auch die öffentlich-rechtlichen Anbieter sorgen mit der Ausweitung ihres Internet-Angebotes über die parallele Übertragung von Fernsehprogrammen sowie programmbegleitender Informationen hinaus für Konfliktstoff. So wird etwa bezweifelt, ob die im Frühjahr 2001 vereinbarte exklusive Partnerschaft zwischen dem ZDF und der Telekom-Tochter T-Online zur Vermarktung von aktuellen Nachrichten im Internet noch zum verfassungsmäßigen Auftrag der Rundfunkanstalt gehöre. Der öffentlich-rechtliche Sender könnte dadurch einem Großunternehmen wie T-Online am Markt eine privilegierte Position verschaffen und die Kooperation umgekehrt möglicherweise rechtswidriges Sponsoring durch den größten deutschen Internet-Anbieter darstellen.[349]

II. Interaktives Fernsehen als Klimax der Konvergenz

Während dort dem Rundfunk entstammende Inhalte auf der Plattform des Internets präsentiert werden, wird umgekehrt auch das traditionelle Medium des bewegten Bildes, das Fernsehen in nun naher Zukunft einen entscheidenden Schritt in Richtung Interaktivität machen und damit seinen Charakter als auf Konsumentenseite rein rezeptives Medium einbüßen.
Über einen sogenannten Rückkanal wird der Fernsehkonsument zukünftig per Tastendruck selbst bestellen können, was er sehen will und gleichsam sein eigener Programmdirektor. Dabei soll als Rückkanal ein entsprechend aufgerüsteter („rückkanalfähiger“) Breitbandkabelanschluss genutzt werden, über den sämtliche Programme digitalisiert übertragen und mittels Settopbox empfangen werden.[350]

---

348 vgl. Süddeutsche Zeitung Nr. 170 v. 26.07.2000, S. 26.

349 vgl. *Richard Rebmann*, stellv. Präsident des Bundesverbandes der Deutschen Zeitungsverleger (BDZV) in F.A.Z. Nr. 75 v. 29.3.2001, S. 29.

350 auch auf technischer Seite ist dieser Entwicklung mittlerweile ein einheitlicher Weg durch das aus der deutschen TV-Plattform 1991 hervorgegangene DVB-Projekt (Digital Video Broadcasting) bereitet: einen die bisher verschiedenen Systeme des digitalen Fernsehens vereinheitlichenden Standard für die heimische Settopbox bildet die Multimedia-Home-Platform (MHP), die als Anwendungsprogrammierschnittstelle (Application Programming Interface – API) für Digitaldecoder unterschiedliche Verschlüsselungssysteme für Bezahlfernsehen auf Java-Basis integriert und den Zugang ins Internet

Mit der dann um ein vielfaches erhöhten Datenübertragungsrate und einer dem Computer vergleichbaren Speicher- und Prozessorkapazität auch in den digitalen Rundfunkempfangsgeräten wird dem Konsumenten eine programmliche Erweiterung geboten werden können, die abgesehen von einer optimierten Übertragungsqualität, neue kommunikative und interaktive Angebote beinhalten wird. So wird ähnlich dem heutigen Online-Rundfunk mittels Fernbedienung etwa die letzte Nachrichtensendung on-demand zur Verfügung stehen. Aber auch sonstige Internetangebote, für deren Nutzung momentan noch PC und Computerkenntnisse obligatorisch sind, könnten durch ein interaktives Browsermenü auf dem vertrauten Bildschirm auch einer den Neuen Medien bisher zurückhaltend gegenüberstehenden Konsumentenschicht zugänglich gemacht werden. Die Werbeindustrie wird neue Marketing- und Absatzwege entwickeln. Dabei wird das „Video-on-Demand", die Filmbestellung per Fernbedienung, von der die Entwicklung des Breitbandfernsehens in Deutschland forcierenden Bertelsmann Broadband Group GmbH & Co. KG (BBG) nur als Anfang betrachtet. Die „Killerapplikation" stelle vielmehr die Verknüpfung von Information und E-Commerce auf einem Bildschirm dar.[351] Wer beispielsweise einen Urlaub plane, könne nach Abruf der Reisereportage weitere Informationen aus dem WWW beziehen, sich mit einem Reisepartner per E-Mail austauschen und anschließend direkt das gewünschte Hotelzimmer buchen; dergestalt werde der virtuelle Ein-

ermöglicht. Auf die zügige Einführung des DVB-MHP-API haben sich die Landesmedienanstalten gemeinsam mit der ARD und dem ZDF, der Kirch-Gruppe und RTL geeinigt. (vgl. „Mainzer Erklärung" v. 19.09.2001, abrufbar unter www.alm.de; zur Historie der MHP vgl. *Kibele*, MMR 2002, 370/374). Auch nachdem MHP als durch die ETSI anerkannter Standard in das unter Art. 17 der Richtlinie 2002/21/EG des Europäischen Parlaments und des Rates vom 07.03.2002 über einen gemeinsamen Rechtsrahmen für elektronische Kommunikationsnetze und -dienste (Rahmenrichtlinie, ABl. EG Nr. L 108/33 vom 24.04.2002) veröffentlichte Verzeichnis der Normen und/oder Spezifikationen für elektronische Kommunikationsnetze und -dienste sowie zugehörige Einrichtungen und Dienste (vorläufige Version Abl. EG Nr. C 331/32 vom 31.12.2002) aufgenommen wurde, wird die Branche durch die Kommission lediglich „ermuntert, offene APIs *wie* MHP zu verwenden" (vgl. S. 20 der Mitteilung der Kommission über Hemmnisse für den breiten Zugang zu den neuen Diensten der Informationsgesellschaft durch offene Plattformen beim digitalen Fernsehen und beim Mobilfunk der dritten Generation, KOM (2003) 410 endg. vom 09.07.2003).

[351] so BBG-Chef *Werner Lauff*, F.A.Z. Nr. 17 v. 14.08.2000, S. 21.

kaufsbummel auf dem Sofa vor dem Unterhaltungsmedium Fernsehen den Durchbruch für den E-Commerce bedeuten.[352]
So wird es durch die Digitalisierung von Spielfilmen auch möglich sein, etwa dem Product Placement eine direkte Konsummöglichkeit beizuordnen, indem man etwa der auffällig platzierten Designer-Schreibtischlampe ein Untermenü zuordnet, auf welches der interessierte Konsument per Mausklick oder Ähnlichem – etwa einem Laserpointer in der Fernbedienung – individuell zugreifen kann. Dort ließen sich etwa Hersteller- und Produktinformationen bis hin zu dem am Bildschirm auszufüllenden Bestellformular unterbringen.[353] Diese Möglichkeit des Direkt-Marketings wird im folgenden als ad-hoc-shopping bezeichnet.
Ohne Medienbruch,[354] also ohne noch auf das Telefon oder einen externen PC zurückgreifen zu müssen, ließe sich im Wege des ad-hoc-shopping auch die vom Hauptdarsteller des Spielfilmes gerade durchblätterte Illustrierte abonnieren. Die Überweisung der dann geforderten Summe wäre wiederum ohne Verlassen des Fernsehsessels über eine gesicherte Verbindung zur Hausbank zu tätigen. Eine Entwicklung, welche die Bedeutung des Computers als Tor zum grenz- und medienüberschreitenden Konsum schmälern wird. So wird erwartet, dass bis zum Jahr 2005 mehr Europäer interaktives Fernsehen nutzen als am PC online gehen werden,[355] Schätzungen im Segment des Breitbandkabelmarktes gehen von einer Steigerung des Marktvolumens von 20 Mrd. DM im Jahr 1995 auf 66 Mrd. DM im Jahr 2005 aus.[356] Neben der Aufrüstung der Kabelanschlüsse zu rückkanalfähigen Breitbandkabelanschlüssen bestehen mehrere Möglichkeiten einer breitbandigen Überbrückung der sogenannten letzten Meile zum Verbraucher, so die Techniken der Digital Subscriber Line (DSL),[357]

---

352 so BBG-Chef *Werner Lauff*, F.A.Z. Nr. 17 v. 14.08.2000, S. 21.

353 vgl. *Ladeur*, in: Hahn/Vesting, RStV, § 7, Rn. 17, der als Beispiel für dergleichen anklickbare Gegenstände das Kleid einer Schauspielerin anführt.

354 als Medienbruch bezeichnet man die fehlende Möglichkeit, mittels eines Mediums (z.B. TV), alle Vorgänge und Anwendungen unmittelbar abwickeln zu können – es bedarf eines weiteren Kommunikationsmittels (z.B. Telefon), um einen Vorgang (z.B. eine Bestellung) abschließen zu können. Definition nach Glossar von *Engel-Flechsig/Maennel/Tettenborn* in: *Engel-Flechsig/Roßnagel*, Multimedia-Recht, S. 796.

355 laut Marktforschungsinstitut Forester in F.A.Z. Nr. 17 v. 14.08.2000, S. 21.

356 Schütz, MMR 1998, S. 11, 12.

357 die asymmetrische Variante dieser Technik (ADSL) nutzen nun bereits über

die auf einer normalen zweiadrigen Kupferleitung realisiert werden kann, digitale Satellitenübertragungen oder auch der Wireless Local Loop, die drahtlose Übertragung per Richtfunk.[358]

III. Die gegenwärtige Kommunikationsordnung

Der dargestellten Verschmelzung der Kommunikationstechniken steht eine im wesentlichen in drei Teilbereiche untergliederte nationale Kommunikationsordnung gegenüber. So gilt für den Rundfunk der Rundfunkstaatsvertrag (sowie die gemeinsamen Richtlinien der Landesmedienanstalten auf untergesetzlicher Ebene) und für die Dienste der Informationsgesellschaft, dies sind Medien- und Teledienste, der Mediendienstestaatsvertrag der Länder beziehungsweise das Teledienstegesetz des Bundes mit jeweils unterschiedlicher Regulierungstiefe.

Dabei erfährt der Rundfunk im einfachgesetzlichen Sinne ein hohes Maß an Regulierung und unterliegt einer vielfaltstiftenden und -erhaltenden positiven Ordnung, welche die Veranstaltung privaten Rundfunks an ein Zulassungserfordernis knüpft (§ 20 Abs. 1 RStV) und einer ständigen Kontrolle durch die zuständigen Landesmedienanstalten unterwirft.[359] Die Vielfalt der bestehenden Meinungen muss sich dabei auch im privaten Rundfunk widerspiegeln (vgl. § 25 Abs. 1 RStV); ein einzelnes Programm darf die Bildung der öffentlichen Meinung nicht in hohem Maße ungleichgewichtig beeinflussen (§ 25 Abs. 2 RStV). Dies alles ist Ausdruck der Ausgestaltung des Grundrechts der Rundfunkfreiheit, eine Verpflichtung, die das Bundesverfassungsgericht aus dem Grundrecht des Art. 5 Abs. 1 S. 2 GG herleitet und dem Landesgesetzgeber auferlegt.[360] Für die Rundfunkregulierung kennzeichnend ist demnach eine auf die Hervorbringung gleichgewichtiger Vielfalt bezogene Steuerung der Rundfunkunternehmen.

Ganz gegensätzlich verzichtet der Landesgesetzgeber bei den Mediendiensten auf eine entsprechende Lenkung. So fehlen im Medien-

---

4 Millionen deutsche Haushalte. Symmetrisches DSL (SDSL), das richtungsunabhängig gleich hohe Übertragungsgeschwindigkeiten erlaubt, wird bisher nur Unternehmen zur Verfügung gestellt. Begonnen hat die Digitalisierung der Teilnehmeranschlussleitung bereits 1989 mit den ISDN-Anschlüssen, vgl. FAZ Nr. 280 v. 02.12.2003, Beilage Technik und Motor, Seite T2.

[358] vgl. FAZ Nr. 17 v. 14.08.2000, S. 21 & 23.

[359] *Gersdorf*, RTkom 1999, S. 75, 76.

[360] *Gersdorf*, RTkom 1999, S. 75, 76.

dienststaatsvertrag bis auf wenige Ausnahmen vielfaltsbezogene Ausgestaltungsregelungen und es finden sich in erster Linie Schrankengesetze im Sinne des Art. 5 Abs. 2 GG, also Vorschriften zugunsten von Rechtsgütern, die mit der Rundfunkfreiheit kollidieren (vgl. §§ 7 ff. MDStV).[361] Dementsprechend beschränkt sich die Überwachung der Mediendienste im wesentlichen auf die Einhaltung dieser Schutzgesetzte im Sinne des Art. 5 Abs. 2 GG und obliegt nicht den Landesmedienanstalten, sondern nach dem differenzierenden Zuständigkeitsmodell gemäß § 22 MDStV hauptsächlich staatlichen Stellen. Dabei sollen die Kontrollbehörden nicht zu einer generellen und lückenlosen Überwachung der Angebote verpflichtet, sondern ihnen soll lediglich aufgegeben werden, den ihnen vorliegenden Beschwerden oder sonstigen Anhaltspunkten für die Verletzung von Bestimmungen des MDStV nachzugehen und diese ggf. zu ahnden.[362] Von einer vielfaltsbezogenen Steuerung wird im Bereich der Mediendienste demnach abgesehen. Auch ist die Veranstaltung von Mediendiensten – anders als die des Rundfunks – weder an ein Zulassungs- noch an ein Anmeldeerfordernis geknüpft (vgl. § 4 MDStV). Sich so an den das klassische Pressewesen prägenden Ordnungsprinzipien orientierend, überlässt der Gesetzgeber die Gewährleistung gleichgewichtiger Vielfalt hier den Kräften des freien Marktes.[363]

Im Bereich der Teledienste wiederum ist die Regelungsdichte um ein Weiteres reduziert.

Eine der zentralen Vorschriften des IuKDG bildet die Regelung der Verantwortlichkeit in § 8 TDG[364]. Dieser ist lediglich als akzessorischer Filter vor den allgemeinen Haftungsregeln[365] oder als spezialgesetzlich geregelte Vorfrage[366] der Untersuchung einer straf- und zivilrechtlichen Verantwortlichkeit vorangestellt. Im Kern dient das Teledienstegesetz damit dazu, die Verantwortlichkeitsfrage bei der Erbrin-

---

361 *Gersdorf*, RTkom 1999, S. 75, 76; *ders.* Rundfunkfreiheit ohne Ausgestaltungsvorbehalt, S. 54 ff.

362 *Beucher/Leyendecker/v.Rosenberg*, § 18 MDStV a.F., Rn. 2.; insbesondere ist davon nicht das Recht zur inhaltlichen Änderung eines Angebotes umfasst, vgl. Amtl. Begr. zu § 18 MDStV (a.F.), abgedruckt bei *Ring/Kreile*, Medienrecht,, G II 1.300.

363 *Gersdorf*, RTkom 1999, S. 75, 76.

364 *Beucher/Leyendecker/v.Rosenberg*, § 5 TDG a.F., Rn. 1.

365 *Beucher/Leyendecker/v.Rosenberg*, § 5 TDG a.F., Rn. 2; *Engel-Flechsig/Maennel/Tettenborn*, NJW 1997, S. 2981, 2984.

366 *Beucher/Leyendecker/v.Rosenberg*, § 5 TDG a.F., Rn. 2; *Köster/v. Bonim*, ZUM 1997, S. 821, 823.

gung von Telediensten zu regeln, eine vielfaltsbezogene Steuerung ähnlich der im Bereich des Rundfunks bleibt im Teledienstegesetz des Bundes wie auch im Mediendienstestaatsvertrag der Länder aber jedenfalls aus.[367]
Analog divergieren auch die Anforderungen an Gestaltung, Dauer und Art der Werbung in der jeweiligen Kommunikationsform. Detailliert und dem dualen System angepasst präsentieren sich die Restriktionen des Rundfunkstaatsvertrags, während Werbung in Mediendiensten nur den geringen Anforderungen des § 13 MDStV (§ 9 MDStV a.F.) unterworfen ist. Ähnlich reduziert sind die Anforderungen an die Erkennbarkeit der kommerziellen Kommunikation nach § 7 TDG.

IV. Einordnung der Breitbandkabelfernsehangebote in die bestehende Kommunikationsordnung

Für den hier fokussierten Bereich der neuen Werbe- und Marketinginstrumente im Breitbandkabelfernsehmarkt stellt sich mitunter die Frage der Einordnung der unterschiedlichen Programmelemente zu den jeweiligen Regelungsbereichen. Sind interaktive Zusatzdienste zum laufenden Programm, seien sie textlicher oder bildlicher Art dem Rundfunkstaatsvertrag oder dem Mediendienstestaatsvertrag zuzuordnen oder stellen sie bei individuellem Abruf etwa Teledienste dar? Eine eindeutige Zuordnung ist sowohl für die Betreiberseite als auch aus Sicht des zuständigen Kontrollorgans im Hinblick auf Regelungsdichte, Aufsichtsintensität und Sanktionsmöglichkeiten unerlässlich. Teilweise werden die Erscheinungsformen der Hybridisierung der Medien durch Verknüpfung unterschiedlicher Dienste und Komponenten als konfliktträchtig bewertet.[368] Die folgende Analyse wird aufzeigen, ob dies begründet geschieht. Dies soll exemplarisch für das verlinkte Programm allgemein, das ad-hoc-shopping durch verlinktes Screen-Splitting und das ad-hoc-shopping durch verlinktes Programm durchgeführt werden. Anschließend wird noch auf die Möglichkeit eines dauerhaften Branding bei Video-on-Demand eingegangen.

1. Verlinktes Programm

Über die schlichte Aussendung des Programmsignals hinaus, wird es zukünftig möglich sein, Programmelemente mit Links – ähnlich den Hyperlinks des Internets – zu versehen. So ließe sich beispielsweise

---

[367] *Gersdorf*, RTkom 1999, S. 75, 77.
[368] vgl. *Ladeur* in: Hahn/Vesting, RStV, § 7, Rn. 16 f.

die Internethomepage des jeweiligen Rundfunkveranstalters oder des spezifischen Sendeformats etwa hinter die als Link ausgestaltete Senderkennung schalten. Dort könnte der Rezipient weitergehende Informationen zur laufenden Sendung erhalten oder sich Online an einer parallel zum Programm durchgeführten Umfrage oder Abstimmung beteiligen, ohne dazu das Medium wechseln zu müssen. Dabei ist es einerseits vorstellbar, den neu aufgerufenen Dienst optisch an die Stelle des Programms treten und dieses lediglich akustisch im Hintergrund fortfahren zu lassen, was letztlich der gängigen Präsentationsform des Videotext entspräche. Andererseits ist bei Verkleinerung des Programmfensters auch eine parallele Darstellung auf dem Bildschirm möglich. Die dritte Möglichkeit der Überblendung des Programms mit dem Zusatzdienst, wie dies die meisten Fernsehgeräte derzeit für den Videotext erlauben, bildet angesichts der im Vergleich zum Videotext gesteigerten optischen wie inhaltlichen Komplexität einer Internethomepage eine wenig attraktive Darstellungsvariante.
Unabhängig von der Art der Präsentation, kann der aufgerufene Dienst Werbung, etwa in Form von Bannern enthalten. Auch wenn Links zu einem Mediendienst führen, macht sie dies nicht selbst zu einem Dienst der Informationsgesellschaft. Ein Link unterliegt vielmehr den Anforderungen desjenigen Regelungswerks, in dessen Kommunikationsform er eingesetzt wird. Dies bedeutet für Links im Rundfunkprogramm eine Anwendung des Rundfunkstaatsvertrages und eine Einordnung als Werbung nur dann, falls sie unter den Werbebegriff des § 2 Abs. 2 Nr. 5 RStV fallen. Neutrale Links, die selbst keine Werbung enthalten, sind keine gegen Entgelt gesendeten Äußerungen mit dem Ziel der Absatzförderung, sondern lediglich Angebote zum Aufruf eines Online-Dienstes, wenngleich sie in dessen Rahmen zu solchen Äußerungen führen mögen. Selbst dann, wenn sie zu einem Dienst führen, der Werbung enthält, macht sie dies aber nicht kennzeichnungspflichtig im Sinne des Rundfunkstaatsvertrages, da es für die unterschiedlichen Kommunikationsformen bei der jeweiligen gesetzlichen Grundlage verbleiben muss.[369] Die Werbung im aufgerufenen Dienst unterliegt dann aber jedenfalls den dienstspezifischen Anforderungen, also etwa dem Trennungsgebot nach § 13 MDStV.[370]

---

369 ähnlich *Ladeur* in: Hahn/Vesting, RStV, § 7, Rn. 17, nach dem deshalb „allein die Möglichkeit, während eines Fernsehprogramms über das Anklicken von Bildern in einen Werbung enthaltenden Mediendienst zu wechseln, keinen Verstoß gegen das rundfunkrechtliche Trennungsgebot bedeutet“.

370 vgl. *Ladeur* in: Hahn/Vesting, RStV, § 7, Rn. 16 f mit Bezug auf die Vorgängernorm des § 9 MDStV.

Verlinkt man die Senderkennung des jeweiligen Rundfunkveranstalters mit dessen jeweiliger Internetpräsenz, gilt es jedoch folgendes zu beachten. Die Senderkennung selbst dient einerseits dem leichteren Auffinden und der Wiedererkennung des Senders und der urheberrechtlichen Kennzeichnung als von einem Rundfunkveranstalter ausgesendetes Programm,[371] andererseits aber auch der Selbstdarstellung bzw. Selbstanpreisung des jeweiligen Rundfunkveranstalters und stellt mithin Eigenwerbung, also Werbung im Sinne des § 2 Abs. 2 Nr. 5 RStV dar.[372] Wie derzeit im Programm ständig zu überprüfen ist, führt dies indes nicht zu einer entsprechenden Kennzeichnungspflicht. Die Eigenwerbung im eigenen Programm erfolgt nicht gegen Entgelt und muss daher als Werbeform sui generis gelten, die über §§ 15 Abs. 4, 45 Abs. 3 RStV auf beiden Seiten des dualen Systems von den Restriktionen zur Dauer der Werbung befreit ist.[373] Analog dazu lässt sich schließlich auch die Senderhomepage, sofern sie direkt vom laufenden Programm abgeleitete Informationen enthält, als Begleitmaterial im Sinne dieser Vorschriften auffassen, welches nunmehr elektronisch abgerufen werden kann. Die verlinkte Senderkennung ist dann ein Hinweis, dass sich an dieser Stelle der entsprechende Link befindet und dieser Link selbst letztlich das Mittel zum Aufruf des Begleitmaterials.

Für die Online-Angebote der öffentlich-rechtlichen und privaten Rundfunkveranstalter ist bezüglich der dortigen Einfügung von Werbung aber weiter zu differenzieren.

a) Werbung im Online-Angebot der privaten Rundfunkveranstalter

Sofern das Online-Angebot der privaten Rundfunkveranstalter Werbung enthält, muss diese den an den jeweiligen Dienst gestellten Anforderungen genügen. Bannerwerbung erfordert daher eine Kennzeichnung als Werbung oder Anzeige und muss vom redaktionellen Teil des Onlineangebotes entsprechend getrennt sein. Sofern – wie etwa nach den entsprechenden Plänen der Kirch-Gruppe – aufbreitete kurze Sendeinhalte zum Abruf oder Download bereitgehalten werden, genügen diese (orandum ut sit) aufgrund ihrer vorherigen Ausstrahlung im Rundfunk bereits den strengeren rundfunkrechtlichen Vorga-

---

[371] was insbesondere der Zuordnung von Kopien des Programms dient, vgl. *Hartstein/Ring/Kreile/Dörr/Stettner*, § 7 RStV, Rn. 10.

[372] vgl. *Hartstein/Ring/Kreile/Dörr/Stettner*, § 7 RStV, Rn. 10.

[373] *Hartstein/Ring/Kreile/Dörr/Stettner*, § 7 RStV, Rn. 7.

ben hinsichtlich Einfügung, Kennzeichnung und Dauer der Werbung. Selbst wenn man individuell abrufbare Reproduktionen unter den Rundfunkbegriff subsumiert – worauf noch eingegangen werden wird – steht daher bei solchen Inhalten kein Verstoß gegen die Werberestriktionen des RStV zu fürchten.

b) Werbung im Online-Angebot der öffentlich-rechtlichen Rundfunkveranstalter

Nach jeweils § 4 Abs. 3 S. 2 ARD-StV[374] und ZDF-StV[375] findet Werbung in den Mediendiensten der öffentlich-rechtlichen Rundfunkveranstalter nicht statt. Dies folgt aus der Dominanz des verfassungsrechtlichen Rundfunkbegriffs für die öffentlich-rechtlichen Veranstalter, dem die Online-Dienste als Ergänzung des Programms unterfallen und bedingt bisher, dass hier auch in Veranstaltungsformen, die der Randnutzung zuzurechnen sind – also das Herunterladen von Inhalten wie Filmen etc. – Werbung nicht veranstaltet werden darf.[376] De lege ferenda wird dieser Ausschluss insoweit zu überprüfen sein, als die Neufassung des RStV durch den Anfang April 2004 zu ratifizierenden 7. RÄStV[377] mit dem neu eingefügten § 11 RStV den Funktionsauftrag des öffentlich-rechtlichen Rundfunks auch ausdrücklich auf programmbezogene Mediendienste ausweitet.[378] Analog zur Teilfinanzierbarkeit des Rundfunkprogramms durch Werbung, ist dann auch einer Teilfinanzierung des Online-Angebotes durch Werbung nicht zu widersprechen. Für den Download oder den Abruf bereits gesendeter Inhalte, ist ferner bereits die derzeitige Interpretation des Werbeverbotes für die öffentlich-rechtlichen Rundfunkveranstalter anzuzweifeln.

---

374 ARD-Staatsvertrag i.d.F. der Bekanntgabe vom 27.07.2001 (GVBl., S. 547), abgedruckt bei *Ring/Kreile*, Medienrecht, C IV 1.01.

375 ZDF-Staatsvertrag i.d.F. der Bekanntgabe vom 27.07.2001 (GVBl., S. 551), abgedruckt bei *Ring/Kreile*, Medienrecht, C V 1.01.

376 so *Ladeur* in: Hahn/Vesting, RStV, § 7, Rn. 16.

377 der künftige RStV mit den eingearbeiteten Änderungen des von den Ministerpräsidenten am 26.09.2003 beschlossenen Siebten Rundfunkänderungsstaatsvertrags, der nach Zustimmung der Länder am 01.04.2004 in Kraft treten soll, ist derzeit abrufbar unter http://www.lfk.de

378 § 11 Abs. 1 RStV n.F. lautet: *Der öffentlich-rechtliche Rundfunk hat durch die Herstellung und Verbreitung von Hörfunk- und Fernsehprogrammen als Medium und Faktor der öffentlichen Meinungsbildung zu wirken. Er kann programmbegleitend Druckwerke und Mediendienste mit programmbezogenem Inhalt anbieten.*

Der öffentlich-rechtliche Rundfunkveranstalter wurde den strengen rundfunkrechtlichen Werberestriktionen bei der Erstausstrahlung des abrufbaren Programms gerecht. Selbst wenn er eine programmbegleitende Werbeform, etwa wie dargestellt das Screen-Splitting in einer Quizshow, eingesetzt hat und diesen Inhalt nun en bloc zum Individualabruf, also im Rahmen der Randnutzung bereithält, kann dies nicht dazu führen, dass er den Inhalt neu zu überarbeiten, also etwa die Bildschirmteilung zu entfernen hätte. Eine zusätzliche Werbefinanzierung – etwa je Abruf – erhält er hier nicht. Ebenso wenig ist der Schutzbereich der Werberestriktionen schon durch die mehr als einmalige Wahrnehmung des Werbeinhalts tangiert. Sie werden auch bei der Reproduktion per Abruf gewahrt.

2. Ad-hoc-shopping über verlinktes Screen-Splitting

Verlinktes Screen-Splitting steht hier exemplarisch für die Beiordnung individuell abrufbarer Untermenüs textlicher oder bildlicher Art zu einem Werbelement zum Zwecke des ad-hoc-shopping. Aufgrund der Rückkanalfähigkeit des Breitbandkabels lassen sich einem Werbespot oder einem Branding Hyperlinks zuordnen, die bei Aufruf beispielsweise zur Internethomepage des werbenden Unternehmens oder zu weiterführenden Produktinformationen einschließlich am Bildschirm auszufüllender Orderformulare führen können. Aus dem Rundfunkangebot führt der Aufruf des Links also im Wege der Interaktion zu einem Online-Angebot, welches in der Darstellung auch parallel zum laufenden, verkleinerten Programm genutzt werden kann.
Als Beispiel für eine direkte Bestellmöglichkeit soll hier ein im August 1999 auf dem kalifornischen Lokalsender *KBHK* gesendeter Werbespot für einen Pizzalieferservice dienen, welcher vom Produzenten *RespondTV* auf einer digitalen Fernsehplattform realisiert wurde. In diesem wurde während des Spots eine Menüleiste eingeblendet, in der eine Pizza nebst Gratis-Cola offeriert wurde. Wollte der Konsument dieses Angebot annehmen, konnte er eine Bestellseite aufrufen, die nicht nur die individuelle Zusammenstellung der Pizza, sondern auch den Rückgriff auf eine frühere Bestellung erlaubte.[379] Der Rezipient der Werbung wurde also sogar individuell adressiert.

---

[379] Dieses und weitere Beispiele für das ad-hoc-shopping und andere interaktive Elemente digitaler Fernsehplattformen finden sich unter www.itvt.com/resspondtvscr.html.

Wie sind nun solche Möglichkeiten des ad-hoc-shopping regulatorisch einzuordnen und zu bewerten?
Oben wurde am Beispiel der Laufbandwerbung beim Nachrichtensender n-tv bereits diejenige Judikatur dargestellt, die ein parallel zum Rundunkprogramm ausgestrahltes Textangebot als Mediendienst einordnete und die darin enthaltene Werbung an den Kennzeichnungsvorgaben des Mediendienstestaatsvertrages maß. Seit der Kodifikation des Screen-Splitting, welches ausdrücklich eine Teilbelegung des Bildschirms mit Werbung zulässt, bedarf es eines solchen Kunstgriffs nicht mehr. Dies entspricht ganz dem einheitlichen übergeordneten Rundfunkcharakter der Darbietung. Sofern eine Teilbelegung des Bildschirms durch Werbung unter Wahrung der Vorgaben des § 7 Abs. 4 RStV erfolgt, ist sie als zulässiges Screen-Splitting mithin hinzunehmen, umgekehrt aber auch an die im Vergleich zum MDStV strengeren rundfunkrechtlichen Bestimmungen gebunden. Wird sie diesen durch eine entsprechende Trennung, Kennzeichnung und Anrechnung auf die Dauer der Spotwerbung gerecht, ändert die Verlinkung dieser Werbung nichts an ihrer Zulässigkeit. Sie erhält durch die Beiordnung eines Untermenüs keine neue Qualität. Der Link selbst ist Bestandteil einer Werbung, kann aber ausgehend von der Definition des § 2 Abs. 2 Nr. 5 RStV nicht selbst als Werbung aufgefasst werden, da er regelmäßig nur das Angebot zum Eintritt in die Individualkommunikation mit dem Werbetreibenden enthält. Es kann nicht erforderlich sein, einen in einer (genügend gekennzeichneten) Werbung enthaltenen Link selbst als Werbung einzuordnen und entsprechend zu kennzeichnen. Selbst diesem Erfordernis würde aber ein Werbespot oder ein Branding gerecht, dessen gesamte Fläche als Link dient, da gegebenenfalls en bloc schon eine Kennzeichnung als Werbung vorläge.
Deutlich wird diese untergeordnete Qualität eines Links als Bestandteil der Werbung auch an den teilweise in Werbespots enthaltenen Webadressen der werbetreibenden Unternehmen. Diese sind nicht ihrerseits als Werbung einzuordnen und kennzeichnungspflichtig, nur weil sie die Möglichkeit des Aufrufs der Unternehmenshomepage repräsentieren, unabhängig davon, ob diese selbst als Werbung einzuordnen ist oder nicht.[380] Für deren Darstellung im Rundfunk folgt dies aus

[380] für eine diesbezügliche gesonderte Beurteilung der einzelnen Seiten einer Homepage spricht sich *Marwitz*, MMR 1998, 188 ff. aus. Nicht die Verkehrsauffassung, sondern die in der Zielgruppen- und Inhaltsorientierung manifestierte unternehmerische Absicht entscheide über die Kategorisierung der Kommunikationsmaßnahme. Eine getarnte Werbung liege nicht vor, da

vorstehenden Überlegungen. Daran ändert sich auch nichts, falls man dieser Adresse nun einen Link beiordnet, der den Aufruf der Seite parallel zum Programm sofort und damit lediglich komfortabler ermöglicht, da nicht gesondert auf den PC zurückgegriffen werden muss. Für den Bereich der Mediendienste und Teledienste ist die Internetadresse in jeweils § 3 Nr. 5 a) MDStV und TDG dann auch konsequent und ausdrücklich aus dem Bereich der dort dem Begriff Werbung entsprechenden „kommerziellen Kommunikation" ausgenommen.[381]
Das letztlich aufgerufene Online-Angebot seinerseits muss im übrigen wiederum den Anforderungen des jeweiligen Dienstes genügen. Auf der anderen Seite wirkt sich die Verlinkung der Werbung aber auf die an sie gestellten rundfunkrechtlichen Anforderungen nicht aus.

3. Ad-hoc-shopping über verlinktes Programm

Die Möglichkeit, digitalen Programmsignalen eine Verknüpfung mit den Diensten der Informationsgesellschaft beizuordnen, erlaubt perspektivisch auch fortgeschrittene Formen des Direkt-Marketing. So ließen sich einzelne Bildelemente, also beispielsweise ein KfZ oder eine Schreibtischlampe in einem Fernsehfilm oder das Kleid einer Schauspielerin mit einem nicht sichtbaren Link versehen (sogenannter hidden link), der wie beim zuvor erläuterten verlinkten Screen-Splitting zu absatzorientierten Untermenüs mit Produktinformationen, Händleradressen oder Online-Bestellformularen führt. Der Rezipient ist zweckmäßigerweise zu Beginn der Sendung darauf hinzuweisen, dass die folgende Sendung die Möglichkeit bietet, interaktive Untermenüs aufzurufen.
Wie bereits dargestellt, ist ein neutraler Link, über den Mediendienste mit werbendem Inhalt aufgerufen können, nicht allein aus diesem Grund selbst als Werbung im – allein maßgeblichen – rundfunkrechtlichen Sinne zu qualifizieren und damit entsprechend nicht kennzeich-

---

der Verbraucher nicht über den Absender der Botschaft irregeführt werde. Im wesentlichen im Anschluss daran auch *Leupold/Bräutigam/Pfeiffer*, WRP 2000, 575, 589. anders ordnet *Kiethe*, WRP 2000, 616, 622 f. im Anschluss an *Hoeren*, WRP 1997, 993, 995 das gesamte zum Abruf bereit gehaltene Informationsangebot auf einer Unternehmenshomepage als Werbung ein.

[381] § 3 Nr. 5 2.Hs lautet: „*die folgenden Angaben stellen als solche keine Form der kommerziellen Kommunikation dar: a) Angaben, die direkten Zugang zur Tätigkeit des Unternehmens oder der Organisation oder Person ermöglichen, wie insbesondere Domain-Name oder eine Adresse der elektronischen Post*".

nungspflichtig. Anders gewendet: selbst bei sichtbaren Links macht die bloße Möglichkeit, einen im Bild gezeigten Gegenstand anzuklicken und ihn dann über einen Online-Dienst zu bestellen, diesen Online-Dienst noch nicht zur Werbung im Rundfunkprogramm, solange im Programm selbst keine Werbung enthalten ist.[382] Erst recht muss nämliches für einen versteckten Link gelten.
Dieses Ergebnis korrespondiert auch mit dem Schutzzweck des Trennungsgrundsatzes. Der Rezipient ist durch die abstrakte Möglichkeit, werbende Inhalte aus dem Programm heraus aufzurufen und parallel zu konsumieren, nicht in seinem Kommunikationsinteresse betroffen. Ihm steht es frei, die Werbeinformationen zu einem abgebildeten Produkt aufzurufen oder nicht.[383] Anders als etwa beim Screen-Splitting, welches ihn unaufgefordert mit einem Werbeinhalt parallel zum Programm konfrontiert, bleibt er hier sogar autonom in seiner Entscheidung, sich dem Werbeinhalt auszusetzen. Damit stellt das ad-hoc-Shopping durch das verlinkte Programm letztlich keine Werbeform im Fernsehen im engeren Sinne, gleichwohl aber eine effiziente Möglichkeit dar, dem Programm Marketing-Instrumente bei- aber eben auch unterzuordnen und damit den Rezipienten zu schonen. Kennzeichnungs-, Trennungs- und Anrechnungsvorgaben muss der bereithaltende Veranstalter nicht berücksichtigen.
Dieser Freiheit sind indes dort Grenzen zu setzen, wo die redaktionelle Unabhängigkeit des Veranstalters als weiteres Schutzgut des Trennungsgrundsatzes tangiert ist. Die Möglichkeit, im Programm enthaltenen Produkten Zusatzinformationen beizuordnen, wird im Vergleich zum rein rezeptiven Fernsehen noch den Reiz erhöhen, auf eine möglichst prominente Platzierung dieser Produkte im Programm hinzuwirken. Um außerhalb von Teleshoppingsendungen eine produktpräsentationsgesteuerte Maßanfertigung redaktioneller Programme, seien es Eigen- oder Auftragsproduktionen, zu verhindern, sind hier die Grenzen anhand der Grundsätze zur Unzulässigkeit der Schleichwerbung im herkömmlichen Programm zu ziehen. Die Beiordnung eines interaktiven Menüs lässt die Art der Darstellung des Produktes nämlich unberührt. Entsprechend Ziff. 9 der DLM-Fernsehwerberichtlinien und jeweils Ziff. 8.3 der ARD- und ZDF-Werberichtlinien ist also das Darstellen von gewerblichen Waren oder deren Herstellern, von Dienstleistungen oder deren Anbietern keine Schleichwerbung im Sinne von § 7 Abs. 6 S. 1 RStV, wenn es aus überwiegend programmlich-dramaturgischen, journalistischen, künstle-

---

[382] *Ladeur*, in: Hahn/Vesting, RStV, § 7, Rn. 17.
[383] vgl. auch *Ladeur*, in: Hahn/Vesting, RStV, § 7, Rn. 52.

rischen Gründen, insbesondere zur Darstellung der realen Umwelt sowie zur Wahrnehmung von Informationspflichten erfolgt. Ob die Erwähnung vom Veranstalter absichtlich zu Werbezwecken vorgesehen ist und die Allgemeinheit hinsichtlich des eigentlichen Zwecks ihrer Erwähnung irreführen kann, ist hier im Einzelfall etwa an den Indizien der Intensität der Darstellung und der Alleinstellung des Produktes festzustellen. Die Erwähnung gilt als beabsichtigt, falls sie gegen Entgelt oder eine andere Gegenleistung erfolgt.
Verlässt die Produktpräsentation diesen Rahmen, ist sie – unabhängig von einem korrespondierend aufrufbaren Untermenü – unzulässig, anderenfalls ist sie, wie auch die Verlinkung selbst, nicht zu beanstanden.

4. Dauerhaftes Branding bei (Near-)Video-on-Demand

Es wurde festgehalten, dass die dauerhafte Einblendung eines Sponsorenhinweises entweder an einer restriktiven Auslegung der hier uneindeutigen Minimalanforderung zum Hinweis auf den Sendungssponsor in § 8 Abs. 1 S.1 RStV scheitert oder bei wortlautgetreuem Verständnis jedenfalls die Restriktionen zur Kennzeichnung und Anrechnung des Screen-Splitting gemäß § 7 Abs. 4 RStV unzulässigerweise umgeht. Diesen Restriktionen entzöge sich aber das Branding bestimmter Pay-TV-Angebote, in concreto solcher Filme, die im Verfahren des Near-Video-On-Demand (NVOD) und Video-On-Demand (VOD) zur Verfügung stehen, falls diese nicht mehr dem Rundfunk zuzuordnen wären, sondern Mediendienste darstellten.
Schon nach § 2 Abs. 1 S. 3 RStV gilt der RStV nämlich nicht für Mediendienste im Sinne von § 2 MDStV. Daneben wird der Ausschluss der Mediendienste aus dem Geltungsbereich des Rundfunkstaatsvertrages teilweise bereits begrifflich über § 20 Abs. 2 RStV begründet, wonach Mediendienste einer rundfunkrechtlichen Zulassung bedürfen, soweit sie dem Rundfunk zuzuordnen sind. Diese reine Verfahrensregel ohne materiellrechtlichen Gehalt zeige, dass der Rundfunkbegriff im Rundfunkstaatsvertrag Mediendienste grundsätzlich nicht erfasst.[384] Teilweise wird dagegen davon ausgegangen, der Rundfunkbegriff des § 2 Abs. 1 RStV sei weiter als der des § 20 Abs. 2 RStV und der Ausschluss der Anwendung des RStV auf Mediendienste in § 2 Abs. 1 S. 3 RStV gelte nur im Hinblick auf die Regulierung des Angebots privater Rundfunkveranstalter, während die Auslegung des Begriffs Rundfunk in den Rechtsgrundlagen der öffentlich-rechtlichen

[384] so *Schulz* in: Hahn/Vesting, RStV, § 2, Rn. 33.

Rundfunkanstalten vor dem Hintergrund des verfassungsrechtlichen Funktionsauftrages ermittelt werden könne.[385] Für den hier fokussierten Bereich der On-Demand-Dienste bleibt dieses Verständnis schon ohne Relevanz, da solche Dienste (derzeit) ohnehin nur durch private Pay-TV-Veranstalter angeboten werden. Beide Auffassungen führen zudem zu dem Ergebnis des Ausschlusses der Mediendienste aus dem Geltungsbereich des Rundfunkstaatsvertrages. Obwohl nach § 2 Abs. 1 S. 2 MDStV die Bestimmungen des RStV unberührt bleiben, enthält eben § 2 Abs. 1 S. 3 RStV die auch für die letztere Meinung klarstellende Rückausnahme, dass der RStV nicht für Mediendienste gilt.[386] Sofern On-Demand-Dienste zu den Mediendiensten gezählt werden müssen, ist in ihnen vorgenommene Werbung und das Sponsoring dieser Dienste an der im Vergleich zum RStV reduzierten Vorschrift des § 13 MDStV zu messen. Ihre Einordnung in die Kommunikationsordnung ist indes umstritten. Um diese vornehmen und dem wissenschaftlichen Diskurs folgen zu können, muss zunächst die technische Seite der On-Demand-Dienste erläutert werden.

a) (Near-)Video-On-Demand als besondere Pay-TV-Angebote

Mit Einführung des § 2 Abs. 1 S. 2 RStV ist die zuvor umstrittene Frage der Zuordnung des Pay-TV unter den Rundfunkbegriff[387] zwar grundsätzlich positiv beantwortet, da nunmehr der einfachgesetzliche Rundfunkbegriff ausdrücklich auch solche Darbietungen einschließt, die verschlüsselt verbreitet werden oder nur gegen besonderes Entgelt empfangbar sind. Innerhalb der Angebote im Pay-TV ist jedoch zwischen unterschiedlichen Abrechnungs- und Angebotsformen zu unterscheiden. Bei Pay-Per-Channel (PPC) entrichtet der Abonnent eine monatliche oder jährlichen Nutzungsgebühr für die Nutzung eines vollständigen Kanals oder einer Mehrzahl – Paket oder Bouquet – von Kanälen,[388] die wie ein klassisches, durch einen Veranstalter zusammengestelltes Fernsehprogramm gestaltet sind.[389] Der Unterschied besteht hier lediglich in der von § 2 Abs. 1 S. 2 RStV abgedeckten Verschlüsselung und der gesonderten Entgeltzahlung, die eine Zugangs-

---

[385] *Jarass*, AfP 1998, 133, 140f.; *Hoffmann-Riem*, Kommunikationsfreiheiten, S. 235.

[386] *Schulz* in: Hahn/Vesting, RStV, § 2, Rn. 57.

[387] ablehnend *Schwarz-Schilling*, ZUM 1989, 487 ff; befürwortend *Ring*, ZUM 1990, 279 f.

[388] vgl. *Beucher/Leyendecker/v.Rosenberg*, § 2 RStV, Rn. 10.

[389] *Hartstein/Ring/Kreile/Dörr/Stettner*, § 2, Rn. 11.

berechtigung erreicht. Die On-Demand-Dienste sind jedoch spezifische Pay-Per-View-Angebote (PPV), bei denen der Nutzer ein Entgelt für einzelne Sendungen entrichtet. Solange PPV-Angebote, wie etwa besondere Live-Sportübertragungen oder Konzerte, zeitgleich verbreitet werden, stellt dies keinen relevanten Unterschied zu den über § 2 Abs. 1 S. 2 RStV erfassten Rundfunkangeboten dar.[390] Bei den On-Demand-Diensten bestimmt der Konsument jedoch mit einem graduell abgestuften Maß an Individualität den Rezeptionszeitpunkt. Bei NVOD werden die entgeltpflichtigen Sendungen in kurzen periodischen Abständen wiederholt und stehen damit dem Konsumenten in hoher Disponibilität zur Verfügung.[391] Erst die Digitalisierung der Übertagungstechnik erlaubt NVOD, da jede zeitversetzte Übermittlung eine separate Übertragungskapazität benötigt.[392] Die Rückkanalfähigkeit des Breitbandkabelnetzes erlaubt darüber hinaus das bisher der Übertragungstechnik DSL vorbehaltene VOD auch über das Fernsehkabel. Bei VOD sind Filmangebote nicht nur periodisch, sondern jederzeit aus einem elektronischen Speicher – gleich einer elektronischen Videothek – abrufbar.[393] NVOD und VOD unterscheiden sich also darin, dass bei ersterem eine Freischaltung eines periodisch ausgestrahlten Films, also ein Zugriff des Konsumenten erfolgt, während der Konsument bei VOD den Film abruft. Beide Angeboten gleichen sich in der Entgeltpflichtigkeit per Rezeption. Durch ein Branding böte sich hier die Möglichkeit, dem Abonnenten einen Film kostenfrei oder -reduziert zur Verfügung zu stellen, wobei ein entsprechendes Bearbeitungsrecht des Anbieters erneut unterstellt werden muss. An den Financier, dem ein positiver Imagetransfer sicher wäre, würde der Konsument durch die entsprechende Einblendung erinnert. Die Werberestriktionen des RStV stünden dem entgegen, falls NVOD und VOD Rundfunk darstellten. Die entsprechende Zuordnung hängt dabei entscheidend von der Begriffsbestimmung des Rundfunks ab und erfordert daher dessen verfassungsrechtliche und einfachgesetzliche Eingrenzung.

---

[390] vgl. *Beucher/Leyendecker/v.Rosenberg*, § 2 RStV, Rn. 10.

[391] *Eberle*, ZUM 1994, 530, 531. Derzeit lassen sich auf den „Direkt-Kanälen" des Pay-TV-Anbieters PREMIERE zusätzlich zum abonnierten Programm und im Abstand von 30 Minuten aktuelle Spielfilme kostenpflichtig freischalten.

[392] *Beucher/Leyendecker/v.Rosenberg*, § 2 RStV, Rn. 10.

[393] *Eberle*, ZUM 1994, 530, 531; *Janik*, AfP 2000, 7, 12.

aa) Der verfassungsrechtliche Rundfunkbegriff

Bei der Begriffsbestimmung des Rundfunks ist zwischen dem verfassungsrechtlichen und einfachgesetzlichen Rundfunkbegriff zu unterscheiden. In Art. 5 Abs. 1 S. 2 GG wird der Begriff Rundfunk nicht definiert, sondern schlicht vorausgesetzt. Dies bedeutet jedoch nicht, dass der verfassungsrechtliche Rundfunkbegriff dem einfachen Gesetzgeber zur verbindlichen Definition disponibel offen steht und damit durch den RStV oder die Landesmedienanstalten definiert werden könnte.[394] Vielmehr beeinflussen anders herum die Vorgaben aus Art. 5 Abs. 1 S. 2 GG die Auslegung der Merkmale in § 2 Abs. 1 RStV,[395] so dass im folgenden bei der Einzelanalyse gegebenenfalls die verfassungsrechtlichen Vorgaben herangezogen werden. Eine Definition des verfassungsrechtlichen Rundfunkbegriffs, zu der sich auch das Bundesverfassungsgericht bisher nicht hat verleiten lassen,[396] und über welchen die wissenschaftliche Debatte intensiv geführt wird,[397] soll im Rahmen dieser dienstspezifischen Analyse nicht geleistet werden. Unabhängig davon, ob man als Konsequenz einen Regelungs- oder Ausgestaltungsauftrag an den einfachen Gesetzgeber annimmt, ist aber die technische Entwicklungsoffenheit des verfassungsrechtlichen Rundfunkbegriffs unstreitig und insbesondere für die Einordnung neuer Kommunikationsformen unerlässlich:

„Der verfassungsrechtliche Begriff des Rundfunks lässt sich nicht abschließend definieren. Sein Gehalt kann sich vielmehr bei tatsächlichen Veränderungen in dem von Art. 5 Abs. 1 S. 2 GG geschützten Sozialbereich wandeln. Soll die Rundfunkfreiheit unter den Bedingungen raschen technischen Wandels ihre normative Kraft bewahren, dann darf bei der Bestimmung von Rundfunk nicht nur an eine bereits eingeführte Technik angeknüpft werden. Andernfalls könnte sich die grundrechtliche Gewährleistung nicht auf jene Bereiche erstrecken, in denen gleichfalls die Funktion des Rundfunks, wenn auch mit neuen

---

394 vgl. *Schulz*, in: Hahn/Vesting, RStV, § 2, Rn. 10; *ders.*, ZUM 1996, 487, 488; *Beucher/Leyendecker/v.Rosenberg*, § 2 RStV, Rn. 3; vgl. auch die in BVerfG, Beschl. v. 24.03.1987 – 1 BvR 147, 478/86, BVerfGE 74, 297, 351 f. - „Landesmediengesetz Baden-Württemberg“ zum Ausdruck gebrachte Irrelevanz der landesgesetzlichen Definition; LG Saarbrücken, Urt. v. 26.09.1995 – 7II O 35/94, ZUM 1997, 491, 493.

395 *Schulz*, in: Hahn/Vesting, RStV, § 2, Rn. 10, vgl. auch *Beucher/Leyendecker/v.Rosenberg*, § 2 RStV, Rn. 3; *Jarass*, AfP 1998, 133.

396 so *Janik*, AfP 2000, 7.

397 einen Überblick bietet *Schulz*, in: Hahn/Vesting, RStV, § 2, Rn. 12 ff.; einen *Definitionsversuch* bietet *Janik*, AfP 2000, 7 ff.

Mitteln, erfüllt würde. Zur Gewährleistung freier individueller und öffentlicher Meinungsbildung bedarf es deshalb der Schutzwirkungen des Art. 5 Abs. 1 S. 2 GG auch bei den neuen Diensten."[398] Damit schreibt die neuere verfassungsrechtliche Judikatur das funktionale Begriffsverständnis des ersten Rundfunkurteils fort, nach welchem Rundfunk „Medium" und „Faktor" des verfassungsrechtlich geschützten Prozesses freier Meinungsbildung ist.[399] Sie trägt aber auch der dienenden Funktion der Rundfunkfreiheit für die Freiheit der Meinungsbildung in ihren subjektiv- und objektivrechtlichen Elementen[400] Rechnung, indem sie den Rundfunkbegriff – von technischen Neuerungen unabhängig – einer dynamischen und flexiblen Interpretation öffnet.[401]

Konsequenz ist allerdings eine mangelnde Operabilität des verfassungsrechtlichen Rundfunkbegriffs für die Zuordnung wie Ausgrenzung rundfunkähnlicher neuer Kommunikationsformen gleichermaßen. Hier dient die durch Art. 5 Abs. 1 S. 2 GG eröffnete Möglichkeit der Ausgestaltung der Rundfunkordnung durch gesonderte gesetzliche Regelungen dazu, rundfunkähnliche Kommunikationsdienste einem abgestuften System zu unterwerfen.[402] Eine engere Ausgestaltung des einfachgesetzlichen Rundfunkbegriffs ist hier nicht nur zulässig, sondern kann vielmehr geboten sein, um gegebenenfalls bestimmte Erscheinungsformen aus dem weiten verfassungsrechtlichen Rundfunkbegriff herauszunehmen.[403] Die einfachgesetzliche Definition des Rundfunks ist demnach zur dienstspezifischen Einordnung der On-

---

398 BVerfG, Urt. v. 05.02.1991 – 1 BvF 1/85, 1/88, BVerfGE 83, 238, 302 – „Nordrhein-westfälische Rundfunkgesetzgebung"; vgl. auch Beschl. v. 24.03.1987 – 1 BvR 147, 478/86, BVerfGE 74, 297, 350 f. - „Landesmediengesetz Baden-Württemberg".

399 BVerfG, Urt. v. 28.02.1961 – 2 BvG 1, 2/60, BVerfGE 12, 205, 260 – „Rundfunkurteil", vgl. auch *Janik*, AfP 2000, 7.

400 BVerfG, Urt. v. 16.06.1981 – 1 BvL 89/78, BVerfGE 57, 295, 320 – „Saarländisches Rundfunkgesetz"; vgl. auch Beschl. v. 06.10.1992 – 1 BvR 1586/89 und 487/92, BVerfGE 87, 181, 197 – „HR 3-Beschluss".

401 vgl. *Hartstein/Ring/Kreile/Dörr/Stettner*, § 7 RStV, Rn. 4; *Janik*, AfP 2000, 7; *Jarass*, AfP 1998, 133; *Ricker*, ZUM 2001, 28, 29; LG Saarbrücken, Urt. v. 26.09.1995 – 7II O 35/94, ZUM 1997, 491, 493.

402 *Schulz*, in: Hahn/Vesting, RStV, § 2, Rn. 13; *Janik*, AfP 2000, 7, 9; *Jarass*, AfP 1998, 133, 133f.; perspektivisch befürwortend auch *Hoffmann-Riem*, AfP 1996, 9, 15.

403 *Hartstein/Ring/Kreile/Dörr/Stettner*, § 7 RStV, Rn. 4; *Jarass*, AfP 1998, 133, 134, 140.

Demand-Dienste im Lichte der verfassungsrechtlichen Vorgaben heranzuziehen.

bb) Der einfachgesetzliche Rundfunkbegriff

§ 2 Abs. 1 S. 1 RStV enthält die folgende einfachgesetzliche Definition des Rundfunks:

Rundfunk ist die für die Allgemeinheit bestimmte Veranstaltung und Verbreitung von Darbietungen aller Art in Wort, in Ton und in Bild unter Benutzung elektromagnetischer Schwingungen ohne Verbindungsleitung oder längs oder mittels eines Leiters.

Nur geringe Abweichungen weist § 2 Abs. 1 S. 1 MDStV auf:

Dieser Staatsvertrag gilt für das Angebot und die Nutzung von an die Allgemeinheit gerichteten Informations- und Kommunikationsdiensten (Mediendienste) in Text, Ton oder Bild, die unter Benutzung elektronmagnetischer Schwingungen ohne Verbindungsleitung oder längs oder mittels eines Leiters verbreitet werden.

Augenfälliges Unterscheidungsmerkmal ist das der Darbietung auf der rundfunkstaatsvertraglichen Seite, welches den Informations- und Kommunikationsdiensten auf der mediendienstestaatsvertraglichen Seite fehlt. Folglich ist das Kriterium der Darbietung das maßgebliche zur Abgrenzung zwischen Rundfunk und Mediendienst.[404] Gesetzlich definiert ist es gleichwohl nicht.

Negativ gewendet liegt eine Darbietung jedenfalls nicht vor, wenn das Angebot – wie etwa die Kameraüberwachung eines Parkhauses oder Kinderspielplatzes – zur öffentlichen Meinungsbildung weder bestimmt noch geeignet ist.[405] Positiv gewendet ist nach Rechtsprechung und Literatur zu fordern, dass das Angebot in Bestimmung und Eignung einen beeinflussenden Bezug zur öffentlichen und individuellen Meinungsbildung hat.[406] Dies entspricht auch dem Willen des histori-

---

404 *Hartstein/Ring/Kreile/Dörr/Stettner*, § 2 RStV, Rn. 8; *Schulz*, in: Hahn/Vesting, RStV, § 2, Rn. 45; *Beucher/Leyendecker/v.Rosenberg*, § 2 RStV, Rn. 8; *Hesse*, Rundfunkrecht, 3. Kapitel, Rn. 13.

405 vgl. *Hartstein/Ring/Kreile/Dörr/Stettner*, § 2 RStV, Rn. 8; *Ricker*, ZUM 2001, 28, 29; *Libertus*, K&R 2000, 119, 121.

406 vgl. BVerfG, Urt. v. 28.02.1961 – 2 BvG 1,2/60, BVerfGE 12, 205, 260 –

schen Gesetzgebers, nach welchem im Sinne des verfassungsrechtlichen Rundfunkauftrags eine Darbietung nur dann vorliegen soll, wenn durch eine redaktionelle Gestaltung, d.h. Moderation, Kommentierung, Einbindung eines Einzelbeitrags in ein Gesamtprogramm, die besondere Rolle des Rundfunks als Medium und Faktor der öffentlichen Meinungsbildung deutlich wird.[407] Der meinungsbildende Charakter kann sich dabei einerseits aus dem vermittelten Inhalt selbst ergeben oder andererseits aus der Einbettung eines Einzelbeitrags in eine auf Dauer angelegte, planmäßige und strukturierte Abfolge von Sendungen und Beiträgen im Rahmen periodisch veranstalteter, publizistisch relevanter Programme.[408] Solchermaßen weist das Angebot eine gewisse „Breitenwirkung" und „Suggestivkraft" auf[409] und erfüllt damit zwei Elemente eines mit „Aktualität" vollständigen Begriffstripels, das durch das Bundesverfassungsgericht eingeführt wurde[410] und dessen Elemente das Vorliegen eines von Verfassungswegen dem Rundfunk unterzuordnenden Dienstes indizieren.[411] Durch seine Breitenwirkung, Aktualität und Suggestivkraft erlangt der Rundfunk seine besondere Meinungsbildungsrelevanz, die ihn unter allen Medien auszeichnet.[412]

„Rundfunkurteil"; BVerfG, Urteil v. 27.07.1971 – 2 BvF 1/68, 2 BvR 702/68 - BVerfGE 31, 314, 325 f., *Gersdorf*, AfP 1995, 565, 569; *Hoffmann-Riem*, AfP 1996, 9, 11; *Stettner/Tresenreiter*, ZUM 1994, 669, 673; tendenziell auch *Schroeder*, ZUM 1994, 471, 476; *Beucher/Leyendecker/v.Rosenberg*, § 2 RStV, Rn. 7; vgl. auch Drittes Strukturpapier der DLM zur Unterscheidung von Rundfunk und Mediendiensten v. 06.11.2003 (3. DLM-Strukturpapier), unter 2.2, S. 5 des Umdrucks, abrufbar unter www.ulr.de/ULR_LM_DLM_Position/dlmstr_rf _md.pdf.

407 vgl. Amtliche Begründung zu § 2 RStV, *Beucher/Leyendecker/v.Rosenberg*, § 2 RStV, Rn. 7.

408 *Libertus*, K&R 2000, 119, 121; vgl. auch *Jarass*, AfP 1998, 133, 135; *Janik*, K&R 2001, 572, 575; *Gounalakis*, ZUM 2003 180/186; *Hermann*, Rundfunkrecht, § 2, Rn. 10.

409 *Gounalakis*, ZUM 2003, 180, 186.

410 BVerfG, Urteil v. 22.02.1994 – 1 BvL 30/88, BVerfGE 90, 60, 87 – „Gebührenurteil".

411 vgl. *Schulz*, in: Hahn/Vesting, RStV, § 2, Rn. 48;

412 vgl. BVerfG, Urteil v. 22.02.1994 – 1 BvL 30/88, BVerfGE 90, 60, 87 – „Gebührenurteil".

Meinungsbildungsrelevanz besitzen mit schwankender Intensität jedoch so gut wie alle Inhalte,[413] selbst die veranstalterseitige Auswahl des Rundfunkprogramms und die Gestaltung einer Sendung, ohne dass es auf deren Bedeutung oder Wert ankäme.[414] Auch Rundfunkwerbung stellt schließlich eine Darbietung dar.[415] Die Meinungsbildungsrelevanz ist also als Begriffskern des Merkmals der Darbietung wenig trennscharf. Als Konsequenz ist auch das Merkmal der Darbietung seinerseits weder trennscharf noch wurde es durch Lehre und Rechtsprechung derzeit ausreichend zur generell-abstrakten Unterscheidung zwischen Rundfunk und Mediendienst operationabel gemacht.[416] An der Schnittstelle weisen Mediendienste eben eine gewisse Meinungsbildungsrelevanz auf, die aber unterhalb dessen liegt, was an gesteigerter Relevanz für die öffentliche Meinungsbildung zu fordern ist, um von einer Darbietung ausgehen zu können.[417] Angebote ohne Meinungsbildungsrelevanz fallen dagegen – vgl. § 2 Abs. 4 Nr. 3 TDG – unter das TDG.[418] Von einer abgestuften Wirkungsintensität ist auch der Gesetzgeber ausgegangen, der im nicht abschließenden Katalog des § 2 Abs. 2 MDStV solche Mediendiensttypen listete, die wegen ihrer engen inhaltlichen Begrenzung auf Angebote, die nur im geringen Maße der öffentlichen Meinungsbildung dienen, oder wegen fehlender Suggestivkraft der bewegten Bilder nicht mehr dem strengen Ordnungsrahmen des RStV zu unterwerfen sind.[419]
Ein flüchtiger Blick in diese Aufzählung legt nahe, die hier fokussierten Dienste NVOD und VOD als Mediendienste gemäß § 2 Abs. 2 Nr. 4 MDStV aufzufassen, also als

---

413 vgl. 3. DLM-Strukturpapier, unter 2.2, S. 5 des Umdrucks.

414 vgl. BVerfG, Beschl. v. 13 .01.1982 – 1 BvR 848, 1047/77, 916, 1307/78, 350/79 und 475, 902, 965, 1177, 1238, 1461/80, BVerfGE 59, 231, 258; Urt. v. 05.06.1973 – 1 BvR 536/72, BVerfGE 35, 202, 222.

415 *Beucher/Leyendecker/v.Rosenberg*, § 2 RStV, Rn. 7; *Degenhart*, in: Dolzer/Vogel/Graßhof (Hg.), BK, Art. 5 Abs. 1 und 2, Rn. 677 m.w.N.; *Hoffmann-Riem*, AfP 1996, 9, 12.

416 vgl. 3. DLM-Strukturpapier, unter 2.2, S. 5 der Umdrucks.

417 vgl. *Beucher/Leyendecker/v.Rosenberg*, § 2 RStV, Rn. 7; *Gersdorf*, RTkom 1999, 75, 77.

418 *Beucher/Leyendecker/v.Rosenberg*, § 2 RStV, Rn. 7; *Engel-Flechsig/Maennel/Tettenborn*, Neue gesetzliche Rahmenbedingungen für Multimedia, 12 f.

419 vgl. Amtliche Begründung zu § 2 Abs. 2 MDStV; *Hartstein/Ring/Kreile/Dörr/Stettner*, § 2 RStV, Rn. 8; 3. DLM-Strukturpapier, unter 2.2, S. 5 des Umdrucks.

Abrufdienste, bei denen Text-, Ton- oder Bilddarbietungen auf Anforderung aus elektronischen Speichern zur Nutzung übermittelt werden, mit Ausnahme von solchen Diensten, bei denen der individuelle Leistungsaustausch oder die reine Übermittlung von Daten im Vordergrund steht, ferner von Telespielen.[420]

Während der Konsument bei VOD den Inhalt aber tatsächlich aus einem Speicher anfordert und dies jederzeit möglich ist, beschränkt sich das Moment der Aufforderung bei NVOD auf die Freischaltung zu einem von mehreren Rezeptionszeitpunkten, die veranstalterseitig vorgegeben werden. Mit Aufruf des periodisch ausgestrahlten Werkes nimmt der Konsument also eher ein Verteil- oder Zugriffsdienst in Anspruch. Eine schnelle Zuordnung von VOD zu den Mediendiensten und NVOD zum Rundfunk ergibt sich allein dadurch jedoch nicht. Vielmehr wird die Frage, ob bei diesen Diensten die Schwelle zum Rundfunk bereits überschritten ist und falls nicht, welchem Regelungswerk sie zu unterwerfen sind, unterschiedlich beantwortet.

(1) Offene Zuordnung

Mit dem Hinweis auf die Autonomie des Rezipienten hinsichtlich des „ob" und „wie" des Bezugs des Angebots, wird teilweise als fraglich bezeichnet, ob aufgrund der allein in der Sphäre zwischen Kunde und Anbieter liegenden Entscheidung überhaupt der Rundfunkbegriff erfüllt ist, da am Merkmal der Darbietung an die Allgemeinheit zu zweifeln sei.[421] Der Einzelabruf aus einem Speicher mittels breit- oder schmalbandiger Technik sei als Individualkommunikation aufzufassen und damit zumindest VOD sowohl aus dem verfassungsrechtlichen wie einfachgesetzlichen Rundfunkbegriff ausgenommen.[422] Eine konsequente anderweitige Zuordnung wird nicht angeboten. Mit der Aufforderung an den Gesetzgeber, durch Novellierung bestimmte On-Demand-Angebote gesetzlich aus dem Rundfunkbegriff auszunehmen, wird ferner nur eine differenzierte Betrachtungsweise für NVOD an-

---

[420] auffallend ist die mangelnde Stringenz des Gesetzgebers, der zur Definition eines Mediendienstes hier das Element der Text-, Ton oder Bild***darbietung*** verwendet, vgl. 3. DLM-Strukturpapier, unter 2.2, S. 5 des Umdrucks.

[421] *Hartstein/Ring/Kreile/Dörr/Stettner*, § 2 RStV, Rn. 11, die hier zunächst zwei Merkmale verbinden, jedoch im folgenden den Schwerpunkt auf das der Allgemeinheit legen.

[422] *Hartstein/Ring/Kreile/Dörr/Stettner*, § 2 RStV, Rn. 11.

gemahnt, da hier die Entscheidung über das Angebot noch größtenteils auf Veranstalterseite getroffen werde.[423]
Problematisch erscheint diese Einordnung von VOD als Individualkommunikation insofern, als sie den Anwendungsbereich des Ausnahmetatbestandes des § 2 Abs. 4 2. HS MDStV eröffnet, der Dienste mit individuellem Leistungsaustausch von den Mediendiensten ausnimmt. Hier drohen Abgrenzungsprobleme zwischen Individualkommunikations-, also Teledienst und Mediendienst, sofern das Angebot – wie häufig – Meinungsbildungsrelevanz besitzt. Dieser Begriffskern des maßgeblichen Merkmals der Darbietung bleibt unberücksichtigt. Eine bloß auf die technische Variante des Rezeptionsvorgangs abstellende Betrachtung wird auch der durch das Bundesverfassungsgericht betonten Dynamik des Rundfunkbegriffs nicht gerecht. Vielmehr erfordert die Abgrenzung Rundfunk zu Mediendienst eine Auseinandersetzung mit Inhalten[424], die konvergenzresistenter als der Infrastrukturbereich sind.[425]
Gleichwohl wäre nach dieser Ansicht jedenfalls das Branding eines VOD-Angebots nicht an den rundfunkstaatsvertraglichen Werberestriktionen zu messen.

(2) NVOD und VOD als Teledienst

Vorstehender Kritik ist auch der weitergehende Ansatz ausgesetzt, NVOD und VOD weder dem Rundfunk noch den Mediendiensten, sondern den Telediensten zuzuordnen. Unabhängig von der Meinungsbildungsrelevanz seien Abrufdienste wie VOD schon nicht an die Allgemeinheit gerichtet, da für den verfassungsrechtlich relevanten Begriff der Allgemeinheit heute auf die Rolle des Konsumenten im Kommunikationsprozess abzustellen sei.[426] So liege Individualkommunikation und mithin ein Teledienst vor, sobald der Nutzer das „wann" und das „was" und die Zusammensetzung der Kommunikationsdienstleistung selbst bestimmen könne.[427] Von der auf der eingeschränkten Technik des Jahres 1987 beruhenden bundesverfassungs-

---

[423] *Hartstein/Ring/Kreile/Dörr/Stettner*, § 2 RStV, Rn. 11.
[424] vgl. *Janik*, AfP 2000, 7, 10; *Gounalakis*, ZUM 2003, 180, 184.
[425] *Tettenborn*, MMR 1999, 516, 517.
[426] *Beucher/Leyendecker/v.Rosenberg*, § 2 RStV, Rn. 4; im Ergebnis wohl auch *Ricker/Schiwy*, Rundfunkverfassungsrecht, S. 78, Rn. 67; zweifelnd *Meier*, in: Roßnagel, MDStV, § 2 a.F., Rn. 61 ff.
[427] *Beucher/Leyendecker/v.Rosenberg*, § 2 RStV, Rn. 4.

gerichtlichen Rechtsprechung[428] gelte es insofern abzuweichen, als diese es für die Zuordnung eines Dienstes zum Rundfunk für unerheblich erachtete, dass der Konsument den Rezeptionszeitpunkt bestimmen kann. Anderenfalls wäre das Merkmal der Allgemeinheit auf die Zugänglichkeit des Angebots für alle Nutzer beschränkt und ein Abrufdienst daher in gleichem Maße zugänglich, wie eine Videothek oder Bibliothek. Der Unterschied bestünde lediglich in der Nutzung im Wege der Telekommunikationstechnik.[429]
Ohne das rundfunk- bzw. mediendienstspezifische Merkmal des Bestimmtseins an die Allgemeinheit sei aber die Einordnung der Abrufdienste als Mediendienst in § 2 Abs. 2 Nr. 4 MDStV letztlich verfassungsrechtlich unzulässig, da nicht mit Art. 5 Abs. 1 S. 2 GG vereinbar.[430] Wie VOD sei auch NVOD als Zugriffsdienst einem Abrufdienst gleichzusetzen, da auch der Zugriffszeitpunkt konsumentenbestimmt sei und bei entsprechender Wiederholungsfrequenz einer Sendung kein relevanter Unterschied zwischen Abruf und Zugriff bestehe.[431]
Dieser teils als interessant gewürdigten Argumentation wird vorgeworfen, nicht klar zu stellen, ob der verfassungsrechtliche Rundfunkbegriff hier mit der kompetentiellen Zuordnung gleichzusetzen und gleichzeitig auch auf die Mediendienste im Sinne des MDStV ausdehnen sei.[432] Weiter wird diesem Ansatz im Sinne der Bundesverfassungsrechtssprechung auch nach den zwischenzeitlichen technischen Neuerungen entgegenzuhalten sein, dass die Bestimmung des Rezeptionszeitpunkts kein[433] oder zumindest nicht das einzige Kriterium dafür bieten kann, ob ein Dienst an die Allgemeinheit gerichtet ist oder nicht. Schließlich ist der Konsument auch bei Abruf- und Zugriffsdiensten – der herkömmlichen Programmwahl vergleichbar – auf die Wahl zwischen mehreren Angeboten beschränkt, auf deren Zusam-

---

[428] in BVerfG, Beschl. v. 24.03.1987 – 1 BvR 147, 478/86, BVerfGE 74, 297, 351 f. - „Landesmediengesetz Baden-Württemberg“.

[429] *Beucher/Leyendecker/v.Rosenberg*, § 2 RStV, Rn. 4.

[430] *Beucher/Leyendecker/v.Rosenberg*, § 2 RStV, Rn. 4; Zurückhaltender bezeichnet *Meier*, in: Roßnagel, MDStV, § 2 a.F., Rn. 61 ff. die Zuordnung der Abrufdienste zu den Mediendiensten als „rechtssystematisch äußerst fraglich“.

[431] *Beucher/Leyendecker/v.Rosenberg*, § 2 RStV, Rn. 10.

[432] Rezension *Spindler*, NVwZ 2000, 657.

[433] vgl. BVerfG, Beschl. v. 24.03.1987 – 1 BvR 147, 478/86, BVerfGE 74, 297, 351 f. - „Landesmediengesetz Baden-Württemberg“; *Schulz*, in: Hahn/ Vesting, RStV, § 2, Rn. 19; *Schulze-Fielitz*, AfP 1998, 447, 452.

menstellung er zudem keinen Einfluss hat,[434] da diese veranstalterseitig vorgenommen wird. Ob sich daraus jedoch ein dem klassischen Rundfunk gänzlich vergleichbares[435] oder diesem gegenüber sogar gesteigertes[436] massenkommunikatives Gefährdungspotential dadurch ergibt, dass der Konsument durch die Verfügbarkeit der Dienste für die dort vermittelten Inhalte eher stärker empfänglich gemacht wird, muss in dieser Pauschalität wiederum bezweifelt werden. Eine vergleichbare Verfügbarkeit ist auch bei elektronischen (Online-) Bibliotheken und Videotheken gegeben, denen demnach ein massenkommunikatives Gefährdungspotential gleich dem herkömmlichen Rundfunk zuerkannt werden müsste. Spräche die Verfügbarkeit für eine Zuordnung zum Rundfunk, wäre dieser von in hohem Maße verfügbaren Medien- und Telediensten wiederum kaum abgrenzbar.
So wenig die Rezeptionsdeterminierung allein den Ausschluss aus dem gesetzlichen Rundfunkbegriff bewirken kann, so wenig kann sie andererseits eine pauschale Zuordnung zum Rundfunk bewirken noch aber völlig außer Acht gelassen werden. Sofern man sich der hier vorgestellten Ansicht nicht anschließt, die den Faktor der Meinungsbildungsrelevanz ausblenden kann, ja konsequent muss, ist die Autonomie des Rezipienten m.E. vielmehr einzustellen in eine gewichtende Bewertung mit dem Hauptdifferenzierungsmerkmal der Darbietung und der damit einhergehenden einzelfallabhängigen inhaltlichen Auseinandersetzung.
Mit der hier vorgestellten Meinung sind indes weder VOD noch NVOD den rundfunkstaatsvertraglichen Restriktionen unterworfen.
Gefundenes Ergebnis wie dargestellte Kritik sind auch auf eine Ansicht übertragbar, die zwar nicht auf die Bestimmung des Rezeptionszeitpunktes abstellt, aber gleichwohl über die Ausnahmeregelung des § 2 Abs. 2 Nr. 4 2. HS MDStV NVOD und VOD aus dem Anwendungsbereich des MDStV ausnimmt und den Telediensten zuordnen will, da aufgrund der Gegenleistung des Konsumenten durch Bezahlung des Angebots der individuelle Leistungsaustausch im Vordergrund stehe.[437] Allerdings hindert auch die Entgeltlichkeit eines Dienstes jedoch schon ausweislich § 2 Abs. 1 S. 2 RStV grundsätzlich nicht dessen Subsumtion unter den einfachgesetzlichen Rundfunkbeg-

---

434 *Schulz*, in: Hahn/Vesing, RStV, § 2, Rn. 19.
435 *Schulz*, in: HahnVesting, RStV, § 2, Rn. 19.
436 *Michel*, ZUM 1998, 350, 351 f.; *Eberle*, CR 1996, 193, 195.
437 *Meier*, in: Roßnagel, MDStV, § 2 a.F., Rn. 65; *Kröger/Moos*, AfP 1997, 675, 678; *Thomaschki/Ory*, in: Schardt, Das neue Multimedia-Gesetz, 2/1.1, S. 7.

riff. Dies gilt für PPC-Angebote uneingeschränkt, für die hier interessierenden PPV-Angebote um eine dienstabhängige Analyse relativiert, so dass letztere nicht allein aufgrund des Einzelabrufs gegen Entgelt aus dem Anwendungsbereich des RStV herausgenommen werden können. Unter dem Begriff „individuellen Leistungsaustausch" fallen zudem nach der gesetzgeberischen Vorstellung vornehmlich solche Formen der Individualkommunikation, in denen der Nutzer nicht rein rezeptiv, sondern interaktiv, also auch als Kommunikator auftritt, und die Autonomie so groß ist, dass er selbst den Ablauf und den Verlauf der Inhalte bestimmt.[438]

(3) NVOD und VOD als Rundfunk

Ganz gegensätzlich werden NVOD wie VOD gleichermaßen dem Rundfunk zugeordnet.[439] Zum einen würden die Mediennutzungszeiten mit weiterer Flexibilisierung der Arbeitszeiten ein zukünftiges Nutzungsverhalten bedingen, auf das auch und gerade VOD zugeschnitten sei.[440] Zum zweiten sei der Rezipient auch bei VOD weiterhin auf eine Auswahl innerhalb eines veranstalterseitig vorgegebenen Programmrahmens beschränkt, auf dessen Zusammenstellung er keinen Einfluss habe.[441] Diese Auffassungen tragen jedoch der Autonomie des Rezipienten im Hinblick auf VOD und der aus dem Individualabruf resultierenden mangelnden Breitenwirkung nicht hinreichend Rechung. Im Unterschied zu NVOD ist die Veranstaltertätigkeit hier auf eine bloße Vorauswahl und ein Bereithalten zur beliebigen Zusammenstellung durch den Konsumenten beschränkt.[442]

(4) NVOD als Rundfunk und VOD als Mediendienst

Von der herrschenden Meinung wird NVOD regelmäßig als Rundfunk eingeordnet und VOD als Abrufdienst und damit Mediendienst im Sinne des § 2 Abs. 2 Nr. 4 MDStV aufgefasst. Für NVOD wird dabei die bundesverfassungsrechtliche Judikatur instrumentalisiert, nach welcher die Gleichzeitigkeit des Empfangs für die Zuordnung von Zugriffsdiensten zum Rundfunk nicht Voraussetzung und damit irre-

---

[438] wie etwa bei Telespielen, vgl. *Kuch*, ZUM 1997, 225, 229.

[439] *Eberle*, ZUM 1994, 530, 532 Janik, AfP 2000, 7, 12.

[440] *Eberle*, ZUM 1994, 530, 532.

[441] Janik, AfP 2000, 7, 12.

[442] vgl. im Einzelnen Stellungnahme unter ff).

levant ist.[443] Sofern ein Angebot der Allgemeinheit als Adressat publizistisch relevante Inhalte darbiete, erfülle es die wesentlichen Merkmale des Rundfunkbegriffs und sei entsprechend zuzuordnen.[444] Bei NVOD greife der Konsument wie auf unterschiedliche Programme, also herkömmliche Rundfunkangebote verschiedener Sender zu, ohne dass der Empfängerkreis eingeengt und ohne dass eine individuelle Datenübertragung an jeden Einzelnen vorgenommen würde.[445] Auf die Zusammenstellung des Angebots habe der Rezipient eben keinen Einfluss; das strukturell bedingte Ungleichgewicht zwischen Anbieter und Nutzer durch die Öffentlichkeit der Kommunikation sei beachtenswert.[446] Die bereits dargestellte Gegenargumentation sieht in diesem Zusammenhang allerdings aufgrund der individuellen Auswahlentscheidung die Seite des Nutzers gestärkt, da dieser auch bei NVOD den Rezeptionszeitpunkt autonom bestimme, selbst wenn er unter mehreren durch den Veranstalter zur Verfügung gestellten wählen müsse.[447] Je höher die Wiederholungsfrequenz der möglichen Empfangszeitpunkte, desto mehr sei eine Gleichordnung von Zugriffs- und Abrufdienst gerechtfertigt.[448] Überwiegend wird VOD als Abrufdienst im Sinne des § 2 Abs. 2 Nr. 4 MDStV aufgefasst.[449] Dies entspricht auch der Vorstellung des historischen Gesetzgebers, der diese Einordnung von VOD unter das Regime des MDStV beabsichtigte.[450] Nämliches wird – wie zuvor dargelegt – von der Gegenansicht als verfassungswidrig bezeichnet, da Abrufdienste nicht an die Allgemeinheit gerichtet und damit weder als Rundfunk noch als Mediendienst regulierbar seien.[451]

Nach der herrschenden Meinung gilt für Filmangebote im NVOD-Verfahren mithin der RStV, nicht jedoch für Filmangebote im Wege des VOD. Diese unterfallen als Abrufdienste dem Regelungswerk des

---

443 BVerfG, Beschl. v. 24.03.1987 – 1 BvR 147, 478/86, BVerfGE 74, 297, 351 f. - „Landesmediengesetz Baden-Württemberg".

444 vgl. *Gersdorf*, AfP 1995, 565, 572; *Hermann*, Rundfunkrecht, § 2, Rn. 28; *Ricker/Schiwy*, Rundfunkverfassungsrecht, 76, Rn. 62.

445 *Schulz*, in: Hahn/Vesting, RStV, § 2, Rn. 19; *Ring*, ZUM 1998, 358, 359.

446 vgl. *Schulz*, in: Hahn/Vesting, RStV, § 2, Rn. 19.

447 vgl. *Beucher/Leyendecker/v.Rosenberg*, § 2 RStV, Rn. 10; *Belz*, MMR 2001, 561, 562.

448 vgl. *Beucher/Leyendecker/v.Rosenberg*, § 2 RStV, Rn. 10.

449 *Kuch*, ZUM 1997, 225, 229; *v.Heyl*, ZUM 1998, 116, 119; *Beucher/Leyendecker/v.Rosenberg*, § 2 RStV, Rn. 10 m.w.N.

450 vgl. Amtliche Begründung zu § 2 Abs. 2 Nr. 4 MDStV.

451 vgl. *Beucher/Leyendecker/v.Rosenberg*, § 2 RStV, Rn. 4.

MDStV, sofern sie Meinungsbildungsrelevanz besitzen, anderenfalls dem TDG.

(5) Abgestufte Einzelfallanalyse – Die Typologie der DLM

Für die Abgrenzung zwischen Rundfunk und Mediendienst ist insbesondere die Position der DLM bedeutend. Nach der „soweit"-Klausel des § 20 Abs. 2 RStV obliegt nämlich den Landesmedienanstalten die Entscheidung darüber, ob ein konkretes Angebot als Mediendienst einzuordnen ist, oder ob es bereits die Schwelle zum Rundfunk überschritten hat. Zur Begleitung dieser Entscheidung haben die Landesmedienanstalten bereits am 16.12.1997 ein Erstes Strukturpapier über die Zuständigkeit der Landesmedienanstalten im Grenzbereich zwischen Rundfunk und Mediendiensten und die Unterscheidung von Rundfunk und Mediendiensten beschlossen, welches zwischenzeitlich durch ein Zweites Strukturpapier am 07./08.12.1998 aktualisiert[452] und nun als überarbeitetes Drittes Strukturpapier unter dem 06.11.2003 erneut publiziert wurde.[453] In dem Bewusstsein der mangelnden Operabilität der gesetzlichen Kriterien für die Abgrenzung zwischen Rundfunk und Mediendienst widmet sich das Strukturpapier der Erarbeitung von Eckwerten zur Einordnung der verschiedenartigen Dienste der elektronischen Kommunikation. Ausgangspunkt ist dabei das Unterscheidungsmerkmal der Darbietung mit seinem definitorischen Kern der Meinungsbildungsrelevanz. Angesichts der typologischen Klassifizierung der in § 2 Abs. 2 MDStV aufgeführten Mediendienste sei von einer graduell unterschiedlichen Wirkungsintensität der verschiedenen Angebote auf den Meinungsbildungsprozess auszugehen und danach zu fragen, worin sich die dort genannten Angebotstypen im Hinblick auf die Meinungsbildungsrelevanz vom Rundfunk unterscheiden und letztlich nicht an diesen heranreichten.[454] Zur Beantwortung erfolgt sodann eine negativ abgrenzende Betrachtung der Elemente des durch das Bundesverfassungsgericht eingeführten Begriffstripels „Breiten- oder Massenkommunikationswirkung", „Aktualität" und „Suggestivkraft", die den Rundfunk als Medium und Faktor der öffentlichen Meinungsbildung unter allen Medien aus-

---

[452] diese Fassung findet sich derzeit bei *Hartstein/Ring/Kreile/Dörr/Stettner*, § 2 RStV, Rn. 9 und bei Hahn/Vesting, RStV, Anhang zu § 20.

[453] Drittes Strukturpapier der DLM zur Unterscheidung von Rundfunk und Mediendiensten v. 06.11.2003 (3. DLM-Strukturpapier), Umdruck abrufbar unter www.ulr.de/ULR_LM_DLM_Position/dlmstr_rf_md.pdf.

[454] 3. DLM-Strukturpapier, unter 2.2, S. 5 f. des Umdrucks.

zeichnen.[455] Ohne eine abschließende Definition des Rundfunks anhand dieser drei Merkmale anbieten zu können, fordern die Landesmedienanstalten im Sinne der entsprechenden bundesverfassungsgerichtlichen Rechtsprechung ein technikoffenes Verständnis des Rundfunkbegriffs, da die Rundfunkfreiheit nur ohne das Anknüpfen an eine ältere Technik auch angesichts neuer technischer Möglichkeiten ihrer gewährleistenden Funktion erfüllen und ihre normierende Wirkung auch in einer sich wandelnden Zukunft bewahren könne.[456] Auch nach Ansicht des Bundesverfassungsgerichts sei eine Definition anhand abstrakter Tatbestandsmerkmale aber nicht möglich, da sich der Gehalt des Rundfunkbegriffs mit dem durch Art. 5 Abs. 1 GG geschützten Sozialbereich, also dem konkreten Lebenssachverhalt, auf den das Grundrecht bezogen ist, ändern könne.[457] Rundfunk sei daher als Typus anhand von sogenannten offenen Typenmerkmalen zu definieren.[458] Anders als Tatbestandsmerkmale müssten diese Merkmale nicht zwingend und könnten mit unterschiedlicher Intensität vorliegen oder ganz fehlen und doch eine Einordnung zum Rundfunk zulassen. Sie ermöglichten so einerseits eine mit fließenden Abstufungen versehene Einordnung gerade von Grenzfällen und erforderten andererseits keine ständige Anpassung an die tatsächlichen Veränderungen vor allem im technischen Bereich.[459] Ein Dienst sei danach umso rundfunktypischer je mehr und je stärker die Typenmerkmale erfüllt sind. Die Zusammenstellung der Merkmale wie auch die jeweilige Bewertung orientiere sich an dem Leitbild des Beeinflussungspotentials für die individuelle und öffentliche Meinungsbildung und den die Meinungsbildungsrelevanz beschreibenden Kriterien der Breitenwirkung, Aktualität und Suggestivkraft.[460]

Ein Dienst sei daher umso rundfunktypischer,[461]

- je höher die Wirkungsintensität der verbreiteten Inhalte als solche ist,[462]

---

[455] 3. DLM-Strukturpapier, unter 2.3, S. 6 f. des Umdrucks.

[456] vgl. 3. DLM-Strukturpapier, unter 2.3, S. 7 des Umdrucks.

[457] vgl. BVerfG, Beschl. v. 24.03.1987 – 1 BvR 147, 478/86, BVerfGE 74, 297, 323 - „Landesmediengesetz Baden-Württemberg"; Urt. v. 04.11.1986 – 1 BvF 1/84, BVerfGE 73, 118, 154 - „Niedersächsisches Landes-Rundfunkgesetz".

[458] vgl. 3. DLM-Strukturpapier, unter 2.4.1, S. 8 des Umdrucks.

[459] vgl. 3. DLM-Strukturpapier, unter 2.4.1, S. 8 des Umdrucks.

[460] vgl. 3. DLM-Strukturpapier, unter 2.4.1, S. 8 des Umdrucks.

[461] vgl. 3. DLM-Strukturpapier, unter 2.4.1, S. 9 des Umdrucks.

[462] Die Wirkungsintensität entspricht dem Beeinflussungspotential auf die

- je stärker die redaktionelle Gestaltung der Inhalte ist,[463]
- je realitätsnäher die Inhalte präsentiert werden[464] und
- je größer seine Reichweite und seine gleichzeitige Rezeptionsmöglichkeit / tatsächliche Nutzung sind[465] und
- je weniger Interaktivität des Nutzers den Rezeptionsvorgang bestimmt (Passivität des Nutzungsverhaltens und einfache Bedienbarkeit des Empfangsgeräts).[466]

Anhand dieser Merkmale sei eine Gesamtbetrachtung auch dann durchzuführen, sofern ein Dienst einem Angebotstyp des § 2 Abs. 2 Nr. 1 bis 4 MDStV entspreche, da immer gesondert zu prüfen sei, ob das Angebot dennoch dem Rundfunk zuzuordnen ist und damit die „Soweit"-Klausel" des § 20 Abs. 2 S. 1 RStV greift.[467] Dies gelte heute auch für die unter § 2 Abs. 2 Nr. 4 MDStV gefassten Abrufdienste, bei denen nun – anders als zum Zeitpunkt der Ratifizierung des

---

Meinungsbildungsfreiheit, so dass sich die Frage stelle: Wie groß ist der Bezug zum Gemeinschaftsleben, so dass das „Selbstgespräch der Gesellschaft stattfinden kann? Je größer dieser Bezug, je größer die Kommunikation zwischen den Rezipienten, desto höher das Beeinflussungspotential, vgl. 3. DLM-Strukturpapier, unter 2.4.2, S. 9 des Umdrucks.

463 Ist eine strukturelle Abfolge und Verknüpfung der Inhalte gegeben, die den Konsumenten vom Aus- oder Umschalten abhält? Dies führt aus Sicht der DLM zu einer längeren Rezeption und ist damit stärker meinungsbildend. Ebenso enthalte das Auswählen, Bearbeiten und Senden von Informationen wie auch Live-Übertragungen ein großes Beeinflussungspotential, vgl. 3. DLM-Strukturpapier, unter 2.4.2, S. 9 f. des Umdrucks.

464 Je authentischer die Präsentation, desto größer das Beeinflussungspotential und die dem Rundfunk wesensimmanente Suggestivkraft, vgl. 3.DLM-Strukturpapier, unter 2.4.2, S. 10 des Umdrucks.

465 Je mehr Menschen dieselben Inhalte tatsächlich rezipieren, desto größer die Beteiligung am „Selbstgespräch der Gesellschaft", die Einflussnahme auf die individuelle und öffentliche Meinungsbildung. Für diese dem Merkmal der Breitenwirkung zugeordnete Kategorie sei entscheidend, wie viele Nutzer den Dienst gleichzeitig tatsächlich in Anspruch nehmen können, vgl. 3. DLM-Strukturpapier, unter 2.4.2, S. 10 des Umdrucks.

466 Je geringer der Aufwand für die Informationserlangung, desto höher die Nutzungsquantität, desto größer die aufgenommene Information, desto höher der Einfluss auf die Meinungsbildung. Derjenige, der aktiv nach Informationen suche, sei nicht so anfällig für subtile Meinungslenkung, wie der mit verminderter Aufmerksamkeit Konsumierende, vgl. 3. DLM-Strukturpapier, unter 2.4.2, S. 10 des Umrucks.

467 vgl. 3. DLM-Strukturpapier, unter 3.1, S. 11 des Umdrucks.

MDStV – keine Einschränkung der Breitenwirkung mehr unterstellt bzw. die Wirkung nicht ausschließlich an seine technische Verbreitung geknüpft werden könne, da Massenkommunikation nun auch über elektronische Verbreitungswege erfolge, die früher der Individualkommunikation vorbehalten waren.[468]
Ohne VOD als Dienst ausdrücklich zu erwähnen, ordnen die Landesmedienanstalten aber elektronische Videotheken den Abrufdiensten – nicht nur im technischen Sinne – zu, da die Typenmerkmale des Rundfunkbegriffs nur schwach ausgeprägt seien. Eine gleichzeitige Rezeptionsmöglichkeit sie hier häufig nicht gegeben, es werde nicht hinreichend auf die allgemeine Meinungsbildung eingewirkt und eine Programmierleistung des Anbieters finde – jedenfalls über die Selektion der im Markt befindlichen Angebote hinaus – nicht statt. Dieser Einzeldienst erfülle nicht das Breitenwirkungskriterium, wobei bei einer ISDN-Übertragung auch die lange Übertragungsdauer entsprechend dazu beitrage.[469] Bei NVOD hingegen stelle die jeweilige Freischaltung des Kanals nur eine bestimmte Art der Bezahlform dar, jedoch keinen Abruf im Sinne von § 2 Abs. 2 Nr. 4 MDStV. Denn der Dienst werde bereits vor der Freischaltung verteilt (programmiert und vorrätig gehalten) und dem Kunden sei bewusst, dass er einer größeren Nutzergruppe angehört, die aufgrund der Bezahlung auf das Angebot zugreifen kann.[470] Dennoch sei bei solchen Diensten unabhängig von der technischen Übertragungsform ihre Bewertung und Einordnung anhand der dargestellten Typenmerkmale vorzunehmen.[471] Auch für NVOD-Angebote eröffnet sich mithin eine grundsätzlich offene Zuordnung.
Indes hat die DLM unter dem 17.12.2003 für das Angebot „movies and more Erotik“, welches Spielfilme im NVOD-Verfahren als PPV-Angebot bereit stellt, die rundfunkrechtliche Zulassungserteilung empfohlen, wobei aber zu beachten ist, dass das Angebot auch PPC-Angebote, also klassischen Rundfunk umfasst. Andererseits hat sie unter gleichem Datum die über die PREMIERE-Plattform zu verbreitenden Angebote „Blue Movie“ und „erotic media“ als rundfunkrechtlich unbedenkliche Mediendienste qualifiziert und dabei ganz auf die Einzelbestellung und -bezahlung der enthaltenen erotischen und auch pornografischen Filme und der dadurch gegebenen Bestimmung des

---

468 vgl. 3. DLM-Strukturpapier, unter 3.2, S. 13 des Umdrucks.
469 vgl. 3. DLM-Strukturpapier, unter 3.3.4, S. 15 des Undrucks.
470 vgl. 3. DLM-Strukturpapier, unter 3.3.4, S. 16 des Umdrucks.
471 vgl. 3. DLM-Strukturpapier, unter 3.3.4, S. 16 des Umdrucks.

Rezeptionsvorgangs durch Angehörige einer geschlossenen Benutzergruppe abgestellt.[472]

(6) Stellungnahme und Einordnung

Die mangelnde Operabilität des Merkmals der Darbietung zur Unterscheidung zwischen Rundfunk und Mediendienst fußt im Mangel materieller gesetzlicher Kriterien für die Beurteilung, ab wann ein Mediendienst Meinungsbildungsrelevanz besitzt, eine Darbietung enthält und damit in Rundfunk umschlägt. Hier schafft die nicht abschließende Typologie des § 2 Abs. 2 MDStV nur eingeschränkt Klarheit und begünstigt eine offen interpretative Diskussion, die in der dargestellten Entzweitheit der Literatur insbesondere hinsichtlich der Einordnung von NVOD und VOD mündet. Entlang des Mediendiensttypus „Abrufdienst" wird Position bezogen und etwa einerseits die Autonomie des Konsumenten hinsichtlich der Bestimmung des Rezeptionszeitpunktes entsprechend der Bundesverfassungsgerichtsrechtsprechung als irrelevant bewertet, andererseits von dieser abgekehrt und allein die Rolle des Konsumenten im Kommunikationsprozess gewürdigt. Während sich so dem Merkmal der „Allgemeinheit" gewidmet wird, obwohl es sowohl dem Rundfunk als auch den Mediendiensten immanent ist, wird das nach der gesetzlichen Definition prominente Unterscheidungsmerkmal der Darbietung eher vernachlässigt.

Der Hinwendung zum Konsumenten ist zuzugestehen, dass die neuen Übertagungstechniken mit DSL und künftig die Breitbandkabelübertragung oder auch die digitale Terrestrik die Rolle des Rezipienten stärkt und Massenkommunikation heute und künftig über Dienste erfolgen kann, die nach damaligem Technikverständnis nur der Individualkommunikation vorbehalten blieben. So wenig die Rezeptionsdeterminierung aber einerseits allein den Ausschluss aus dem gesetzlichen Rundfunkbegriff bewirken kann, so wenig kann sie andererseits eine pauschale Zuordnung zum Rundfunk bewirken noch darf sie aber völlig außer Acht gelassen werden. Sie muss vielmehr mit dem Hauptdifferenzierungsmerkmal der Darbietung in eine dann notwendige dienste- und einzelfallabhängige Auseinandersetzung und Gewichtung von Technik und Inhalten eingestellt werden, um eine

---

[472] vgl. Ergebnisse der 156. Sitzung der Direktorenkonferenz der Landesmedienanstalten (DLM) am 17.12.2003, Pressemitteilung 16/2003 vom 18.12.2003, ad 2., 4. und 5., abrufbar unter http://www.alm.de/aktuelles/presse/DLM/181203.htm.

schlüssige Einordnung zu erreichen. Es verbietet sich jede schematische Lösung.

Hier erweist sich die Typologie der Landesmedienanstalten als begrüßenswertes und vorzugswürdiges Instrumentarium. Es knüpft mit dem Begriffstripel „Breitenwirkung", „Aktualität" und „Suggestivkraft" an die verfassungsrechtlich untermauerte Sonderstellung des Rundfunks an, die ihn als Medium und Faktor der öffentlichen Meinungsbildung unter allen Medien auszeichnet und behält diese Sonderstellung bei der Konkretisierung der bundesverfassungsgerichtlichen Kriterien im Blick, um der Rundfunkfreiheit ihre gewährleistende Funktion und normative Kraft zu erhalten. Die ausdrücklich technikoffene Bewertung und Einordnung eines Dienstes ist anhand der dargestellten Typenmerkmale in fließenden Abstufungen möglich und lässt sich damit auf aktuelle wie zukünftige Erscheinungsformen der Kommunikation gleichermaßen anwenden. Starre Positionen werden so vermieden und der gewandelten Rolle des Rezipienten im Hinblick auf die Determinierung des Rezeptionszeitpunktes ebenso Rechnung getragen, wie der Meinungsbildungsrelevanz als Kernkriterium für das Vorliegen einer Darbietung. Die nur marginal unterschiedlichen staatsvertraglichen und gesetzlichen Begriffsbestimmungen lassen sich mit Hilfe dieser Typologie zur Einordnung von VOD- und NVOD-Angeboten zum jeweiligen Regelungswerk gut handhaben. Eine von Teilen der Literatur befürwortete gesetzliche Ausklammerung bestimmter Dienste ist daher weder angezeigt noch angesichts der Evolutionsgeschwindigkeit der Technik ratsam. Mit dem vorhandenen Instrumentarium lässt sich derzeit konsequent agieren statt regulatorisch, zumal mit geringer Halbwertzeit, nur zu reagieren.
Wählt man als Ausgangsbeispiel das Angebot eines Spielfilms im Wege des PPV, welches einerseits im VOD-Verfahren, andererseits im NVOD-Verfahren nutzbar sein soll, so gilt folgendes:

- Bei VOD handelt es sich zunächst technisch um einen klassischen Abrufdienst auch im Sinne der Begriffsbestimmung des § 3 Nr. 4 MDStV, da er im Wege einer Übertragung von Daten auf Anforderung eines einzelnen Nutzers erbracht wird. Das Angebot steht dem Rezipienten jederzeit über eine eigene Übertragungskapazität in einem Speicher zum Abruf zur Verfügung. Die offenen Typenmerkmale des Rundfunkbegriffs sind lediglich schwach ausgeprägt. So handelt es sich um einen Einzeldienst, bei dem keine gleichzeitige Rezeptionsmöglichkeit vorgesehen ist, so dass ein Multiplikationseffekt über das „Selbstgespräch der Gesellschaft" nicht droht. Auf die öffentliche Meinungsbildung wird nicht hinreichend eingewirkt, da der einzelne Rezipient allein bestimmt, welchen Film er zu welchem Zeitpunkt abruft. Dazu ist ferner ein gewisses Maß an Aktivität des Nutzerverhaltens erforderlich, da die notwendigen Bestellschritte über das übliche bloße Wechseln der Fernsehprogramme hinausgehen. Die Leistung des Anbieters beschränkt sich auf die Vorauswahl aus dem Marktangebot und dem Verfügbarmachen über das jeweilige Übertagungsmedium, wobei es zunächst unerheblich ist, ob es sich dabei um eine DSL-Leitung oder ein Breitbandkabel handelt. Eine längere Übertragungsdauer kann dann nur dazu führen, dass das Angebot noch weniger Breitenwirkung entfaltet.[473] Ohne inhaltliche Aufbereitung oder eine Einbindung in eine Sendestruktur fehlt es auch an einer redaktionellen Gestaltung. Ferner ist der meinungsbildende Charakter beim bloßen Abruf von Spielfilmen eingeschränkt und das Merkmal der Darbietung nur schwach ausgeprägt.[474] Der Abruf eines Spielfilms im Wege des VOD ist nach alldem eher rundfunkuntypisch, und damit angesichts einer gewissen Meinungsbildungsrelevanz nicht als Teledienst, sondern als Mediendienst i.S.d. § 2 Abs. 2 Nr. 4 MDStV einzuordnen.

- NVOD ist nicht schon technisch ein Abrufdienst. Dem einzelnen Rezipienten steht das Angebot gemeinsam mit einer unbestimmten Anzahl anderer Abonnenten zur gleichzeitigen Rezeption zur Verfügung. Eine individuelle Verbindung wird nicht aufgebaut, sondern auf den allgemein zugänglichen Stream mittels Freischaltung zugegriffen. Dabei würde eine stark erhöhte Wiederholungsfrequenz – etwa minütlich – dem Zugriffsdienst ergebnisbezogen zu dem Erscheinungsbild eines Abrufdienstes verhelfen. Zumindest derzeit handelt es sich im PREMIERE Direkt-Programm aber um halbstündige Zeitfenster, in denen der Rezipient auf eine geringe Auswahl von Filmen zugreifen kann, die ihm zudem nicht täglich zur Verfügung stehen. Der Veranstalter trifft hier also nicht nur eine Vorauswahl aus dem Marktangebot, die sodann jederzeit verfügbar gemacht würde. Vielmehr selektiert er aus seinem Filmbestand abermals und verbreitet diese Selektion in einem durch ihn determinierten Zeitraum und zu festgelegten Zeitpunkten. Der Unterschied zum herkömmlichen abendlichen Filmangebot im Free-

---

473 vgl. 3. DLM-Strukturpapier, unter 3.3.4, S. 15 f. des Umdrucks.

474 vgl. *Beucher/Leyendecker/v.Rosenberg*, § 2 RStV, Rn. 9; tendenziell auch *Ricker/Schiwy*, Rundfunkverfassungsrecht, 78, Rn. 67, wonach Spielfilme „bei publizistischer Relevanz“ das Merkmal der Darbietung erfüllen.

TV- und PPC-Angebot besteht lediglich in der erhöhten Disponibilität für den Rezipienten und der Freischaltung auf dessen Bestellung hin. Letztere Interaktivität und die damit verbundene geringe Nutzungshäufigkeit bildet neben der geringen Meinungsbildungsrelevanz eines Filmangebots die deckungsgleiche Schnittstelle zwischen VOD und NVOD. Bei NVOD ist die Einbindung in eine veranstalterseitig vorgegebene Sendestruktur aber rundfunktypischer und das Maß der Autonomie des Konsumente korrespondierend reduziert. Rundfunktypischer ist des weiteren sowohl der potentielle als auch der zum jeweiligen Rezeptionszeitpunkt tatsächlich erreichte Adressatenkreis. Mithin ist das NVOD-Angebot eines Spielfilms derzeit dem Rundfunk zuzuordnen. Über eine Erweiterung der Übertragungskapazitäten wird sich aber perspektivisch einerseits die Auswahl vergrößern und diese auch quantitativ häufiger verfügbar machen lassen, was kehrseitig die tatsächliche gleichzeitige Reichweite einschränkt. Gegebenenfalls wäre dann eine Unterscheidung zwischen NVOD und VOD auf das Merkmal der individuellen Übertragungskapazität reduziert und beide Dienste schließlich gleichermaßen rundfunkuntypisch. Die offene Typologie des § 2 MDStV ermöglichte dann auch eine Einordnung des NVOD-Angebots als Mediendienst, da § 2 Abs. 2 Nr. 4 MDStV Abrufdienste nur „insbesondere", aber nicht „ausschließlich" erfasst.
Die folgende Beurteilung des dauerhaften Branding in Mediendiensten ließe sich dann entsprechend übertragen.

b) Branding in Mediendiensten

Die Zulässigkeit eines Branding in Mediendiensten ist an § 13 MDStV zu messen, der mit „Werbung, Sponsoring" überschrieben ist. Beide Begriffe sind im MDStV zwar nicht definiert, lassen sich jedoch als „kommerzielle Kommunikation" auffassen, die nun in § 3 Nr. 5 MDStV entsprechend ihrer in Art. 2 Lit. f) E-Commerce-Richtlinie[475] enthaltenen Definition eine Begriffsbestimmung erfährt als

„(...)jede Form der Kommunikation, die der unmittelbaren oder mittelbaren Förderung des Absatzes von Waren, Dienstleistungen oder des Erscheinungsbilds eines Unternehmens, einer sonstigen Organisation oder einer natürlichen Person dient, die eine Tätigkeit im Handel, Gewerbe oder Handwerk oder einen freien Beruf ausübt;(...)".

---

[475] EG-Richtlinie über den Elektronischen Geschäftsverkehr im Binnenmarkt – 2000/31/EG – ABl. EG Nr. L 178 vom 17.01.2000, S. 1.

Mit dieser Umsetzung der E-Commerce-Richtlinie ist der zuvor erforderliche Rückgriff auf die rundfunkstaatsvertraglichen Begriffsbestimmungen für „Werbung“ und „Sponsoring“[476] obsolet, obgleich Elemente dieser Begriffsbestimmungen auch in der mediendienstestaatsvertraglichen Definition der kommerziellen Kommunikation enthalten sind. Eine kongruente Abstimmung der Begrifflichkeiten zwischen § 3 Nr. 5 und § 13 MDStV ist zur Klarstellung aber wünschenswert. Das Ausgangsbeispiel eines eingeblendeten Firmen- oder Markenlogos, welches als Sponsorenhinweis ausgestaltet ist, stellt als „Förderung des Erscheinungsbildes eines Unternehmens“ jedenfalls einen Fall der kommerziellen Kommunikation dar. Dies gilt aufgrund seiner regelmäßigen Entgeltlichkeit, die hier die Abrufkosten des Filmangebotes kompensieren soll, auch im Umkehrschluss zu solchen Angaben, die gemäß § 3 Nr. 5 b) MDStV als solche keine kommerzielle Kommunikation darstellen, namentlich

„Angaben in Bezug auf Waren und Dienstleistungen oder das Erscheinungsbild eines Unternehmens, einer Organisation oder Person, die unabhängig und insbesondere ohne finanzielle Gegenleistung gemacht werden“.

Nach § 3 Nr. 5 a) MDStV sind ferner aus der kommerziellen Kommunikation ausgenommen:

„Angaben, die direkten Zugang zur Tätigkeit des Unternehmens oder der Organisation oder Person ermöglichen, wie insbesondere ein Domain-Name oder eine Adresse der elektronischen Post“.

Dies erlaubt die Einblendung einer Internet-Domain, ohne an die folgenden Einschränkungen gebunden zu sein.

Nach § 13 Abs. 1 S. 1 MDStV muss Werbung als solche klar erkennbar und vom übrigen Inhalt der Angebote eindeutig getrennt sein. Damit ähnelt die Vorschrift § 7 Abs. 3 S. 1 und 2 RStV, ohne klarstellend eine „optische“ Trennung genügen zu lassen. Vergegenwärtigt man sich, dass es sich bei den Mediendiensten üblicherweise um Bild- und Textangebote handelt, erscheint eine ausdrückliche Normierung der notwendigen aber auch ausreichenden Bedingung der optischen Trennung auch redundant, da eine zeitliche Trennung ohnehin nicht in Betracht kommt. Beispielsweise findet, abgesehen von gesondert dargestellter Pop-up-Werbung, auf Internetseiten regelmäßig eine Teilbelegung der Internetseite (des Bildes) mit Werbung, etwa durch Werbebanner statt. Die optische Gleichzeitigkeit von Inhalt und Werbung ist hier im Gegensatz zum Rundfunk die übliche Erscheinungsform, die bei eindeutiger Trennung und Erkennbarkeit den Anforderungen

---

476 so noch zu § 9 a.F. MDStV *Meier*, in: Roßnagel, MDStV, § 9 a.F., Rn. 39 f.

des MDStV genügt. Ein durch Bild- oder Tonsignal bewirkter Hinweis auf die folgende Werbung ist, anders als in § 7 Abs. 3 RfStV, nicht erforderlich, da sich Internetangebote im wesentlichen durch die parallele Informations- und Werbevermittlung auf den einzelnen Bildseiten von den linearen Programmen des Rundfunks unterscheiden[477]. Die Erkennbarkeit muss sich an dem Sinn und Zweck der Norm orientieren, die dem Nutzer Schutz vor unerkannter Werbung geben möchte, wozu es ausreichen wird, dass bei gehöriger Sorgfalt erkennbar wird, dass es sich im konkreten Fall um eine Werbebotschaft handelt.[478]
In Verteildiensten nach § 2 Abs. 2 Nr. 1 MDStV ist diese Erkennbarkeit über § 13 Abs. 2 MDStV an den Werbe- und Sponsoringvorschriften des RStV zu messen. Damit ist für das Teleshopping unabhängig von der Art der Kommunikationsplattform am Verbot des dauerhaften Branding entsprechend dem oben gefundenen Ergebnis festzuhalten, da hier eine Teilbelegung des Bildes über § 13 Abs. 2 MDStV i.V.m. §§ 7 Abs. 4, 15 und 45 RStV nur bei eindeutiger Kennzeichnung als Werbung und quantitativ beschränkt möglich ist. Das Branding von Spielfilmen schließt diese Vorschrift indes nicht aus. Nämliches gilt für die analoge Anwendung des § 8 RStV auf das Sponsoring bei Fernsehtexten nach § 13 Abs. 3 MDStV. Ohne die Auslegungsfähigkeit des § 8 RStV hinsichtlich eines Sponsorenhinweises innerhalb einer Sendung erneut bemühen zu müssen, ist hier nur das Sponsoring bei Fernsehtexten, nicht das eines Spielfilms den rundfunkrechtlichen Restriktionen unterworfen.[479]
Für Abrufdienste i.S.d. § 2 Abs. 2 Nr. 4 MDStV fehlt eine dynamische Verweisung, die zur Anwendbarkeit der rundfunkstaatsvertraglichen Restriktionen führen würde. Sie unterliegen damit allein dem Trennungs- und Erkennbarkeitsgebot des § 13 Abs. 1 MDStV, welches sich am Schutz des Nutzers vor unerkannter Werbung auszurichten hat. Während bei einer Bannerwerbung der Werbecharakter in der Regel offensichtlich ist, wird man für ein an sich nicht werbendes Icon

---

[477] Hoeren/Sieber - *Körner/Lehment*, 11.1, Rn. 166.
[478] vgl. *Meier*, in: Roßnagel, MDStV, § 9 a.F., Rn. 5.
[479] ferner wird m.E. zu Recht bezweifelt, ob die hier für den Fernsehtext erreichte Regelungstiefe, die sich weder bei Radiotext noch bei vergleichbaren Textdiensten findet, notwendig ist, vgl. *Meier*, in: Roßnagel, MDStV, § 9 a.F., Rn. 89. Schließlich impliziert der über § 2 Abs. 2 Nr. 3 MDStV eröffnete Geltungsbereich des MDStV eine Gleichstellung und -behandlung der „Verteildienste in Form von Fernsehtext, Radiotext und vergleichbaren Textdiensten“.

hier eine Kennzeichnung als Werbung verlangen müssen, sofern dieses mit einer kommerziellen Internetseite verlinkt ist.[480] Dazu wird es andererseits genügen, dass Icon mit dem Buchstaben „W“ zu versehen, was auch der Kennzeichnungs- und Trennungspflicht in der Vorgängerregelung § 8 Btx-StV entspricht, die solches für Anbieterbezeichnungen, Sachgebiete und Stichworte in Registern oder Inhaltsübersichten vorsah, wenn diese ausschließlich zu Angebotsseiten führten, die allein wirtschaftlichen Werbezwecken dienten.[481]
Erschöpft sich die kommerzielle Kommunikation aber in der Einblendung eines inaktiven Firmen- oder Markenlogos als Hinweis auf den Financier eines Filmangebots und belegt dieses in ausreichender Trennung vom übrigen Inhalt der Angebote nur einen Teil der Darstellungsfläche, ist dem Erkennbarkeitserfordernis durch die Ausgestaltung als Sponsorenhinweis genügt. Eine dementsprechende Einblendung ist mithin in Mediendiensten zulässig und dies zudem dauerhaft, da quantitative Beschränkungen der kommerziellen Kommunikation dem MDStV für den Bereich der Abrufdienste fremd sind.

5. Programmbegleitende Werbung im digitalen Hörfunk

Die Digitalisierung der Terrestrik soll perspektivisch auch zu einer vollständigen Ablösung des analogen Hörfunks durch den Standard DAB-T[482] (Digital Radio) bis spätestens 2015 führen.[483] Die damit verbundene Vervielfachung und Verbreiterung der Übertragungskapazitäten[484] erlaubt innerhalb der Programmäquivalente auch die Aufnahme Neuer Dienste, etwa Radiotextangebote nebst Bildelementen, die sich ohne Minderung der Übertragungsqualität zusätzlich zum

---

480 vgl. *Meier*, in: Roßnagel, MDStV, § 9 a.F., Rn. 55; vgl. jedenfalls für Links in redaktionellen Beiträgen *Gummig*, ZUM 1996, 573, 581.

481 vgl. *Meier*, in: Roßnagel, MDStV, § 9 a.F., Rn. 7, 49; vgl. auch *Beucher/Leyendecker/v.Rosenberg*, § 9 a.F. MDStV, Rn. 3.

482 „Digital Audio Broadcasting – Terrestrial”.

483 vgl. dazu die BMWi-Dokumentation Nr. 481 – „Startszenario 2000“ – Sachstandsbericht und Empfehlungen der Initiative „Digitaler Rundfunk“ zur Digitalisierung von Hörfunk und Fernsehen unter Berücksichtigung der Verbreitung über Kabel, Satellit und Rundfunksender – im folgenden: „Startszenario 2000“, abrufbar unter http://www.bmwi.de/Navigation/Service/Bestellservice/publikationen-dokumentationen.html, S. 9 f.

484 es wird eine Vervierfachung der Kapazitäten prognostiziert, vgl. Starszenario 2000, S. 9.

Programm des Hörfunkveranstalters übermitteln lassen. Dabei werden diese Zusatzdienste qualitativ und quantitativ über die heute möglichen kapazitätsbedingt geringen Ergänzungsinformationen per RDS weit hinausgehen und nicht nur eine Senderkennung oder Titel und Interpret des parallel laufenden Liedes enthalten können, sondern umfangreiche Informationsseiten etwa des Hörfunkveranstalters. Auch die Einblendung von (Werbe-)Bildbotschaften ist hier denkbar.
Zwar sind die im Markt befindlichen Hörfunkempfänger derzeit nicht in der Lage, solche Dienste darzustellen. Zum Empfang von DAB-T ist aber ohnehin – wie auch für DVB-T[485] – entweder eine Aufrüstung der bestehenden Empfangsgeräte durch Vorschaltung eines Digitaldecoders oder der Austausch der Endgeräte gegen solche mit integrierten Decodern, sogenannte Integrated Receiver Decoder (IRD), erforderlich.[486] Anders als etwa bei der lange zurückliegenden Umstellung von Schwarz-Weiß- auf Farbfernsehen, lassen sich die vorhandenen Geräte nicht weiternutzen, da sie nicht in der Lage sind, die neuen digitalen Übertragungssignale umzusetzen.[487]
Zur Darstellung der über das Audioprogramm hinausgehenden Inhalte ließen sich zukünftige Hörfunkempfangsgeräte etwa mit LCD-Displays ausstatten, wie sie derzeit bereits für Navigationssysteme in den Autoradiosystemen neuester Bauart Verwendung finden. Auf diesen ließen sich einerseits programmbegleitende redaktionell bearbeitete Inhalte, möglicherweise mit weiterführenden Untermenüs, vergleichbar dem bekannten Videotext, hier als Radiotext darstellen. Andererseits ist die Einblendung von Markenemblemen oder statischen wie animierten Werbelementen sowohl parallel zu den Werbeblöcken als auch unabhängig davon während des Audioprogramms denkbar.
Die folgende werberechtliche Bewertung kann angesichts der derzeit nur eingeschränkt prognostizierbaren Entwicklung der Endgeräte- und Übertragungstechnik nur einen Überblick bieten.
Die auf einem Display optisch wahrnehmbare Werbeeinblendung wäre, auch wenn sie parallel zum redaktionellen Hörfunkprogramm stattfände, von diesem – anders als etwa Werbung mittels Screen-Splitting im Fernsehen – schon medial getrennt. Diese mediale Trennung von

---

485 „Digital Video Broadcasting – Terrestrial"

486 vgl. *Wagner/Grünwald*, DVB-T, S. 12.

487 um Synergien aus dem Endgeräteangebot im terrestrischen, sowie im Kabel- und Satellitenbereich nutzten zu können und die Umstellung zu erleichtern, empfiehlt die Initiative Digitaler Rundfunk, von Anfang an Mehrnormgeräte (PAL + DVB) zu vertreiben, Startszenario 2000, S. 30 f.; *Wagner/Grünwald*, DVB-T, S. 12 mit FN 14.

Werbung und Programm wird man als ausreichend erachten müssen, solange kein inhaltlicher Zusammenhang zwischen Display-Werbung und Audioprogramm erkennbar ist.[488] Solange unterliegt allein das Hörfunkprogramm der Trennungsvorgabe des § 7 Abs. 3 S. 1 RStV, der hier entsprochen wird, da das Audioprogramm keine werbenden Elemente enthält. Die Display-Werbung wäre als über elektromagnetische Schwingungen ohne Verbindungsleitung an die Allgemeinheit gerichteter Informationsdienst als Mediendienst nach § 2 Abs. 1 S. 1 MDStV einzuordnen und müsste, solange sie kein Teleshopping i.S.v. § 2 Abs. 2 Nr.1 MDStV darstellt, den zuvor dargestellten Trennungs- und Erkennbarkeitsvorgaben des § 13 Abs. 1 MDStV genügen. Ist allein die kommerzielle Kommunikation auf dem Display enthalten, ist eine Trennung weder erforderlich noch möglich, da es an einem von der Norm vorausgesetzten „übrigen Inhalt“ als Bezugspunkt fehlt. Wird die kommerzielle Kommunikation dagegen dem Radiotextangebot beigeordnet, ist eine Trennung und – nach dem zuvor Festgehaltenen – eine Kennzeichnung durch die Einblendung eines „W“ erforderlich, aber auch ausreichend. Bei einem Sponsoring des Radiotextes erweist sich § 13 Abs. 3 MDStV insofern noch als unausgereift, als die Norm die Sponsoringvorschrift des § 8 RStV allein für den Fernsehtext überträgt. Die in § 2 Abs. 2 Nr. Nr. 3 MDStV zum Ausdruck kommende Nivellierung von Fernsehtext, Radiotext und vergleichbaren Textdiensten wird sicher dann eine Anpassung des § 13 Abs. 3 MDStV erfordern, wenn der Radiotext eine dem Fernsehtext vergleichbare Bedeutung durch intensive Nutzung erlangt. Die dann gebotene Gleichbehandlung dürfte in der Ausdehnung des Anwendungsbereiches des § 13 Abs. 3 MDStV auf den Radiotext münden.[489] Keinen eigenständigen Mediendienst werden aber solche Display-Informationen darstellen, die mit dem Hörfunkprogramm koordiniert sind, also mit diesem in einem inhaltlichen Zusammenhang stehen, da die Gesamtwirkung dann der des Screen-Splitting im Fernsehen entspricht.[490] So könnte der Ausstatter eines Gewinnspiels im Hörfunk, etwa eine Fluggesellschaft oder ein regional bekanntes Möbelcenter, auf den im Rahmen des Hörfunkprogramms hingewiesen werden darf bzw. muss,[491] diesem Gewinnspiel auf dem Display weitere Produkt-

---

488 *Ladeur*, in: Hahn/Vesting, RStV, § 7, Rn. 37, 52.

489 die derzeitige Regelungstiefe für Fernsehtext würdigt aber zu recht kritisch *Meier*, in: Roßnagel, MDStV, § 9 a.F., Rn. 89.

490 vgl. *Ladeur*, in: Hahn/Vesting, RStV, § 7, Rn. 37.

491 die öffentlich-rechtlichen Rundfunkveranstalter haben auf den Spender

beispiele oder -informationen beiordnen, also beispielsweise noch verfügbare Last-Minute-Angebote oder Möbelschnäppchen. Dem aktuellen Entwicklungsstand der DAB-T-Technik ist geschuldet und daher aktuell unschädlich, dass die derzeitige Regelung in § 7 Abs. 4 S. 1 RStV auf diese Darstellungsform nicht anwendbar ist, da das Display insgesamt durch Werbung und damit nicht nur teilweise belegt wäre. Hier käme neben einer Konkretisierung über die Werberichtlinien der Landesmedienanstalten[492] und die der öffentlich-rechtlichen Rundfunkveranstalter auch eine Ausweitung der rundunkstaatsvertraglichen Norm auf hörfunkprogrammbezogene Display-Belegungen mit Werbung in Betracht, in der eine Kennzeichnungspflicht unter Beachtung der technischen Darstellungsmöglichkeiten einzufordern wäre.[493]

Eine visuelle Begleitung der klassischen Hörfunkwerbung, also der regelmäßig vor den stündlichen Nachrichten geschalteten Werbeblocks, würde keine gesonderte Kennzeichnung der Display-Werbung erfordern. Durch die nach § 7 Abs. 3 S. 1 RStV obligatorische akustische Trennung des Audioprogramms von der nachfolgenden Werbung, ist der Konsument bereits durch das Trennungsjingle im Audioprogramm ausreichend darauf hingewiesen, dass die diesem Jingle nachfolgenden Inhalte Werbung darstellen. Die Kenntnis, nun Werbung wahrzunehmen, wird der Rezipient auch auf die Displayinformationen erstrecken.

Die derzeitige Kommunikationsordnung erweist sich damit perspektivisch auch für zu gewärtigende neue Formen der Hörfunkwerbung bzw. kommerziellen Kommunikation, die das Audioprogramm visuell

---

hinzuweisen und die Darstellung oder Nennung von Produkten auf das programmlich Notwendige zu beschränken, vgl. jeweils Ziff. 9.2 der ARD- bzw. ZDF-Richtlinien für die Werbung und das Sponsoring, abgedruckt bei *Hartstein/Ring/Kreile/Dörr/Stettner*, § 7 RStV, Rn. 100, 101. Für private Rundfunkveranstalter ist bei der Auslobung von Geld- und Sachpreisen in Verbindung mit Gewinnspielen und Quizveranstaltungen, die redaktionell gestaltet sind, eine dreimalige Nennung der Firma bzw. zur Verdeutlichung des Produkts auch eine kurze Beschreibung des Preises zulässig, Ziff. 16 der Gemeinsame Richtlinien der Landesmedienanstalten für die Werbung, zur Durchführung der Trennung von Werbung und Programm und für das Sponsoring im Hörfunk in der Neufassung vom 10.02.2000, abgedruckt bei *Hartstein/Ring/Kreile/Dörr/Stettner*, § 7 RStV, Rn. 103 und abrufbar unter http://www.alm.de/bibliothek/riliwerb2-hf.html.

492 bevorzugt von *Ladeur*, in: Hahn/Vesting, RStV, § 7, Rn. 37.

493 technikbezogen bewusst offengelassen von *Ladeur*, in: Hahn/Vesting, RStV, § 7, Rn. 37.

begleiten mögen, ohne erhöhten Anpassungsbedarf gut anwendbar und damit als zukunftssicher.

E. Zusammenfassung der Ergebnisse

1. Die auf einer Begriffsbildung aus dem Jahre 1965 beruhende Unterscheidung zwischen instrumentaler und medialer Werbung erlaubt heute keine kategorisierende Zuordnung zum Werbebegriff. Der Begriff „mediale Werbung“ lässt sich aber als Kurzbezeichnung für solche Werbeeffekte nutzen, welche ohne bezweckte werbende Hervorhebung zwangsläufig durch die lebensnahe Abbildung der realen Umwelt eintreten.

2. Das Konsumverhalten des Rezipienten, welches durch die Tendenz des Programmwechsels während einer Werbeeinblendung geprägt ist, bewirkt auf Seiten der Rundfunkveranstalter einerseits entgegen der ratio der §§ 14 Abs. 2 S.1, 44 Abs. 2 S.1 RStV eine Abkehr von der Scharnier-, hin zur Unterbrecherwerbung. Andererseits gewinnen programmbegleitende Werbeformen an Attraktivität, bieten sie doch eine sicherere Gewähr dafür, dass der Rezipient bei dem gewählten Programm verweilt und die begleitende Werbebotschaft wahrnimmt.

3. Der Begriff „programmbegleitende Werbeformen“ umfasst die Gesamtheit derjenigen Werbeformen, die auf einer Gleichzeitigkeit von Werbeelement und redaktionellem Programm beruhen.

4. Äußerungen in Wettbewerbsabsicht dienen, soweit sie Elemente des Dafürhaltens und Meinens eines Werbetreibenden enthalten, der von Art. 5 Abs. 1 GG geschützten Freiheit der öffentlichen und privaten Meinungsbildung und sind daher nicht von vorneherein aus dem Schutzbereich des Art. 5 Abs. 1 S. 1 GG auszunehmen.

5. Die Rundfunkfreiheit aus Art. 5 Abs. 1 S. 2 GG schützt auch die im Rahmen der Verbreitungsfreiheit liegende Vermittlung von Werbung mittels Rundfunk in den Grenzen der Werberestriktionen. Die Vermittlung der von Art. 5 Abs.1 S. 1 GG geschützten Meinung kann dabei ungeachtet ihres jeweiligen Informationswertes erfolgen. Auch als Teil der Gesamtfinanzierung der Veranstaltung von Rundfunk in seiner derzeitigen Form, erstreckt sich der Schutzbereich des Art. 5 Abs. 1 S. 2 GG auf die Rundfunkwerbung.

6. Als Gebot der Rundfunkfreiheit schützt der Trennungsgrundsatz zum einen die Unabhängigkeit der publizistischen und redaktionellen Tätigkeit des Rundfunkveranstalters im Prozess der öffentlichen Meinungsbildung und zum zweiten das korrespondierende kommunikative Vertrauen des Rezipienten, der zur kategorisierende Einordnung des wahrgenommenen Inhalts die Intention des Kommunikators erkennen können muss.

7. Der in der Literatur trotz der Übernahme der Begriffsbestimmung des Art. 1 c) EU-Fernsehrichtlinie in § 2 Abs. 2 Nr. 5 S. 1 RStV erhalten gebliebene Disput über die Geltung eines engen oder weiten Werbebegriffs, ließe sich durch die Normierung eines harmonisierten absatzorientierten Werbebegriffs beilegen. Nach Erstreckung der Definition der Werbung auf „Äußerungen zur Unterstützung einer Idee" erhielte das dann auch begriffsschlüssige Verbot der Werbung politischer, weltanschaulicher oder religiöser Art in § 7 Abs. 8 S. 1 RStV den faktischen Ausschluss ideeller Werbung und die Ausrichtung der Werberestriktionen auf die Wirtschaftswerbung aufrecht. Soziale Appelle blieben von diesem Verbot unberührt und damit weiter zulässig, indes nur im Rahmen der allgemeinen Werberestriktionen.

8. Die zeitliche Vorgabe in Ziff. 6.2 DLM-Fernsehwerberichtlinien ist eine hinreichende Konkretisierung der in § 7 Abs. 3 S. 2 RStV geforderten Eindeutigkeit der Trennung, die dem Konsumenten ein ausreichendes Zeitfenster für seine Entscheidung ermöglicht, sich dem folgenden werbenden Inhalt auszusetzen oder sich ihm zu entziehen.

9. Die Kennzeichnung des Endes eines Werbeblocks ist nach dem Telos des Trennungs- und Kennzeichnungsgebotes entbehrlich. Diesem entspricht es, den durchschnittlichen Konsumenten vor der Fehleinschätzung zu bewahren, Werbung für einen Bestandteil des redaktionellen Programms zu halten, nicht umgekehrt. Richtet sich ein Programmformat aber speziell an Kinder als Rezipienten, ist diesen aufgrund ihrer durch die unterdurchschnittliche Differenzierungsfähigkeit bedingten besonderen Schutzbedürftigkeit aber eine Stütze zur Einordnung des Inhalts durch Nachschalten eines Werbetrenners zu bieten.

10. Das Erbe der Rechtsprechung im Fall Boro besteht nicht in der teils beklagten restriktiven Gängelung des Konsumenten. Die

verfassungskonforme Interpretation des Trennungsgebotes hinsichtlich seiner redaktionellen und individuellen Schutzrichtung ist vielmehr ausgewogen zu nennen. Weder opfert sie dessen Schutzgüter und verlangt daher die Einhaltung der Werberestriktionen noch schließt sie die wirtschaftliche Betätigung des Rundfunkveranstalters im Wege eines Medienverbundes nebst Hinweis auf das Begleitmaterial aus und wird damit auch einem etwaig erweiterten Informationsinteresse des Konsumenten gerecht.

11. Das Verbot der Schleichwerbung hat der Rundfunkveranstalter mit einer abnehmend abgestuften Überwachungsverpflichtung proportional zur jeweiligen Beteilungsstufe von der Eigen- über die Co- bis hin zur Auftragsproduktion zu beachten. Bei der Wiedergabe von Kaufproduktionen ist gegebenenfalls ein Hinweis auf die überbordende Produktpenetranz vorzuschalten.

12. Die synonyme Verwendung der Begriffe „Schleichwerbung" und „Product Placement" wird den Fällen der zulässigen Platzierung von Produkten et al. nicht gerecht. Vorzuziehen ist die Unterscheidung zwischen zulässigem Product Placement, also medialer Werbung, und unzulässigem Product Placement, also Schleichwerbung.

13. Programming, beispielsweise in Infotainment-Programmen, geht durch die Einbindung von Unternehmen in den redaktionellen Gestaltungsprozess und insbesondere im Falle der Übernahme unternehmensintern produzierter Beiträge über die bloße Beistellung von Produktionsmitteln und -hilfen hinaus. Die damit verbundene Gefährdung der redaktionellen Unabhängigkeit, die sich im letzteren Fall in der reinen Vermittlungsentscheidung erschöpft, erfordert eine sensible Beobachtung der Grenzen zwischen zulässigem und unzulässigem Product Placement.

14. Virtuelle Werbung ist nicht aufgrund etwaiger Unvermeidbarkeit als aufgedrängte Schleichwerbung lediglich toleriert, sondern als programmbegleitende Werbeform ausdrücklich zugelassen.

15. Die Vermittlung von virtueller Werbung, die in übernommenen Übertragungen enthalten ist und über das nach § 7 Abs. 6 S. 2 RStV zulässige Maß hinaus geht, ist nach den Grundsätzen über das aufgedrängte Product Placement als aufgedrängte virtuelle

Werbung zulässig. Während der Rundfunkveranstalter dabei von der Vorgabe befreit ist, dass nur vorhandene Werbung substituiert werden darf, macht seine mangelnde Einflussmöglichkeit aber nicht den Hinweis auf die virtuelle Werbung verzichtbar, da die Hinweisbedürftigkeit des Rezipienten ohne Ansehung des Urhebers des vermittelten Inhalts besteht.

16. Auf vorerwähnte Hinweispflicht droht der Anwendungsbereich des § 7 Abs. 6 S. 2 RStV künftig durch den in der Praxis zu erwartenden vertraglichen Ausschluss der substituierenden Überblendung regelmäßig reduziert zu werden. Die mit der Zulassung der virtuellen Werbung verfolgte Liberalisierung lässt sich aber – auch im wirtschaftlichen Interesse der Rundfunkveranstalter – durch eine maßvoll erweiterte Neuregelung erreichen. Beschränkt auf Sportveranstaltungen, bei denen der Rezipient keine Werbefreiheit erwartet, sollte dabei das Bereitstellen von Blanko-Banden oder -Objekten in der Umgebung der Wettkampfstätte zur nachträglichen Implementierung von Werbung durch den Rundfunkveranstalter zugelassen werden. Die quantitativen Beschränkungen sind wie beim Screen-Splitting durch entsprechende Verweise sicherzustellen, die 20:00 Uhr-Grenze für die öffentlich-rechtlichen Veranstalter ist indes für diesen Bereich aufzuheben. Um eine übersteigerte Penetranz zu verhindern, sollte auch zukünftig das Überblenden der Zuschauerränge und der Wettkampfstätte ausgeschlossen bleiben.

17. Eine Begriffsbestimmung zur virtuellen Werbung könnte unter Anpassung ihrer Definition in Ziffer 2 a) der FIFA-Regelung zum Gebrauch der virtuellen Werbung wie folgt als § 2 Abs. 2 Nr. 5 a) aufgenommen werden: *Virtuelle Werbung (ist) die computergestützte Manipulation authentischer live oder zeitversetzt übertragener Bilder und die Ersetzung verschiedener Elemente dieser Bilder zum Zwecke der Implementierung von Werbung in das Signal, welches durch Rundfunk übertragen wird.*

18. Die Vorgaben zur Trennung und Kennzeichnung von Werbung auf der Ebene des europäischen Sekundärrechts stehen der maßvollen Erweiterung der virtuellen Werbung auf initiativ platzierte virtuelle Werbung mangels eindeutiger Beschränkung nicht entgegen. Gestützt wird die Novelle ferner durch die von der EBU vorgeschlagenen Regelungen für die virtuelle Werbung,

nach denen diese auf Oberflächen eingefügt werden darf, auf denen Werbung aufgebracht werden *kann.*

19. Branding, die Einblendung eines Markenlogos durch Teilbelegung des Bildschirms, muss im Rundfunk den Kennzeichnungs-, Trennungs- und Anrechnungsvorgaben zum Screen-Splitting gerecht werden. Eine dauerhafte Einblendung ist daher unzulässig. Dieses Verbot lässt sich auch nicht durch eine Gestaltung des Branding als Sponsorenhinweis umgehen. Die anderenfalls resultierende Korrektivposition des Konsumenten wäre mit dem Schutzzweck der den Trennungsgrundsatz konkretisierenden Werberestriktionen unvereinbar.

20. Die Unterlegung eines Bildschirmbestandteils mit einem Link, der zu einem Dienst der Informationsgesellschaft führt, ist, sofern der Link selbst keine Werbung enthält, ohne weitere Kennzeichnung zulässig, auch wenn der sodann aufgerufene Dienst Werbung enthalten sollte. Für die jeweilige Kommunikationsform verbleibt es bei der jeweiligen gesetzlichen Grundlage. Auch bei Verlinkung der Senderkennung bleibt diese als Eigenwerbung und unter Umständen als Hinweis auf Online-Begleitmaterial wie bisher kennzeichnungsfrei.

21. Entsprechend erhält die im Rahmen der rundfunkstaatsvertraglichen Regelungen eingefügte Werbung durch die verlinkte Beiordnung eines Untermenüs zum Zwecke des ad-hoc-shopping keine neue Qualität, die sie gesondert kennzeichnungspflichtig werden ließe. Die Verlinkung einer Werbung oder einer darin enthaltenen Internet-Adresse ermöglicht nur die weitergehende Nutzung ohne Medienbruch, lässt die rundfunkrechtlichen Anforderungen dagegen unberührt.

22. Bei sichtbaren, erst recht bei versteckten Links, die über das Anklicken von abgebildeten Gegenständen den Aufruf eines absatzorientierten Untermenüs ermöglichen, handelt es sich nicht um Werbung im Rundfunk im engeren Sinne. Korrespondierend greifen Kennzeichnungs-, Trennungs- und Anrechungsvorgaben nicht. Der Konsument bleibt in seiner Entscheidung autonom, die Produktinformationen aufzurufen und damit im Sinne des Trennungsgrundsatzes ausreichend geschützt. Um die Unabhängigkeit des Rundfunkveranstalters nicht zu gefährden, gilt es aber, die gezielte Ausrichtung redaktioneller Programme auf die

Produktpräsentation zu verhindern. Im Einzelfall ist dazu eine Bewertung anhand der Kriterien zur Identifikation unzulässigen Product Placement vorzunehmen.

23. Die umstrittene Einordnung von VOD- und NVOD- Angeboten in die Kommunikationsordnung lässt sich trotz der marginal unterschiedlichen Begriffsbestimmungen des Rundfunks und der Mediendienste anhand der offenen Typologie der Landesmedienanstalten gut durchführen. Die dargestellten Typenmerkmale, die die verfassungsrechtlich untermauerte Sonderstellung des Rundfunks bei der Konkretisierung der bundesverfassungsgerichtlichen Kriterien „Breitenwirkung", „Aktualität" und „Suggestivkraft" im Blick behalten, erlauben eine fließende Abstufung und Anwendung auf aktuelle wie zukünftige Erscheinungsformen der Kommunikation. Der gewandelten Rolle des Rezipienten im Hinblick auf die Determinierung des Rezeptionszeitpunktes tragen sie ebenso Rechnung, wie der Meinungsbildungsrelevanz als Kernkriterium des Merkmals der Darbietung. Mit dem vorhandenen Instrumentarium lässt sich konsequent agieren statt regulatorisch lediglich zu reagieren.

24. VOD ist nach dieser Typologie eher rundfunkuntypisch, aufgrund seiner dennoch vorhandenen Meinungsbildungsrelevanz aber nicht als Teledienst, sondern als Mediendienst einzuordnen.

25. NVOD ist dagegen derzeit, trotz einiger deckungsgleicher Schnittstellen zu VOD, angesichts seines potentiellen als auch zum jeweiligen Rezeptionszeitpunkt erreichten Adressatenkreises eher rundfunktypisch.

26. Im Gegensatz zum Rundfunk ist ein dauerhaftes Branding in Abrufdiensten gemäß § 13 Abs. 1 MDStV zulässig. Ein mit einer kommerziellen Internetseite verlinktes Icon ist mit dem Buchstaben „W" ausreichend gekennzeichnet. Inaktive Icons genügen durch die Ausgestaltung als Sponsorenhinweis dem Erkennbarkeitserfordernis. Quantitative Beschränkungen bestehen nicht.

27. Werbeeinblendungen, die auf gesonderten Displays bei Empfangsgeräten des digitalen Hörfunks (DAB-T) vorgenommen werden, sind, solange kein inhaltlicher Zusammenhang zum Audioprogramm erkennbar ist, von diesem bereits medial getrennt. Sie müssen als Mediendienst den Erkennbarkeitsvorgaben des

§ 13 MDStV genügen. Sind die Display-Informationen dagegen mit dem Hörfunkprogramm koordiniert, entspricht dies in seiner Gesamtwirkung der des Screen-Splitting im Fernsehen. Die derzeitige Regelung in § 7 Abs. 4 S. 1 RStV ist auf diese Darstellungsform allerdings nicht anwendbar und bedürfte bei entsprechendem Fortschritt der Endgerätetechnik einer maßvollen Anpassung.

Literaturverzeichnis

Autor	Titel / Fundstelle
Bachof, Otto	Verbot des Werbefernsehens durch Bundesgesetz ? Frankfurt 1966 zit.: *Bachof*, Verbot des Werbefernsehens, Seite
Badura, Peter	Rundfunkfreiheit und Finanzautonomie (Beiträge zum Rundfunkrecht ; H. 35) Frankfurt am Main 1986 zit.: *Badura*, Rundfunkfreiheit und Finanzautonomie, Seite
Bauer, Helmut G.; Ory, Stefan	Recht in Hörfunk und Fernsehen Loseblattsammlung Stand: 49. Lieferung, Dezember 2003 München, Neuwied, Köln 2003 zit.: *Bauer/Ory*, Band, Kodifikation
Baumbach, Adolf; Hefermehl, Wolfgang	Wettbewerbsrecht Gesetz gegen den unerlaubten Wettbewerb, Zugabeverordnung, Rabattgesetz und Nebengesetze Kommentar 21.Auflage München 1999 zit.: *Baumbach / Hefermehl*, §, Rn.
Becker, Karl; Siegel, Karl-August	Wem gehört der Rundfunk? (Rundfunk und Fernsehen im Blick der Kirche ; bei H. 3) Frankfurt am Main 1959 zit.: *Bearbeiter*, in Becker/Siegel, Wem gehört der Rundfunk?, Seite

Belz, Dorothee — „Technischer Fortschritt erfordert Modernisierung des Jugendmedienschutzes“
in: MMR 2001, S. 561 – 562
zit.: *Belz*, MMR 2001, Seite

Benda, Ernst
Maihofer, Werner
Vogel, Hans-Jochen — Handbuch des Verfassungsrechts der Bundesrepublik Deutschland
2. Auflage
Berlin 1994
zit.: *Bearbeiter*, in: *Benda/Maihofer/Vogel*, Handbuch des Verfassungsrechts, §, Rn.

Bethge, Herbert — „Der verfassungsrechtliche Stellenwert der Werbung im öffentlich-rechtlichen Rundfunk“
in: MP 1983, S. 690 f.
zit.: *Bethge*, MP 1983, Seite

Beucher, Klaus; Leyendecker, Ludwig; Rosenberg, Oliver v. — Mediengesetze
Kommentar zum Rundfunkstaatsvertrag, Mediendienste-Staatsvertrag, Teledienstegesetz und Teledienstedatenschutzgesetz
München 1999
zit.: *Beucher/Leyendecker/v. Rosenberg*, §, Rn.

Bork, Reinhard — Werbung im Programm
Zur wettbewerbsrechtlichen Haftung der Fernsehanbieter für unzulässige Fernsehwerbung
München 1988
zit: *Bork*, Werbung im Programm, Seite

Bornemann, Roland; Kraus, Volker; Lörz, Nikolaus; Riedel, Irene; Hepach, Stefan; Gummer, Andreas — Bayerisches Mediengesetz
Kommentar
Loseblattsammlung
Stand: 15. Lieferung / Juni 2003
Baden-Baden
zit.: *Bornemann/Kraus/Lörz/Riedel/Hepach/Gummer*, BayMedienG, Art., Rn.

Bosman, Wieland	„Rundfunkrechtliche Aspekte der Trennung von Werbung und Programm" in: ZUM 1990, S. 545 – 556 zit.: *Bosman*, ZUM 1990, Seite
Braun, Kurt	„Werbung und Meinungsfreiheit nach Art. 5 Abs. 1 S. 1 Grundgesetz (GG)" in: WRP 1982, S. 510 – 515 zit.: *Braun*, WRP 1982, Seite
Deutsch, Askan	„Virtuelle Werbung im U.S.-amerikanischen Recht" in: GRUR Int. 2001, S. 400 – 413 zit.: *Deutsch*, GRURInt. 2001, Seite
Dolzer, Rudolf; Vogel, Klaus; Graßhof, Karin	Bonner Kommentar zum Grundgesetz Loseblattsammlung Stand: 109. Lieferung / Dezember 2003 zit.: *Bearbeiter*, in: Dolzer/Vogel/Graßhof (Hg.), BK, Art., Rn.
Dörr, Dieter	„Möglichkeiten und Grenzen europäischer Medienpolitik: Konvergenz und Kompetenz" in: K&R 1999, S. 97 – 103 zit.: *Dörr*, K&R 1999, Seite
Eberle, Carl-Eugen	„Digitale Rundfunkfreiheit – Rundfunk zwischen Couch-Viewing und Online-Nutzung" in: CR 1996, S. 193 – 198 zit.: *Eberle*, CR 1996, Seite
ders.	„Schriftliche Stellungnahme des Zweiten Deutschen Fernsehens zur Anhörung der Arbeitsgruppe „Rundfunkbegriff" der Rundfunkreferenten der Länder am 15.Juni.1994" in: ZUM 1994, S. 530 – 536 zit: *Eberle*, ZUM 1994, Seite

Engel-Flechsig, Stefan; Maennel, Frithjof; Tettenborn, Alexander	„Das neue Informations- und Kommunikationsdienste-Gesetz" in: NJW 1997, S. 2981 – 2992 zit.: *Engel-Flechsig/Maennel/Tettenborn*, NJW 1997, Seite
dies.	Neue gesetzliche Rahmenbedingungen für Multimedia Heidelberg 1999 zit.: *Engel-Flechsig/Maennel/Tettenborn*, Neue gesetzliche Rahmenbedingungen für Multimedia, Seite
Engel-Flechsig, Stefan; Roßnagel, Alexander	Multimedia-Recht Gesetze – Rechtsverordnungen – EU-Richtlinien – Empfehlungen München 1998 zit.: *Bearbeiter*, in: *Engel-Flechsig/Roßnagel*, Multimedia-Recht, Seite
Engels, Stefan	"Der Trennungsgrundsatz in der dualen Rundfunkordnung" Rechtlicher Gehalt und tatsächliche Durchsetzung durch die Landesmedienanstalten in: Rundfunk und Fernsehen, 45. Jahrgang, Baden-Baden 1997/2, S. 214 – 230 zit.: *Engels*, RuF 1997, Seite
ders.	Das Recht der Fernsehwerbung für Kinder (Materialien zur interdisziplinären Medienforschung ; Bd. 30) Baden-Baden 1997 zit.: *Engels*, Das Recht der Fernsehwerbung für Kinder, S.
ders.; Giebel, Torsten	„Das neue Fernsehwerberecht" in: ZUM 2000, S. 265 – 284 zit.: *Engels/Giebel*, ZUM 2000, S.

Freys, Alexander Anm. zum Split-Screen-Beschluss des VG Berlin v. 17.12.1998
in: ZUM 1999, S. 168 ff.
zit.: *Freys*, ZUM 1999, Seite

Friccius, Enno „Sponsoring"
in: ZUM 1996, 1019 – 1025
zit.: *Friccius*, ZUM 1996, Seite

Fuhr, Ernst W. ZDF-Staatsvertrag
2. Auflage
Mainz 1985
zit.: *Fuhr*, ZDF-Staatsvertrag, Kodifikation

ders.; Rudolf, Walter; Wasserburg, Klaus Recht der Neuen Medien
Heidelberg 1989
zit.: *Bearbeiter*, in: Fuhr/Rudolf/Wasserburg, Seite

Geiger, Wilhelm Die Funktion der Presse im demokratischen Staat
(Studien und Berichte der katholischen Akademie in Bayern ; H. 5)
München 1958
zit.: *Bearbeiter*, in: Geiger, Die Funktion der Presse, Seite

Gersdorf, Hubertus „Multi-Media: Der Rundfunkbegriff im Umbruch?"
in: AfP 1995, 565 – 573
zit.: *Gersdorf*, AfP 1995, Seite

ders. „Rundfunk und E-Commerce"
Von der Konvergenz der Techniken zur Konvergenz der Medienregulierungen
in: RTkom 1999, S. 75 – 84
zit.: *Gersdorf*, RTkom 1999, Seite

ders. Rundfunkfreiheit ohne Ausgestaltungsvorbehalt. Verfassungs- und gemeinschaftsrechtliche Vorgaben für die Einführung neue Kommunikationsdienste am Beispiel reiner Teleshoppingkanäle
BLM-Schriftenreihe, Bd. 33,
München 1996
zit.: *Gersdorf*, Rundfunkfreiheit ohne Ausgestaltungsvorbehalt, Seite

Gounalakis, Georgios „Regulierung von Presse, Rundfunk und elektronischen Diensten in der künftigen Medienordnung"
in: ZUM 2003, S. 180 – 192
zit.: *Gounalakis*, ZUM 2003, Seite

Gummig, Christian „Rechtsfragen der Werbung im Internet"
in: ZUM 1996, 573 – 583
zit.: *Gummig*, ZUM 1996, Seite

Hackbarth, Christina „Titelsponsoring im Fernsehen"
in: ZUM 1998, S. 974 – 984
zit.: *Hackbarth*, ZUM 1998, Seite

Hahn, Werner; Vesting, Thomas Beck'scher Kommentar zum Rundfunkrecht: Rundfunkstaatsvertrag, Rundfunkgebührenstaatsvertrag, Rundfunkfinanzierungsstaatsvertrag, Jugendmedienschutzvertrag
München 2002
zit.: *Bearbeiter*, in: Hahn/Vesting, RStV, §, Rn.

Hamann, Andreas Das Grundgesetz für die Bundesrepublik Deutschland
3. Auflage
Neuwied 1970
zit.: *Hamann*, GG, Art., Kodifikation

Harbrücker, Ulrich; Wiedmann, Klaus-Peter	Product Placement (Arbeitspapier / Institut für Marketing, Universität Mannheim ; Nr. 58) Mannheim 1987 zit.: *Harbrücker/Wiedmann*, Product Placement, Seite
Hartstein, Reinhard; Ring, Wolf–Dieter; Kreile, Johannes; Dörr, Dieter; Stettner, Rupert	Rundfunkstaatsvertrag Kommentar Loseblatt - Ausgabe Ordner I 18. Ergänzungslieferung Stand: Oktober 2003, München zit.: *Hartstein/Ring/Kreile/Dörr/Stettner*, § RfStV, Rn.
Henning-Bodewig, Frauke	"Werbung in Kinospielfilmen" – Die Situation nach „Feuer, Eis & Dynamit" in: GRUR 1996, S. 321 – 330 zit.: *Henning-Bodewig*, GRUR 1996, Seite
dies.	"Product Placement und andere Arten der «absatzfördernden Kommunikation»: Die neuen Formen der Schleichwerbung?" in: BB-Beilage Nr.18 / 1986 zit.: *Henning-Bodewig*, BB-Beilage Nr. 18/1886, Seite
dies.	"Neuere Entwicklungen im Sponsoring" in: ZUM 1997, S. 633-642 zit.: *Henning-Bodewig*, ZUM 1997, Seite
Herkströter, Dirk	"Werbebestimmungen für den privaten Rundfunk nach dem Rundfunkstaatsvertrag vom 31.8.1991" ZUM 1992, S. 395 – 407 zit.: *Herkströter*, ZUM 1992, Seite

Hermann, Günter	Rundfunkrecht Fernsehen und Hörfunk mit Neuen Medien München 1994 zit.: *Hermann,* Rundfunkrecht, §, Rn.
Hesse, Albrecht	„Werbung und Rundfunkfreiheit“ in: ZUM 1987, S. 548 – 555 zit.: *Hesse*, ZUM 1987, Seite
ders.	„Der Vierte Rundfunkänderungsstaatsvertrag aus der Sicht des öffentlich-rechtlichen Rundfunks“ in: ZUM 2000, S. 183 – 194 zit.: *Hesse*, ZUM 2000, Seite
ders.	Rundfunkrecht – Die Organisation des Rundfunks in der Bundesrepublik Deutschland 3. Auflage München 2003 zit.: *Hesse*, Rundfunkrecht, Kapitel, Rn.
Heyl, Cornelius v.	„Teledienste und Mediendienste nach Teledienstegesetz und Mediendienste – Staatsvertrag“ in: ZUM 1998, S. 115 – 120 zit.: *v. Heyl*, ZUM 1998, Seite
Hochstein, Reiner	„Neue Werbeformen im Rundfunk“ in: AfP 1991, S. 696 – 703 zit.: *Hochstein*, AfP 1991, Seite
Hoeren, Thomas; Sieber, Ulrich	Hoeren, Thomas / Sieber, Ulrich Handbuch Multimedia – Recht Loseblatt-Sammlung München 1999 Stand: Dezember 1998 zit.: Hoeren / Sieber – *Bearbeiter*, Kapitel, Rn.

Hoffmann-Riem, Wolfgang „Der Rundfunkbegriff in der Differenzierung kommunikativer Dienste"
in: AfP 1996, S. 9 – 15
zit.: *Hoffmann-Riem,* AfP 1996, Seite

ders. Kommunikationsfreiheiten
(Publikationen des Hans-Bredow-Instituts)
Baden-Baden 2002
zit.: *Hoffmann-Riem*, Kommunikationsfreiheiten, Seite

ders. Rundfunkrecht neben Wirtschaftsrecht
Baden-Baden 1991
zit.: *Hoffmann-Riem*, Rundfunkrecht neben Wirtschaftsrecht, Seite

Hunziker, Peter Medien, Kommunikation und Gesellschaft
(Die Soziologie)
Darmstadt 1988
zit.: *Hunziker*, Medien, Kommunikation und Gesellschaft, S.

Ipsen, Hans-Peter „Zur Legalität des Werbefernsehens"
in: NJW 1963, S. 2049 –2056
zit.: *Ipsen*, NJW 1963, Seite

Janik, Viktor „Der deutsche Rundfunkbegriff im Spiegel technischer Entwicklungen"
in: AfP 2000, S. 7 – 16
zit.: *Janik*, AfP 2000, Seite

ders. „Rundfunkregulierung auch im Internet?"
in: K&R 2001, S. 572 – 582
zit.: *Janik*, K&R, 2001, Seite

Jarass, Hans D. „Rundfunkbegriffe im Zeitalter des Internet"
in: AfP 1998, S. 133 – 141
zit.: *Jarass*, AfP 1998, Seite

ders. In welcher Weise empfiehlt es sich, die Ordnung des Rundfunks und sein Verhältnis zu anderen Medien – auch unter dem Gesichtspunkt der Harmonisierung – zu regeln?
Gutachten zum 56. Deutschen Juristentag in Berlin 1986
München 1986
zit.: *Jarass*, Gutachten zu 56. DJT 1986, Rn.

ders. Die Freiheit der Massenmedien
Baden-Baden 1978
zit.: *Jarass*, Die Freiheit der Massenmedien, Seite

ders.; Pieroth, Bodo Grundgesetz
Kommentar
6. Auflage
München 2002
zit.: *Jarass/Pieroth*, GG, Art. , Rn.

Kibele, Babette „Zugangsfreiheit zu digitalen Diensten – Die Satzung der Landesmedienanstalten zu § 53 Abs. 7 RStV und ihre Bedeutung für die Praxis“
in: MMR 2002, 370
zit.: *Kibele*, MMR 2002, Seite

Kiethe, Kurt „Werbung im Internet“
in: WRP 2000, S. 616 – 623
zit.: *Kiethe*, WRP 2000, Seite

Koenig, Christian „Medienaufsicht in der Bundesrepublik Deutschland“ Im Blickpunkt: Konvergenz der Kommunikationsbranchen
in: K&R 2000, S. 1 – 9
zit.: *Koenig*, K&R 2000, Seite

Köhler, Markus Rolf	Rechtsfragen des inländischen und grenzüberschreitenden Rundfunkwerberechts (Europäische Hochschulschriften : Reihe 2, Rechtswissenschaft ; Bd. 1203) Frankfurt am Main 1992 zit.: *Köhler*, Rechtsfragen des Rundfunkwerberechts, Seite
Köster, Oliver; v. Bonin, Andreas	„Internet im Lichte neuer Gesetze" in: ZUM 1997, 821 – 829 zit.: *Köster/v.Bonin*, ZUM 1997, Seite
Kreile, Johannes	„Die Neuregelung der Werbung im 4. Rundfunkänderungsstaatsvertrag" in: ZUM 2000, S. 194 – 203 zit.: *Kreile*, ZUM 2000, Seite
Kröger, Detlef; Moos, Flemming	„Mediendienst oder Teledienst? Zur Aufteilung der Gesetzgebungsmaterie Informations- und Kommunikationsdienste zwischen Bund und Ländern" in: AfP 1997, S. 675 – 680 zit.: *Kröger/Moos,* AfP 1997, Seite
Kuch, Hansjörg	„Der Staatsvertrag über Mediendienste" in: ZUM 1997, S. 225 – 230 zit.: *Kuch*, ZUM 1997, Seite
Ladeur, Karl-Heinz	„Virtuelle Werbung in Sportübertragungen (1) und (2) in: SP*u*RT 2000, S. 45 – 49 und 101 – 105 zit.: *Ladeur*, SP*u*RT 2000, Seite
ders.	„Grundrechtskonflikt in der dualen Rundfunkordnung' " in: AfP 1998, S. 141 – 149 zit.: *Ladeur*, AfP 1998, Seite

ders.	„«Duale Rundfunkordnung» und Werbung im Programm der öffentlich-rechtlichen Rundfunkanstalten" in: ZUM 1987, S. 491 – 501 zit.: *Ladeur*, ZUM 1987, Seite
ders.	„Neue Werbeformen und der Grundsatz der Trennung von Werbung und Programm" in: ZUM 1999, S. 672 – 682 zit.: *Ladeur*, ZUM 1999, Seite
Lerche, Peter	Rechtsprobleme des Werbefernsehens Frankfurt am Main, Berlin 1965 zit.: *Lerche*, Rechtsprobleme des Werbefernsehens, Seite
Leupold, Andreas; Bräutigam, Peter; Pfeiffer, Markus	„Von der Werbung zur kommerziellen Kommunikation: Die Vermarktung von Waren und Dienstleistungen im Internet" in: WRP 2000, S. 575 – 596 zit.: *Leupold/Bräutigam/Pfeiffer*, WRP 2000, Seite
Libertus, Michael	„Medienrechtliche Einordnung von Business TV-Diensten" in: K&R 2000, 119 – 125 zit.: *Libertus*, K&R 2000, Seite
Marwitz, Petra	„Sind Unternehmens-Homepages Werbung?" in: MMR 1998, S. 188 – 192 zit.: *Marwitz*, MMR 1998, Seite
Maunz, Theodor; Dürig, Günter; Herzog, Roman	Grundgesetz Kommentar Loseblattsammlung Stand: 42. Lieferung / Februar 2003 zit.: *Maunz/Dürig-Herzog*, GG-Kommentar, Art., Rn.

Mayer, Patrick „Die Novelle des Landesmediengesetzes Baden-Württemberg – Licht am Ende des Konvergenz-Tunnels?“
in: ZUM 2000, S. 390 – 396
zit.: *Mayer*, ZUM 2000, Seite

Michel, Eva-Maria „Rundfunk und Internet“
in: ZUM 1998, 350 – 357
zit.: *Michel*, ZUM 1998, Seite

Niewarra, Manfred „Boros Vermächtnis“
in: ZUM 1991, S. 67 – 70
zit.: *Niewarra*, ZUM 1991, Seite

Noelle-Neumann, Elisabeth Publizistik, Massenkommunikation
Frankfurt am Main 1994
zit.: *Noelle-Neumann*, Publizistik, Massenkommunikation, Seite

Packard, Vance Die geheimen Verführer
Der Griff nach dem Unbewussten in Jedermann
Deutsche Erstausgabe
Lengerich, 1958
zit.: *Vance Packard*, Die geheimen Verführer, Seite

Paulweber, Michael „Eine Super-Medienbehörde in Deutschland ?“
in: AfP 1999, S. 439 – 450
zit.: *Paulweber*, AfP 1999, Seite

Platho, Rolf „Werbung, nichts als Werbung – und wo bleibt der Trennungsgrundsatz ?“
in: ZUM 2000, S. 46 – 55
zit.: *Platho*, ZUM 2000, Seite

Reidt, Olaf „Art. 7 Abs. 4 des Rundfunkstaatsvertrages (RStV) – Das Verhältnis von Werbung und Programm in Hörfunk und Fernsehen“
in: AfP 1990, S. 101 – 107
zit.: *Reidt*, AfP 1990, Seite

Ricker, Reinhart „Die Nutzung des Internet als Dritte Säule des öffentlich-rechtlichen Rundfunks“
in: ZUM 2001, S. 28 – 34
zit.: *Ricker*, ZUM 2001, Seite

ders.; Schiwy, Peter Rundfunkverfassungsrecht
München 1997
zit.: *Ricker/Schiwy,* Rundfunkverfassungsrecht, Seite, Randnummer

Ridder, Helmut K. J. Die öffentliche Aufgabe der Presse
Wien 1962
zit.: *Ridder*, Die Aufgabe der Presse, Seite

Ring, Wolf-Dieter „Rundfunk und Internet“
in: ZUM 1998, S. 358 – 361
zit.: *Ring*, ZUM 1998, Seite

ders. „Der Vierte Rundfunkänderungsstaatsvertrag – Rechtsfolgen für die Praxis“
in: ZUM 2000, S. 177 – 183
zit.: *Ring*, ZUM 2000, Seite

ders. „Pay-TV ist Rundfunk“
in: ZUM 1990, S. 279 – 280
zit.: *Ring*, ZUM 1990, Seite

ders.; Kreile, Johannes Medienrecht
Vorschriftensammlung
Loseblatt
Stand: 80. Aktualisierung
September 2003
zit.: *Ring/Kreile,* Medienrecht, Kodifikation

Roßnagel, Alexander Recht der Multimedia-Dienste
Kommentar zum IuKDG und zum MDStV
Loseblattsammlung
Stand: 3. Lieferung / Dezember 2002
zit.: *Bearbeiter*, in: Roßnagel, MDStV, §, Rn.

Sack, Rolf „Zur wettbewerbsrechtlichen Problematik des Product Placements im Fernsehen"
in: Sonderheft ZUM 1987, S. 103 - 128
zit.: *Sack*, ZUM 1987, Seite

ders. „Neue Werbeformen im Fernsehen – rundfunk- und wettbewerbsrechtliche Grenzen,
AfP 1991, S. 704 - 715
zit.: *Sack*, AfP 1991, Seite

Schardt, Andreas „Medienverbund aus der Sicht eines privaten Rundfunkunternehmens"
in: ZUM 1991, S. 61 – 66
zit.: *Schardt*, ZUM 1991, Seite

ders. Das neue Multimedia-Gesetz
Aktuelle Vorschriften für die gewerbliche Nutzung von Online-Medien
Loseblatt
Stand: März 1998
Mering
zit.: *Bearbeiter*, in: Schardt, Das neue Multimedia-Gesetz, Kodifikation, Seite

Schmidt, Walter Die Rundfunkgewährleistung
(Beiträge zum Rundfunkrecht ; H. 22)
Frankfurt am Main, Berlin 1980
zit.: *Schmidt*, Die Rundfunkgewährleistung, Seite

Schroeder, Werner „Teleshopping und Rundfunkfreiheit"
in: ZUM 1994, S. 471 – 482
zit.: *Schroeder*, ZUM 1994, Seite

Schulz, Wolfgang „Jenseits der „Meinungsrelevanz“ – Verfassungsrechtliche Überlegungen zu Ausgestaltungs- und Gesetzgebungskompetenzen bei neuen Kommunikationsformen
in: ZUM 1996, 487 – 497
zit.: *Schulz*, ZUM 1996, Seite

Schulze-Fielitz, Helmuth „Betätigung öffentlich-rechtlicher Institutionen im Online-Bereich“
in: AfP 1998, S. 447 – 457
zit.: *Schulze-Fielitz*, AfP 1998, Seite

Schütz, Raimund „Breitbandkabel – «Closed Shop» für neue Diensteanbieter?“
in: MMR 1998, 11 – 18
zit.: *Schütz*, MMR 1998, Seite

Schwarz, Mathias; Eichler, Boris „Der Werbebegriff im Rundfunkstaatsvertrag“
in: AfP 1996, S. 228 - 232
zit.: *Schwarz/Eichler*, AfP 1996, Seite

Schwarz-Schilling, Christian „«Pay-TV» – und doch kein Rundfunk!”
in: ZUM 1989, 487 – 492
zit.: *Schwarz-Schilling*, ZUM 1989, Seite

Stern, Klaus; Bethge, Herbert Öffentlich-rechtlicher und privatrechtlicher Rundfunk
Frankfurt am Main, Berlin 1971
zit.: *Stern/Bethge*, Öffentlich-rechtlicher und privatrechtlicher Rundfunk, Seite

Stettner, Rupert; Tresenreiter, Wolfgang „Sperrstunde imTeleshop“
in: ZUM 1994, S. 669 – 685
zit.: *Stettner/Tresenreiter*, ZUM 1994, Seite

Tettenborn, Alexander „Die Evaluierung des IuKDG“
in: MMR 1999, 516 – 522
zit.: *Tettenborn*, MMR 1999, Seite

Ullmann, Eike „Spenden – Sponsern – Werben“
in: Festschrift für Fritz Traub zum 65. Geburtstag
Frankfurt am Main 1994, S. 411-422
zit.: *Ullmann*, FS-Traub, Seite

v.Münch, Ingo; Kunig, Philip Grundgesetz-Kommentar,
Band 1 – Präambel bis Art. 20
4. Auflage
München 1992
zit.: v. *Münch/Kunig*, GG-Kommentar, Art., Rn.

Völkel, Rüdiger „Product Placement aus der Sicht der Werbebranche und seine rechtliche Einordnung“
in: ZUM 1992, 55 – 72
zit.: *Völkel*, ZUM 1992, Seite

Wagner, Christoph; Grünwald, Andreas Rechtsfragen auf dem Weg zu DVB-T
Planungssicherheit beim Übergang zur digitalen Rundfunkübertragung
zit.: *Wagner/Grünwald*, DVB-T, Seite

Weisser, Ralf „Der neue Rundfunkstaatsvertrag“
in: NJW 2000, S. 3526 – 3530
zit.: *Weisser*, NJW 2000, Seite

Kolibri 360 GmbH
Ferdinand-Jühlke-Straße 7
99095 Erfurt, Deutschland
produktsicherheit@kolibri360.de

Druck:
CPI Druckdienstleistungen GmbH
im Auftrag der
Kolibri 360 GmbH
Ferdinand-Jühlke-Str. 7
99095 Erfurt